CRIMES PATRIMONIAIS

Delinquência como elemento de inclusão social

MARCELO D'ANGELO LARA
Doutor em Criminologia pelo PPGCJ-UFPB.
Mestre em Direito Penal pela Faculdade Milton Campos.
Especialista em Direito Público.
Professor Universitário.
Advogado Criminalista.

CRIMES PATRIMONIAIS

Delinquência como elemento de inclusão social

editora Del Rey

Belo Horizonte
2021

EDITORA DEL REY LTDA.
www.editoradelrey.com.br

Editor: Arnaldo Oliveira

Editor Adjunto: Ricardo A. Malheiros Fiuza (*in memoriam*)

Coordenação Editorial: Letícia Neves

Diagramação: Reginaldo César de Sousa Pedrosa

Revisão: Maria Elizabete de Sousa

Capa: JP Design

Editora:
Rua dos Goitacazes, 71 – Lojas 20 a 24
Centro – Belo Horizonte – MG
CEP 30190-050

Comercial:
Tel.: (31) 3284-3284
vendas@editoradelrey.com.br

Editorial:
editorial@editoradelrey.com.br
Tel.: (31) 2516-3340

L318c Lara, Marcelo D'Angelo
Crimes patrimoniais: delinquência como elemento de inclusão social / Marcelo D'Angelo Lara. – Belo Horizonte: Del Rey, 2021.

274 p. – Inclui bibliografia.

ISBN: 978-65-00-29223-7

1. Direito penal – Brasil. 2. Crimes contra o patrimônio – Brasil. 3. Integração social. I. Título

CDU 343.7(81)

Ficha catalográfica elaborada pela bibliotecária Meire Luciane Lorena Queiroz CRB 6/2233.

“Yo sé de un pesar profundo
entre las penas sin nombres:
¡la esclavitud de los hombres
es la gran pena del mundo!”
(*Versos Sencillos*, I. José Martí, 1891)

AGRADECIMENTOS

Conta minha mãe que aprendi a ler sozinho. Que, inopinadamente, comecei a ler trechos de jornais, muros e quaisquer outros escritos, antes mesmo de entrar na alfabetização escolar. Refletindo a respeito, penso que a curiosidade pela leitura foi motivada pelo exemplo do meu pai: uma das lembranças mais vívidas que eu tenho de seus momentos de descanso e lazer é a de vê-lo fechando um livro, ao terminá-lo, com um suspiro de satisfação, repetindo para si mesmo o quanto havia sido prazerosa a experiência.

Minha mãe, por sua vez, foi a primeira pessoa a me encorajar a escrever um livro, ainda em minha adolescência. Publicar esta obra muito me apraz, inicialmente, por seguir mais este conselho de minha mãe; e dividir com meu pai um livro que – depois de tantos que nos fizeram suspirar ao fechá-los –, nos proporcione esta satisfação ao abri-lo.

Por isto, agradeço aos meus pais, Carlota e Mário, pelo perdurável exemplo e incentivo. Agradeço, também à minha irmã, Paula, que me conduziu aos caminhos do Direito.

Esta obra é resultado de uma pesquisa que envolveu anos de estudos, e um complexo processo de compilação de informações. Portanto, mais que um agradecimento, gostaria de dividir os créditos, reconhecendo se tratar do esforço de uma família. À minha esposa Lidiane, responsável direta pela própria iniciativa da pesquisa, e por suportar os sacrifícios que permitiram que o estudo fosse concluído; e ao meu filho Marcelo (a quem, orgulhosamente, entreguei os originais), que dividiu em seus primeiros meses a atenção de seu pai com livros e computadores; meu amor e gratidão, na medida de vossa grandeza.

Por fim, agradeço a todas as pessoas que, direta ou indiretamente, contribuíram para a realização desta pesquisa; tantas que seria impossível nominá-las, razão pela qual faço justiça ao não destacar nomes.

LISTA DE SIGLAS

BID – Banco Interamericano de Desenvolvimento

CPB – Código Penal Brasileiro

DEPEN – Departamento Penitenciário Nacional

EUA – Estados Unidos da América

IBGE – Instituto Brasileiro de Geografia e Estatística

INEP – Instituto Nacional de Estudos e Pesquisas Educacionais Anísio Teixeira

IPEA – Instituto de Pesquisas Econômicas Aplicadas

JECRIM – Juizado Especial Criminal

NTC – Associação Nacional do Transporte de Cargas e Logística

ONU – Organização das Nações Unidas

PIB – Produto interno bruto

UNODC – Escritório das Nações Unidas sobre Drogas e Crime

SUMÁRIO

1 INTRODUÇÃO 13

2 PROPRIEDADE PRIVADA COMO UM VALOR TRANSCENDENTAL NO DIREITO OCIDENTAL E BRASILEIRO 19

2.1 Cidadania e liberdade individual: gênese da ideia da lei como garantidora de direitos na Antiguidade 19

2.1.1 Propriedade privada como o primeiro espaço de limitação do poder do Estado 22

2.1.2 Sistema jurídico de proteção de direitos individuais 26

2.1.3 Direito como instrumento de manutenção do *status quo* social 32

2.2 A propriedade privada e os fundamentos inaugurais da ordem social na filosofia ocidental 40

2.2.1 Valor substancial da propriedade na filosofia da Antiguidade clássica 42

2.2.2 Filosofia medieval e a dogmática dos direitos individuais 45

2.2.2.1 Filosofia canônica ou medieval precoce 46

2.2.2.2 Filosofia renascentista ou medieval tardia 47

2.3 Filosofia iluminista e a valorização da ordem pública 50

2.4 Filosofia contemporânea e a valorização do ideal de justiça 53

3 CONSTRUÇÃO DO MODELO DE REPRESSÃO CRIMINAL BRASILEIRO 59

3.1 Prática jurídico-penal no Brasil Colônia 66

3.2 Código Penal imperial de 1830 69

3.3 Código Penal republicano 76

3.4 Código Penal brasileiro de 1940 94

4 DADOS RELATIVOS À REPRESSÃO CRIMINAL NO BRASIL 109

4.1 Metodologia de análise 109

4.2 Repressão criminal no Império 110

4.3 Repressão criminal no período republicano..116
4.4 Repressão criminal a partir do Código Penal de 1940........................123
4.5 Um novo milênio: período de omissão e novos modelos de quantificação..135
4.5.1 Estatísticas penitenciárias de 2008 a 2016..137
4.6 Tratamento dos dados coletados...144
4.6.1 Números relativos à repressão...146
4.6.2 Fatores socioeconômicos..153
4.6.3 Síntese da análise...155

5 INVESTIGAÇÃO DAS RAZÕES DA CRIMINALIDADE PATRIMONIAL...157
5.1 Causas indutivas da delinquência patrimonial....................................161
5.2 Fatores dissuasivos da criminalidade patrimonial..............................171
5.3 Delinquência patrimonial como elemento de inclusão social.............178
5.3.1 Consumo como fim social e a "Sociedade de consumo"..................178
5.3.2 Projeções particulares da delinquência patrimonial.........................184

6 FUNÇÃO ORGÂNICA DA DELINQUÊNCIA PATRIMONIAL NA SOCIEDADE DE CONSUMO...195
6.1 Direito penal segregatório como espaço de exclusão.........................196
6.2 Análise da tensão social decorrente da criminalidade patrimonial......201
6.3Teoria da inovação de Merton e a legitimação da inclusão social por meio de práticas criminosas...217
6.4 Inclusão na sociedade transacional por meio do crime.......................226

7 CONSIDERAÇÕES FINAIS...235

REFERÊNCIAS...245

1
INTRODUÇÃO

O texto que ora se apresenta dedica-se a analisar a questão da proteção patrimonial por meio do direito penal, transpassando o fenômeno criminológico da inserção individual na sociedade de consumo por meio da delinquência, e afluindo na análise das tensões sociais promovidas na dicotomia entre a repressão criminal e o impulso à criminalidade patrimonial patente nas classes menos abastadas da sociedade. O intento é desenvolver uma análise da utilidade social da delinquência patrimonial, questionando o panorama de repressão como fomentador de tensões de cisalhamento social, e investigando prováveis alvitres para o abrandamento destas tensões.

No intento de contribuição científica, o trabalho visa traçar uma análise criminológica do fenômeno delinquência patrimonial, enfatizando os seus fatores determinantes e abandonando a lógica consequencialista que comumente permeia os construtos criminológicos.

A problematização se extrai do panorama atual, em que a dilatação dos índices de criminalidade e de encarceramento são socialmente interpretados como o "fenômeno da violência", diretamente relacionado à falência do modelo penal preestabelecido, tornando-se necessária a observação do conflito entre os interesses individuais e aqueles decorrentes da formação das superestruturas de poder ideológico-jurídico. Inicialmente, por meio da percepção da delinquência como um elemento de inclusão individual na sociedade capitalista, bem como da tensão de ruptura que essa busca de inclusão imprime sobre um modelo criminal repressivo e segregatório.

A pesquisa parte da premissa da existência de uma tendência à proteção patrimonial imposta pelo desenvolvimento dos valores normativos no ocidente, culminando na estruturação de uma sistemática penal embasada em padrões ideológicos instituídos desde a gênese da República brasileira, sob a influência de uma normatização elaborada em defesa dos interesses da aristocracia. Nesse sentido, busca expor o caráter patrimonialista do direito penal pátrio, e a forma como essa influência é sentida na repressão criminal.

Neste panorama, salutar a investigação dos motivos que induzem o indivíduo à criminalidade patrimonial, verificando se a delinquência é uma demonstração de negação da ordem social por parte do indivíduo, se deriva de esforços de interação social em uma cultura de consumo, ou se é produto das tensões de cisalhamento próprias da luta de classes.

Acerca do estudo de viabilidades para políticas públicas, tanto a comunidade acadêmica quanto o poder público discutem soluções para a questão da delinquência, apontando meios de prevenção e enfatizando modelos de repressão. Com frequência, atribuem o crescimento dos índices de criminalidade a uma ação pouco efetiva do aparato estatal, ou à falibilidade da sistemática penal vigente. No entanto as metodologias de abordagem da questão, geralmente centradas nas consequências, olvidam a análise dos propósitos da delinquência, sobretudo o estudo sobre eventuais causas de legitimação do comportamento desviado por parte do criminoso.

Ocorre que, em não raras ocasiões, a causa da delinquência é justamente uma necessidade de inserção social, ou de uma busca de interação através da satisfação de anseios prementes, geralmente ligados ao consumo, próprios de uma sociedade capitalista. Isto porque, em uma sociedade de consumo e autoafirmação, a exclusão social passa a ser uma característica naturalmente inerente aos despossuídos, e a inclinação para o crime pode representar mais um rompimento com uma ideia de segregação previamente instituída, do que propriamente uma negação da ordem social em si.

Em contrapartida, a sistemática penal instituída desde a gênese da República denota uma preocupação do legislador e do Estado em estabelecer um direito penal patrimonialista, centrado na proteção da propriedade privada e na manutenção da divisão de classes, de forma a tornar o patrimônio um bem jurídico de primeira grandeza, o que representa um fator tão relevante para as políticas públicas quanto a própria delinquência. Nesta realidade, a delinquência emerge como elemento de inclusão na cultura de autoafirmação através do consumo, bem como de ruptura com um modelo criminal segregatório e repressor que potencializa desigualdades sociais.

A pesquisa não pretende investigar se o delinquente é de alguma forma vitimado injustamente pela sociedade, ou perseguido pelo Direito. Da mesma forma não pretende insinuar que o criminoso é um mero produto do meio social, embora há que se considerar que o meio social – a despeito de não produzir diretamente criminosos –, influencia sobremaneira na condução de indivíduos à opção do crime.

A proposta ora apresentada visa analisar o confronto entre uma sistemática penal que valoriza em demasia a propriedade privada e os anseios dos indivíduos desprovidos de vantagens materiais em se inserir em uma sociedade de consumo, observando as tensões decorrentes desta dicotomia.

O estudo considera, ainda, a delinquência patrimonial como um fenômeno latente na realidade social brasileira, a despeito de o aparato de repressão da criminalidade demonstrar predileção pelo refreamento de delitos que denotam uma finalidade patrimonial de seus agentes. Diante desse panorama, torna-se justificável a interpretação de que existe uma relação intrínseca entre o fenômeno jurídico-social da delinquência e a vivência em uma sociedade consumista e materialista, bem como um confronto entre os interesses dos despossuídos e uma sistemática penal segregatória, que se oculta sob o discurso do combate à violência.

A relevância da pesquisa proposta repousa na necessidade de percepção dos elementos de construção histórica dos modelos de prevenção e repressão penal vigentes, de forma a contestar um discurso que utiliza o suposto aumento da delinquência e violência na sociedade como causa de justificação de apelos por maior repressão.

Perpassa a necessidade pelo estabelecimento de uma relação entre as razões da delinquência e a formação de uma estrutura de poder (e proteção do poder) centrada na valorização da propriedade privada, projetando um ideal de liberdade inatingível aos marginalizados, e gerando relações de anomia contra as quais o poder penal estruturado reage com rigor crescente.

A percepção de tais pontos se volta para a consideração dos direitos humanos sob a ótica da justiça econômica, através da análise crítica das instituições jurídico-políticas, sobretudo no que se refere aos conflitos sociais envolvendo a exclusão e a inclusão social.

O objetivo central do trabalho é comprovar a relação entre a expansão de um modelo penal repressivo patrimonialista e a intensificação das tensões sociais relacionadas à criminalidade patrimonial, demonstrando a existência de uma relação entre as prioridades da sistemática penal e as razões de sua falibilidade, especialmente quando considerada a utilidade social da delinquência patrimonial que, muito além de um fim em si mesma, aparenta fomentar a inclusão socioeconômica e criar espaços paralelos de consumo.

O desenlace deste objetivo, entretanto, não se mostra um desafio trivial. A análise do fenômeno proposto reclama o estabelecimento de uma relação entre dimensões teóricas distintas, nem sempre relacionadas diretamente nas demais análises científicas acerca do tema.

Para satisfazer seu intuito, o presente trabalho visa uma observação embasada, inicialmente, em quatro axiomas, construídos sequencialmente. A partir da definição destes postulados, será estabelecido o embasamento teórico para a análise das tensões entre a repressão criminal e as pulsões para a delinquência patrimonial.

O primeiro destes postulados, desenvolvido no segundo capítulo deste trabalho, dedica-se ao estudo da evolução do senso de proteção de propriedade privada como um valor normativo na cultura ocidental. Passando pelos precedentes históricos da concepção do direito à propriedade privada e pelo progresso das estruturas jurídico-normativas que visavam a sua salvaguarda, a seção trabalha ainda as justificativas retóricas que serviram como fundamento filosófico para a transmutação do direito à propriedade privada em um valor transcendental tanto no Direito ocidental quanto no brasileiro. O propósito da seção é realizar uma análise axiológica da propriedade, de forma a compreender a relevância atribuída a este direito precedente na estruturação das sistemáticas normativas ocidentais.

O segundo axioma é construído no terceiro capítulo do texto, que esmiúça a evolução dos diplomas penais vigentes no Brasil desde o seu descobrimento, buscando os fundamentos sociopolíticos para a composição dos conjuntos normativos, e analisando a importância atribuída à proteção da propriedade por meio da incriminação de condutas que a colocavam em risco. Inobstante, realiza-se uma análise técnico-normativa das disposições criminais específicas, mensurando o espectro de proteção da propriedade privada e dos privilégios socioeconômicos resguardados pela sistemática penal. Neste segmento, o trabalho apresenta o conceito de delinquência patrimonial, traduzido no conjunto de crimes cujo objetivo do legislador é proteger a propriedade pública ou privada, aliados aos crimes cujo objeto material é a propriedade, bem como os delitos cujo intento do agente na empreitada criminosa é a percepção de recursos materiais ou a acumulação de riquezas, com ênfase nesta última variável.

No quarto capítulo do trabalho, um axioma é construído por meio de análise dos dados estatísticos relativos à repressão criminal no Brasil. Partindo de dados colhidos por fontes oficiais publicados desde o período imperial, mormente os levantamentos alusivos aos registros de prisão em virtude de crimes da última década, a seção se dedica a analisar a relação entre a estrutura de repressão criminal pátria e as atividades específicas de coerção à delinquência patrimonial. Neste fragmento do texto, os dados colhidos corroboram as impressões sugeridas nas seções anteriores, no sentido de que o aparato de repressão criminal denota propensão à contenção da delinquência patrimonial, evidenciando o caráter seletivo e segregatório do direito penal brasileiro.

O quarto axioma é estruturado no quinto capítulo do trabalho, por meio da investigação etiológica da criminalidade patrimonial. Partindo de referenciais teóricos sociológicos e criminológicos – sobremaneira os estudos da Escola de Chicago, por meio dos fundamentos da análise econômica do direito penal, que representam as fontes que mais se aprofundaram no estudo do tema –, o segmento investiga as causas indutivas da delinquência patrimonial, bem como seus fatores dissuasivos. No intuito de analisar a absorção dos valores normativos inerentes ao patrimônio impostos pela sociedade, por parte dos integrantes das classes menos abastadas, o estudo considera os prováveis porquês das pulsões que induzem o indivíduo à prática dos crimes patrimoniais, em contrapeso às constrições impostas pelo aparato repressivo. Ao perscrutar os meandros deste conflito, a pesquisa identifica a utilidade social da delinquência, que não só viabiliza a inserção do indivíduo na sociedade de consumo por meio da satisfação de seus anseios de realização patrimonial, como fomenta as interações econômicas de maneira geral. Tal utilidade social conjuga não só o aquecimento da economia em virtude da circulação de bens e valores motivada pelas atividades criminosas, como é capaz de engendrar novos espaços de consumo, por meio da estruturação de mercados ilícitos que atuam paralelamente à economia formal.

Construídos os quatro axiomas que servem como base para a análise das tensões sociais decorrentes da dicotomia entre a repressão da criminalidade patrimonial e a inserção social dos indivíduos despossuídos por meio da delinquência o trabalho, em seu sexto capítulo, trata dos meandros destas próprias tensões. Desta vez, sob um enfoque criminológico, a pesquisa perpassa o emprego da repressão criminal como um instrumento fomentador de segregação social, bem como de manutenção das estratificações socioeconômicas existentes. Adotando a premissa de que este modelo repressor induz ao estabelecimento de um estado de anomia, a seção apresenta a formulação das tensões sociais derivadas do entrechoque entre a proteção e a busca pelo acesso aos bens de consumo, classificadas como tensões de cisalhamento social no contexto da obra. Por outro prisma, investiga como a inovação – partindo do conceito derivativo da teoria da anomia de Robert Merton[1] –, confere uma

[1] MERTON, Robert King. Social structure and anomie. **American Sociological Review**, v. 3, n. 5, p. 672-682, 1938.

função orgânica à criminalidade patrimonial, permitindo o fomento e manutenção não só de mercados paralelos de consumo como a intensificação dos nichos mercadológicos preexistentes, viabilizando a inserção de indivíduos inicialmente marginalizados na sociedade de consumo, e impedindo que as tensões de cisalhamento social se convertam em tensões de ruptura.

Ato contínuo, concatenando as informações dispostas no decorrer do trabalho, conclui-se pela distintividade do caráter segregatório e patrimonialista do direito penal brasileiro, que se utiliza da repressão criminal para buscar refrear os impulsos de participação dos indivíduos desfavorecidos em uma sociedade de autoafirmação através do consumo, convertendo o arcabouço punitivo em um elemento de reforço da estratificação social consuetudinária, com bases na herança colonial do país. Além disso, aponta a frivolidade da sistemática criminal em reprimir condutas que coadunam com os próprios valores transcendentais difundidos na sociedade moderna fazendo com que, *summum jus, summa injuria*, o direito penal pátrio represente nada mais que um instrumento de insulação dos privilégios dos estratos sociais mais abastados. Por derradeiro, se conclui pela existência de uma interação orgânica da delinquência patrimonial na sociedade de consumo, de forma que os crimes patrimoniais exerçam massiva influência nas relações econômicas da modernidade.

O trabalho propõe uma pesquisa empírica indutiva, formulando hipóteses por meio da construção de axiomas que fundamentem a análise da criminalidade patrimonial no Brasil. A partir desta elaboração, pretende estabelecer a contradição entre a existência de um direito penal materialista e o posicionamento individual dos despossuídos na sociedade de consumo, demonstrando como o confronto decorrente dessas tensões sociais reflete o discurso da violência e de sua repressão. Em complemento, realiza uma análise epistemológica crítica da dinâmica social[2], conjugando contribuições de áreas distintas do conhecimento – tais como história, filosofia, sociologia, estatística, economia e teoria geral do direito penal –, de forma a observar os fenômenos da delinquência e repressão criminal, relacionando-os para a teorização acerca das tensões sociais deles decorrentes, e construindo uma tese através do método hipotético-indutivo.

[2] HABERMAS, Jürgen. **The theory of communicative action**. Vol. 1. Reason and the rationalizalion of society. Boston: Beacon Press, 1984, p. 386.

2

PROPRIEDADE PRIVADA COMO UM VALOR TRANSCENDENTAL NO DIREITO OCIDENTAL E BRASILEIRO

O primeiro axioma que o trabalho pretende construir guarda relação com a valoração da propriedade privada no Ocidente, por meio da investigação de eventuais influências absorvidas pela sistemática sociojurídica brasileira.

Antes da análise da hipótese de ocorrência de uma estruturação de direito penal patrimonialista no Brasil, é necessário que se construa uma compreensão axiológica da propriedade privada no Direito ocidental e, consequentemente, no país. Esta compreensão perpassa o estudo dos precedentes históricos que serviram de base para o conceito ocidental de propriedade privada, e os fundamentos de sua proteção pelas sistemáticas jurídicas historicamente construídas no Ocidente. Em seguida, faz-se necessária a consideração dos elementos filosóficos que, ao longo dos séculos, permaneceram justificando a valoração normativa da propriedade privada, não só permitindo sua proteção jurídica como fomentando a sua ampliação, até a contemporaneidade.

2.1 Cidadania e liberdade individual: gênese da ideia da lei como garantidora de direitos na Antiguidade

A formulação do pensamento do homem como um sujeito de direitos, o que perpassa o estabelecimento de ideais como os de humanidade ou liberdade, encontra sua gênese no conceito de cidadania. Conforme explicou Costas Douzinas[3], o conceito de humanidade é uma invenção da modernidade, cuja própria denominação – que se atribui a Cícero –, surgiu da expressão romana *humanitas*, significando o *eruditio et institutio in bona artes*[4], o que diferenciava o romano educado dos bárbaros. O conceito de humanidade não foi

[3] DOUZINAS, Costas. **Os Paradoxos dos Direitos Humanos**. Tradução: Caius Brandão. Anuário do Núcleo Interdisciplinar de Estudos e Pesquisas em Direitos Humanos, v. 1, n. 1, 2011, p. 4.

[4] Tradução livre: "erudição e instrução em boa conduta".

estabelecido para caracterizar o indivíduo da espécie humana de forma geral, mas sim o homem detentor de direitos nas sociedades helênica e romana, denominado cidadão.

Essa visão permeou a estruturação do sentido de liberdade e direitos individuais transcritos nos sistemas jurídicos dessas duas grandes civilizações. Tais ideias encontraram reforço na filosofia grega – que influenciou sobremaneira o pensamento romano através das interações iniciais na Magna Grécia –, sobre a existência de um direito natural e infinito, composto de regras autoevidentes, comprováveis de plano e impassíveis de alteração.

A interpretação de que as coisas são infinitas e imutáveis, desta forma se manifestando a organização social como substrato da estruturação natural do Universo, própria do pensamento de Parmênides[5], foi notada nos escritos jurídicos de Zaleuco de Locros, tido como o primeiro dos legisladores[6]. Posteriormente, Aristóteles[7] viria a endossar essa estrutura de pensamento, diferenciando os escravos daquelas pessoas que a natureza honrou com a liberdade. Embora não dotada da mesma profundidade contemplativa da filosofia helênica, tal mentalidade foi observada na organização de sociedades vetustas, a exemplo da mesopotâmica, conforme disposições do Código de Ur-Nammu[8], que já apresentava a divisão social dicotômica entre homens livres e escravos[9].

Essa mentalidade levou a criação de uma estratificação social, que, cada vez mais, se fez notada na sociedade helênica, especificamente em Atenas, em virtude da atração de estrangeiros àquela *pólis* pelo comércio, como uma necessidade de amenização do mal-estar causado pela presença de elementos estranhos ao regime vigente[10]. Em estágios mais avançados, a reforma

---

5 SANTOS, José Trindade. **Da natureza: Parmênides**. Thesaurus Editora, 2000, VIII. Parmênides de Eleia foi um dos mais importantes filósofos eleatas do período pré-socrático, precursor do racionalismo na filosofia helênica.

6 WOLKMER, Antonio Carlos. **Fundamentos de história do direito**. Belo Horizonte: Del Rey, 2007, p. 51.

7 ARISTÓTELES. **Política**. Tradução: Mário da Gama Kury. Brasília: UnB, 1997, p. 17.

8 Codificação erigida aproximadamente em 2040 a.C., que regulamentava costumes antigos de forma taxativa, reconhecido como o primeiro código escrito da história da humanidade (HAMBLIN, William J. **Warfare in the Ancient Near East to 1600 bc**. New York: Routledge, 2006).

9 GILISSEN, John. **Introdução histórica ao direito**. Tradução: A.M. Hespanha e L. M. Macaista Malheiros. 2ª ed. Lisboa: Fundação Calouste Goubenkian, 1995, p. 61.

10 ENGELS, Friedrich. **A origem da família, da propriedade privada e do Estado**. Joinvile: Clube de Autores, 2009, p. 126.

de Sólon chegou a dividir a sociedade ateniense em quatro classes criando, ainda, a Eclésia, assembleia popular capaz de produzir decisões políticas[11].

Dado o apreço dos romanos pelas normatizações escritas, provavelmente as reproduções do pensamento indicado em legislações da Magna Grécia influenciaram a filosofia e o direito romanos, de forma a sedimentar o pensamento de que os ideais jurídicos de cidadania e liberdade estariam intrinsecamente ligados ao posicionamento social do indivíduo. Ou, de forma mais clara, que este posicionamento social era definido por uma ordem natural que preestabelecia a liberdade, sendo a cidadania um derivativo lógico dessa predisposição.

Por este motivo, os romanos reproduziram o conceito helênico de cidadania, entendida não como um elemento de caracterização de direitos inatos ao indivíduo humano, mas sim como a designação de um direito de precedência em uma sociedade estratificada, naquilo que Michel Villey[12] chamou de superação das liberdades gregas. Para tanto, instituíram o *privilegiu*[13] como gênese de um direito exclusivo, regalia ou imunidade conferida aos cidadãos dotados de liberdade – condição ainda ligada ao conceito helênico de liberdade –, na forma de *status* que permitia ao cidadão da *pólis* participar das deliberações sobre a vida pública[14].

Destes privilégios derivou a condição de cidadão, ou *quirites*[15] a qual, mais tarde, convergiu para a de *civitas*, posição social que garantia ao seu detentor o papel de sujeito de direito privado. Esta condição motivou o estabelecimento do *privus* como espaço de limitação do *imperium* estatal sobre o indivíduo, estrutura essencial do *pater familias*, que garantia ao cidadão – notadamente o homem "chefe de família" –, jurisdição em sua propriedade privada.

Posteriormente, houve uma reorganização social, especificamente através da constituição de Sérvio Túlio, que distribuiu a sociedade romana em seis

[11] ARISTÓTELES. **A Constituição dos Atenienses**. Tradução: Delfim Ferreira Leão. Lisboa: Calouste Gulbekian, 2003, item 4-9.

[12] VILLEY, Michel. **O direito e os direitos humanos**. São Paulo: Martins Fontes, 2007, p. 53.

[13] Reputa-se a gênese do conceito à expressão *privus-lex*, significando regulamentação erigida no sentido de beneficiar indivíduo específico.

[14] CONSTANT, Benjamin. Da liberdade dos antigos comparada à dos modernos. *In*: **Filosofia Política 2**. Porto Alegre: LP&M, 1985, p. 11.

[15] Expressão também conhecida como *quiritium*, significando "lanceiro", como se designava o cidadão na Roma Antiga. A terminologia provavelmente remonta às tradições da Antiguidade, em que era comum garantir cidadania aos militares.

classes, de acordo com a riqueza, criando as assembleias centúrias[16], que realizavam as deliberações políticas garantindo o controle às classes sociais mais abastadas, uma vez que a primeira e a segunda classes, sozinhas, detinham mais da metade das centúrias em deliberações definidas por maioria simples. Conforme apontou o próprio Engels[17], a aludida constituição se transmuta em verdadeira "constituição de estado, baseada na divisão territorial e na diferença de riquezas".

A partir deste ponto, a organização social da sociedade romana, especificamente no que se refere aos direitos individuais, passa a ter uma relação intrínseca com a propriedade privada, estabelecendo uma estrutura jurídica que se tornou determinante para a regulamentação penal no Ocidente.

2.1.1 Propriedade privada como o primeiro espaço de limitação do poder do Estado

Conforme refletiu Aristóteles[18], havia uma diferenciação entre o governo político e o governo doméstico, sendo o primeiro pertencente a todos os cidadãos livres, enquanto o segundo pertencia a uma só pessoa, que concentrava as funções de senhor, pai e marido. A visão de governo doméstico, inicialmente, se observava entre as tribos e clãs das comunidades gentílicas das antigas civilizações, a exemplo de Egito, Síria e Mesopotâmia[19], em uma estrutura de poder intrinsecamente ligada aos laços sanguíneos.

As antigas civilizações gentílicas não mantinham uma ideia de propriedade privada, ao menos não uma livre de quaisquer restrições[20]. O modelo comunal gentílico de divisão de terras foi substituído pelo modelo privativo romano, a partir da valorização da terra enquanto espaço de fixação de raízes das famílias, especificamente através do culto doméstico.

Conforme apontou Fustel de Coulanges[21], o culto aos antepassados ligou os romanos permanentemente ao sítio do altar irremovível de seus *penates*.

---

16 ENGELS, Friedrich. **A origem**..., p. 144.

17 ENGELS, Friedrich. **A origem**..., p. 145.

18 ARISTÓTELES. **Política**..., p. 17.

19 WOLKMER, Antonio Carlos. **Fundamentos**..., p. 126.

20 ANDERSON, Perry. **Linhagens do estado absolutista**. Lisboa: Afrontamento, 1984, p. 72.

21 COULANGES, Fustel de. **A cidade antiga**: estudo sobre o culto, o direito e as instituições da Grécia e de Roma. Tradução: Jonas Camargo Leite e Eduardo Fonseca. São Paulo: Hemus, 1975, p. 49.

Augusto Comte[22] definiu este marco como a primeira revolução humana, através da passagem da vida nômade para o estado sedentário. Em virtude dessa perene vinculação, os romanos fizeram do direito de propriedade a base de sua civilização. O caráter sagrado atribuído ao solo, faz da propriedade privada romana um espaço declarado imprescritível por suas leis[23].

Tal lucubração parecia ser reforçada por outros elementos culturais, como os costumes dos povos que ocupavam a região do Lácio antes da fundação de Roma, a exemplo dos etruscos, que acreditavam que Deus havia delegado ao homem a propriedade sobre o solo[24]. Essa construção, inclusive, é generalizada na estrutura de pensamento arcaico ocidental, que entende as relações de suidade como uma doação ou permissão divina[25].

Inicialmente, a propriedade do solo foi constituída através do trabalho. Conforme observou John Locke[26], o fato de subjugar e cultivar a terra resultou na aquisição de domínio sobre ela, estabelecendo um título de aquisição e induzindo a posse privada[27]. A organização social buscou meios de legitimar a remoção das coisas de seu estado de natureza, reconhecendo as relações de suidade que progressivamente surgiam. A ideia da posse definitiva de uma parcela do solo previamente ocupada tinha tal dimensão que transcendia ao indivíduo, através do direito de herança[28].

Fato é que a memória da terra como propriedade comum foi completamente obliterada em Roma, conforme apontou Estrabão[29], ao observar que o território de Roma já era dividido em propriedades privadas desde a sua

---

22 COMTE, Auguste. **Curso de filosofia positiva; Discurso preliminar sobre o conjunto do positivismo; Catecismo positivista.** São Paulo: Nova Cultural, 1988, p. 286.

23 CICERO, Marco Túlio. **Tratado das leis (*De legibus*).** Caxias do Sul: Educs, 2004, p. 41.

24 VALVO, Alfredo. **La "Profezia di Vegoia"**: proprietà fondiaria e aruspicina in Etruria nel I secolo AC. Roma: Istituto Italiano per la Storia Antica, 1988.

25 FILMER, Robert. **Patriarcha; ou the natural power of Kings.** London: Richard Chiswell, 1680, p. 12.

26 LOCKE, John. **Dois tratados sobre o governo civil.** São Paulo: Martins Fontes, 1998, p. 44.

27 Importante destacar que o presente trabalho trata da propriedade enquanto direito adquirido e protegido por convenções legais e morais. Não trata, especificamente, do direito de apropriação decorrente da transformação ou aquisição natural de coisa dada pela natureza. Mesmo porque, e é relevante também ressaltar, a contemporaneidade pouco permite em apropriação, menos ainda na sociedade industrial de consumo.

28 ENGELS, Friedrich. **A origem...**, p. 187.

29 STRABO. **Geography**. Book V. London: George Bell & Sons, 1903, III, 2.

fundação[30]. De fato, como apontou Fustel de Coulanges[31], a religião doméstica, a família e o direito de propriedade surgem, inseparáveis, como a base de formação da sociedade romana.

Com a evolução de tais meios de legitimação, o respeito às delimitações de propriedade transcendeu a ideia passada por aquilo que Platão[32] chamou de primeira lei – remetendo a demarcação da divisão de terras entre vizinhos –, passando a concepção de um caráter sacrossanto da propriedade privada[33], que relegava à divisão de terras não só um caráter de marco regulamentador da propriedade, como também do próprio espaço de guarda das divindades domésticas.

Em virtude dessa construção social, se estabeleceu a ideia de que os mortos tomavam posse do solo em que eram inumados, e apenas os membros de sua família os podiam invocar. Desta forma, conforme observou Cícero[34], o desrespeito à santidade do espaço onde uma família cultua seus mortos deveria ser considerado um ato de impiedade, um sacrilégio imperdoável. Não que os gregos não preservassem o costume de cultuar tumbas ancestrais o que, de fato, fizeram[35]; apenas não protegiam a propriedade exclusiva da terra onde os mesmos se encontravam situados.

A tradição religiosa de adoração dos penates fez com que o direito à propriedade das terras somente pudesse ser garantido a quem tinha um culto doméstico, de forma que somente o membro da cidade fosse instituído na condição de cidadão. O homem que não possuísse um culto hereditário deveria ser cliente de outros, os patrícios, que detinham o poder aristocrático em Roma[36], ou era relegado à condição de escravo caso, além da ausência de direitos políticos, também fosse destituído de liberdade.

Desta forma, conforme observou Perry Anderson[37], a civilização romana dissociou o sentido de propriedade do sentido vago e indeterminado da posse,

---

[30] Estrabão, inclusive, delimitou o território de Roma – ou *aeger romanus* –, de acordo com os locais em que eram realizados rituais da *ambarvaliai*, em honra à deusa da fertilidade Ceres, fora dos limites das propriedades privadas da cidade.

[31] COULANGES, Fustel de. **A cidade antiga**..., p. 87.

[32] PLATÃO. **As Leis**. Tradução: Edson Bini. São Paulo: EDIPRO, 1999, p. 344.

[33] COULANGES, Fustel de. **A cidade antiga**..., p. 46.

[34] CICERO, Marco Túlio. **Tratado**..., p. 71.

[35] DEMOSTHENES. **Against Eubulides**. Tradução: Norman W. DeWitt, Ph.D. Cambridge: Harvard University Press, 1939, p. 70.

[36] COULANGES, Fustel de. **A cidade antiga**..., p. 178-179.

[37] ANDERSON, Perry. **Linhagens**..., p. 72.

redefinindo a estrutura social no entorno da ideia de propriedade privada. A propriedade privada passa a ser o mais sólido direito do cidadão romano sobressaindo, inclusive, sobre o direito à liberdade. Prova disso é o fato de a legislação romana permitir a escravização de um devedor em prol de seu credor, mas nunca a expropriação de sua terra. Fustel de Coulanges[38] recordou que a ação serviana e outros contratos romanos como a emancipação com fidúcia e o *pignus*, provavam indiretamente a inexistência de previsão de expropriação por dívidas.

Foi assim criado um espaço de proteção de direitos próprios do cidadão romano, direito este partilhado entre os membros das famílias que detinham a propriedade da terra onde estavam inumados seus antepassados. Tal espaço fez da família a peça fundamental da compreensão da organização social romana, representando o que Engels[39] chamou de vitória da propriedade privada sobre a originária propriedade. O controle da família passa a ser exercido pelo *pater familias*, detentor do poder familiar, que se organiza através da relação entre autoridade, herança e propriedade, imposto a qualquer estrutura legislativa, e exercendo domínio sobre as inteligências e as vontades[40].

O domínio dentre os limites da propriedade privada passa a ser exercido pelo *pater familias*, de forma que o Estado perde o controle sobre as decisões no âmbito doméstico, ainda que o chefe de família tenha uma tendência natural a reproduzir em seus domínios a lei geral do Estado. A vivência familiar – assim como as faltas no ambiente doméstico e suas eventuais punições –, perde o interesse da sociedade, tornando-se uma questão de interesse exclusivo do patriarca[41]. Com isso, restou estabelecido um espaço delimitado ao direito privado, em que as decisões eram tomadas pelo chefe da família patriarcal, um espaço de domínio particular, denominado *privus*.

A constituição do *privus* estabeleceu um limite de liberdade individual, consistente em um conjunto de liberdades negativas das quais o *pater familias* gozava junto ao Estado, de forma que o direito da cidadania implicasse em um conceito de liberdade intrinsecamente ligado a proteção de sua esfera patrimonial. Isto resultou na instituição de um sistema jurídico que visava

---

38 COULANGES, Fustel de. **A cidade antiga**..., p. 51.

39 ENGELS, Friedrich. **A origem**..., p. 269.

40 WOLKMER, Antonio Carlos. **Fundamentos**..., p. 84.

41 WALTER, Ferdinand. **Histoire de la procedúre civile et du droit criminel chez les romains**. Tradução: de l'allemand par Édouard Laboulaye. Paris, 1841, p. 8.

manter o *status quo* através da proteção do patrimônio. Do *privus* derivaram as construções jurídicas que, futuramente, convergiram para os conceitos de propriedade privada, privacidade e intimidade.

A ordem jurídica dominante, naturalmente, orientava-se no sentido de manutenção destes privilégios e, indiretamente, na reafirmação de um conceito de liberdade somente passível de usufruto por parte dos detentores de patrimônio. Logo, na sociedade romana, somente era dotado de cidadania e liberdade o indivíduo que reunisse duas condições: o *status* de cidadão; e um arcabouço patrimonial que o permitisse constituir propriedade privada e família na forma do *privus*.

Neste momento histórico se estabeleceu o ideal de cidadania através da condição de *quirites*, já indicado como antecessor da posição de *civitas* na organização social romana. O período quiritário – que se estendeu da criação de Roma até a promulgação da Lei das XII Tábuas –, foi marcado por uma supervalorização da propriedade privada, emancipando essa modalidade de direito, conforme indicou Perry Anderson[42], de quaisquer qualificações extrínsecas ou intrínsecas, a exemplo das disposições religiosas ou comunitárias próprias das sociedades gentílicas. Isto permitiu que o direito de propriedade se expandisse até que se pudesse estender sobre outras pessoas, reforçando o modelo escravagista. O direito quiritário viria a permitir, por parte da nobreza patrícia, a apropriação de terras de uso comum (*aeger publicus*) – causando o colapso do sistema de pequena produção agrícola –, com a consequente escravização do campesinato, em virtude de suas dívidas[43].

Isto viria a reforçar o poder dos patrícios que, já integrados no controle do poder político, iriam buscar estruturas de proteção de seu arcabouço de direitos adquiridos. Deste esforço nasce uma estrutura legal que redefine os conceitos de direitos e liberdades individuais.

2.1.2 Sistema jurídico de proteção de direitos individuais

Tomando como exemplo a sociedade romana, é possível concluir que as bases erigidas sob a fidúcia dos preceitos religiosos reclamavam uma reestruturação, de forma a garantir proteção não só à conformação social, como

---

42 ANDERSON, Perry. **Linhagens**..., p. 64.
43 ANDERSON, Perry. **Linhagens**..., p. 54.

também ao poder do patriciado. De forma a reger a sociedade ao abrigo de conflitos e manter a estrutura dogmática que permeava a vida civil, as autoridades políticas e religiosas buscaram fortalecer os vínculos que uniam a sociedade, convergindo o direito para a proteção do que se convencionou chamar de interesse público[44].

Isto resultou em um redimensionamento da ordem social, partindo inicialmente para a solução de seu primeiro conflito: a tensão entre os interesses públicos e privados. Uma vez que a família romana era a *cellula mater* da sociedade, e seus domínios territoriais são absolutamente inacessíveis àqueles que não pertencem a seu culto privado, o interesse primevo da ordenação social é proteger essa estrutura. Desta forma, conforme indicou Wolkmer[45], o Estado romano nasceu da inversão dos privilégios nas relações, colocando o indivíduo como o centro referencial, em detrimento da coletividade. Essa inversão partiu, inicialmente, da dissociação entre propriedade pública e privada e, posteriormente, da instituição de privilégios aos indivíduos detentores de propriedade privada.

A instituição de privilégios garantiu ao patriciado direitos individuais. Não há que se falar em liberdade, haja vista que, na sociedade romana, a liberdade era meramente proclamativa, significando o mesmo de cidadania. Fustel de Coulanges[46] definiu a liberdade romana como o direito de participar da vida política. O caráter vultoso da liberdade entre os gregos e romanos se relaciona à importância que estes povos davam à participação na vida política, e mesmo ao caráter sagrado e religioso atribuído pelos mesmos à sociedade.

Com a instituição do direito privado, o primeiro dos direitos precedentes[47], os romanos instituíram a sociedade civil em que as relações – sobretudo as relações de suidade –, fossem protegidas por leis públicas. Isto garantiu, inicialmente, a sedimentação da propriedade privada e a delimitação da posse das terras na cidade e, posteriormente, legitimou a apropriação das demais terras em todo o *aeger romanus.* A forma com que foi regulamentada a divisão da propriedade privada em Roma claramente contrariou os critérios distributivos e de apropriação das civilizações que a precederam e, ainda que

[44] COULANGES, Fustel de. **A cidade antiga**..., p. 224.
[45] WOLKMER, Antonio Carlos. **Fundamentos**..., p. 126.
[46] COULANGES, Fustel de. **A cidade antiga**..., p. 160.
[47] KANT, Immanuel. **Doutrina do direito**. São Paulo: Ícone, 1993, Prólogo.

estabelecida sem um comum acordo entre todos os coproprietários[48], fez-se legítima através de sua convalidação pelas assembleias centúrias.

Este modelo de regulamentação legal induziu, com certa facilidade, o domínio do *pater familias* também sobre os clientes, bem como aqueceu a economia escravagista. Sendo os patrícios os detentores do poder político, e também os proprietários das terras protegidas pelo direito civil romano, estes se viram investidos no poder de *dominium directum*[49]. A estes cabiam todas as decisões no âmbito da propriedade privada, sobre a qual permanecia proibida a interferência do Estado.

Quanto aos demais, a regulamentação legal os impelia a reforçar os valores sociais então estabelecidos, especialmente os clientes e plebeus. Como a eles pouco valia o direito público, posto que não eram detentores de propriedade privada – cabendo-lhes os direitos e garantias que eram comuns a todas as outras *res publicae* –, geralmente colocavam-se sob a proteção de patrícios. Desta forma passavam a reproduzir, apesar de não integrarem as famílias, os pensamentos e interesses de seu *dominum*, de forma que sua agregação lhes reduzisse paulatinamente a individualidade[50]. Quanto aos escravos, naturalmente não se concebe sua inserção em uma sistemática de direitos individuais, posto que integravam o arcabouço patrimonial de seu *dominus,* resguardadas as ressalvas inerentes a peonagem[51].

Conforme essas relações se foram intensificando, cada vez mais a estruturação legal tratou de proteger o patrimônio dos patrícios e, consequentemente, seus interesses. A relação direta entre poder econômico e poder político, associada a dependência dos clientes e plebeus, fez do Estado um organismo que visava a proteção dos que possuem contra os que não possuem[52].

A organização jurídica romana acabou por vincular em caráter permanente os direitos de cidadania e liberdade ao direito à propriedade privada. Afinal, como já observava Michel Villey[53], a evolução do estado de natureza

48 LOCKE, John. **Dois tratados**..., p. 42.

49 Tradução livre: "detentor do direito de liderança, de comando".

50 TARDE, Gabriel. **Laws of imitation**. Tradução: Elsie C. Parsons. New York: Henry Holt And Company, 1903, p. 287.

51 A peonagem, ou servidão por dívidas através do *nexum*, tinha regras e limitações específicas, mantendo determinados direitos do escravo.

52 ENGELS, Friedrich. **A origem**..., p. 194.

53 VILLEY, Michel. **O direito**..., p. 157.

para o contrato social geralmente faz com que os indivíduos busquem conservar os seus direitos naturais de propriedade, preocupando-se muito mais com a instituição de uma força política capaz de assegurar o exercício destes direitos, o que torna o direito de propriedade utilizável, dada a sua possibilidade de consolidação.

Sendo assim, cabe refletir sobre que direitos teriam os clientes e plebeus na Roma Antiga. Adotando a visão de Hobbes[54 55], de que um direito consiste na liberdade de fazer ou omitir, percebe-se que muito pouco espaço havia para o exercício ou manutenção de direitos por parte dos clientes e plebeus, ao menos que estivessem sob a proteção dos patrícios que, dentre seus domínios, a esses estendia uma projeção particular de direito e justiça.

Outro ponto é que esse modelo de organização social impulsionou a proteção de interesses individuais em detrimento de sentimentos coletivos. Inicialmente, porque as leis dobravam-se aos interesses individuais dos patrícios; em um segundo momento, porque os clientes e plebeus colocavam-se sobre a proteção dos patrícios, visando a satisfação de seus próprios interesses. Isto gerou a dependência entre o valor social e o valor individual, com precedência do segundo[56].

Ainda assim, o estabelecimento de direitos deu aos plebeus algumas poucas prerrogativas, suficientes para viabilizar uma forma de organização que, de certa maneira, lhes permitiu oferecer resistência às imposições do patriciado. Como resultado das revoltas que culminaram com a expulsão do rei Tarquínio, o Soberbo, em 509 a.C., e consequentemente o fim do reino de Roma, se fez necessário amenizar as tensões sociais entre patrícios e plebeus, de forma a organizar a pretendida República[57]. A solução encontrada foi o estabelecimento do primeiro decenvirato que, totalmente dominado por patrícios, editou as dez primeiras leis da Lei das XII Tábuas, aprovadas pelas

[54] HOBBES, Thomas. **Leviatã, ou matéria, forma e poder de um estado eclesiástico e civil.** Tradução: João Paulo Monteiro e Maria Beatriz Nizza da Silva. 3ª ed. São Paulo: Abril Cultural, 1983, p. 47.

[55] Hobbes é apontado por Michel Villey (**O direito**..., p. 142) como o primeiro a usar a expressão "direito do homem" em um texto. Com fiúza à palavra do respeitável autor é seguro declarar Hobbes, portanto, como o precursor científico do termo.

[56] DURKHEIM, Émile. **As regras do Método Sociológico**. Tradução: Paulo Neves. Rio de Janeiro: Martins Fontes, 1999, p. 150.

[57] PLESSIS, Paul. **Borkowski's Textbook on Roman Law**. 4th ed. Oxford, 2010, p. 29-30.

assembleias centúrias logo após a sua edição[58], o que não trouxe surpresas pois, conforme já exposto, as assembleias eram inteiramente dominadas pelo patriciado. Posteriormente e, em virtude de novas tensões sociais, o segundo decenvirato editou as duas leis que completavam o compêndio, estabelecendo assim o conjunto de normas que regulamentavam o direito romano da velha república.

A Lei das XII Tábuas reafirmava a estrutura de organização social já vigente através de leis não escritas. A despeito de garantir mais direitos aos plebeus apresentando um, aparente, maior equilíbrio em suas relações com os patrícios, pouca valia teve como força motriz para uma restruturação da sistemática de proteção de direitos.

Isto porque o enfraquecimento da idolatria no entorno da propriedade privada, não criou um hiato cultural que permitisse sua apropriação pela plebe, nem tampouco uma redistribuição nos termos da novel legislação. É fato que a propriedade privada perdeu gradativamente seu valor ritualístico[59]; entretanto, a monetização das relações comerciais, aliada à acumulação de riquezas pelos patrícios, deslocou o valor da propriedade privada dos ideais do trabalho, permitindo através do acúmulo de dinheiro que o patriciado mantivesse o controle político-jurídico da república.

Catão, o velho já tratava de especulação e capitalização nas atividades agrícolas[60]. A monetização da economia exigiu que os plebeus se mantivessem sob a proteção dos patrícios, a fim de garantirem meios de sobrevivência. Paradoxalmente o plebeu, livre dos laços do clientelismo, teve de buscar refúgio no trabalho independente para garantir seu sustento. Como indicou Fustel de Coulanges[61], os trabalhos liberais eram proscritos aos homens livres, e os permitidos eram considerados depreciativos, vexaminosos; a democracia, ao invés de suprir a miséria, tornou-a mais sensível. As crescentes dívidas fizeram que grande parte dos plebeus se tornassem escravos, situação recorrente até 326 a.C., quando a edição da *Lex poetelia papiria* extinguiu o *nexum*[62].

---

[58] DIONYSIUS (of Halicarnassus). **Roman Antiquities.** Volume VI. Cambridge: Harvard University Press, 1937, X, p. 57.

[59] COULANGES, Fustel de. **A cidade antiga**..., p. 239.

[60] CATO, Marcus Porcius. **De agri cvltvra**. Tradução: Paul Thielscher. Berlim: Duncker & Humblot, 1963, p. 146-150.

[61] COULANGES, Fustel de. **A cidade antiga**..., p. 239.

[62] SCHILLER, A. Arthur. **Roman law: mechanisms of development**. Berlim: Walter de Gruyter, 1978, p. 209.

Ainda assim a sociedade romana estava dividida, figurativamente, entre homens livres e escravos, desta vez não por regulamentação legal ou dos costumes, mas sim pelas condições econômicas gerais de sua existência[63], fazendo do Estado mais um mecanismo organizado de controle que, especificamente, um instrumento garantidor da ordem e propiciador de liberdade a todos os seus cidadãos. Esta passagem perfaz um marco curioso porque, a partir da sedimentação deste pensamento – e a despeito das limitações estendidas à instituição jurídica da escravidão, bem como da amenização da divisão legal e cultural de classes –, a proteção legal positiva para aquilo que o próprio Engels[64] chamou de propriedade privada completa estratificou definitivamente a divisão de classes sociais e as prioridades de proteção da ordem jurídica.

Desta forma, o regime das castas sobreviveu a si mesmo nos costumes[65] e, ainda que não tenham subsistido resquícios de sua estipulação na ordem jurídica estabelecida, a transmissão hereditária de riquezas, *de per si*, constituiu força política suficiente para mantê-lo através das regulamentações legais.

O valor proclamativo da cidadania e da liberdade foi mantido, embora esvaziado de possibilidades de efetiva proteção jurídica. Ainda que a *Lex Julia de civitate Latinis danda* – aprovada por Júlio César em 90 a.C. –, e o Édito de Caracala[66] estendessem a cidadania romana a todos os súditos do império, estabelecendo a diferenciação entre o *homo humanus* e o *homo barbarus* da qual tratou Douzinas[67], não foi possível a transmutação da sistemática legal de proteção da liberdade individual para um modelo universalista, de forma que a estrutura jurídica romana manteve a estratificação social e, por conseguinte, parâmetros de proteção jurídica voltados para a manutenção do *status quo* e proteção patrimonial dos mais abastados.

Posteriormente, Justiniano I teria extinguido a divisão de classes no império romano, dividindo simplesmente os indivíduos sob a égide de Roma entre cidadãos (súditos) e escravos no seu *Corpus Juris Civilis* (529-534 d.C.). Tal regulamentação também foi incapaz de produzir efeito, uma vez que a realização do Primeiro Concílio de Niceia (325 d.C.), no império de

63 ENGELS, Friedrich. **A origem**..., p. 190.

64 ENGELS, Friedrich. **A origem**..., p. 184.

65 DURKHEIM, Émile. **Da divisão do trabalho social**. São Paulo: Martins Fontes, 1995, p. 397.

66 Também chamada de Constituição Antonina, foi um édito publicado pelo imperador Marco Aurélio Antonino em 212 d.C.

67 DOUZINAS, Costas. **Os Paradoxos**..., p. 4.

Constantino, havia promulgado a lei canônica, que passaria a embasar as estruturações legais desde então erigidas.

Inobstante, as Institutas do mesmo Justiniano resguardavam os privilégios da classe política e dos patrícios, diferindo povo (conjunto de toda população) de plebe (conjunto de cidadãos, excluídos os senadores e patrícios)[68]. Esses privilégios seriam decorrentes do direito das gentes, derivativo da razão natural, e comum a todos os povos[69].

As institutas, rememorou Michel Villey[70], tratavam tão somente de uma descrição da ordem social existente em Roma. O mesmo autor indicou que, em detida análise da introdução geral do *Digesto de Justiniano*, nada encontrou que se assemelhasse com uma ideia subjetivista de direito de liberdade[71].

Em suma, o estabelecimento de uma ordem jurídica positivada em Roma tornou o indivíduo independente em sua vida privada, entretanto, soberano apenas em aparência[72]. A participação política, especificamente através das assembleias centúrias e do decenvirato, permitiram à plebe exercer sua soberania política, porém apenas para formalmente reivindicarem uma soberania jurídica.

Diante de tais fatos, ainda que o Direito Romano tivesse estendido o direito de cidadania a todos os administrados não escravos, os direitos individuais protegidos por lei permaneciam intrinsecamente relacionados aos privilégios de aristocratas e patrícios. Dada a influência do império romano-germânico do Ocidente no desenvolvimento do pensamento jurídico e político europeu este estabelecimento permaneceu, desta vez sob influência da Lei canônica, no direito medieval.

2.1.3 *Direito como instrumento de manutenção do* status quo *social*

A organização jurídica medieval – em virtude de um enfraquecimento da autoridade central estatal, que culminou em uma confusão entre soberania

---

[68] Tradução livre: "Et omnes libertos nullo nec aetatis manumissi, nec dominu manumissoris, nec in manumissionis modo discrimine habito, sicuti jam antea observabatur, civitate romana donavimus: multis modis additis, per quos possit libertas servis cum civitate romana, quae sola est in presenti, praestari" (INSTITUTIONES. Titulus V. de libertinis. 8, *in fine*).

[69] RODRIGUES, Antônio Coelho. **Institutas do imperador Justiniano**. V. 1. Recife: Typographia Mercantil, 1879, p. 10.

[70] VILLEY, Michel. **O direito**..., p. 72.

[71] VILLEY, Michel. **O direito**..., p. 68.

[72] CONSTANT, Benjamin. **Da liberdade**..., p. 13.

e propriedade –, permitiu a substituição do modelo escravagista pelo feudal[73]. Entretanto, os efeitos dessa transição não foram especialmente sentidos no viver social, posto que tal estruturação jurídica terminou por, apenas, substituir o clientelismo pela vassalagem[74].

Na Idade Média, a instituição de sistemáticas jurídicas já erigidas sobre a ideia de proteção de privilégios, relacionaram completamente os direitos individuais ao direito de propriedade. Conforme apontou Michel Villey[75], os direitos individuais teriam ido instituídos enfatizando um *suum cuique tribuendum*[76], de forma que o ideal de virtude social construído perpassava a manutenção da ordem social existente antes do período em que foram realizadas as revoluções internas em Roma visando, portanto, reinstituir o *status quo ante bellum*[77]. É possível afirmar que o temor de potencial beligerância – seja interna, por meio de revoluções ou guerras civis; seja externa, em decorrência do enfraquecimento da força social de determinado grupo, tornando o território convidativo a invasores –, tornou-se o principal elemento sobre o qual orbitavam os princípios medievais de ordem social.

Constatava-se o fenômeno que Locke[78], de maneira lúcida, observou como o grande objetivo pelo qual os homens se agrupavam em sociedades políticas: a busca pela preservação de sua propriedade. A renúncia a uma estipulação de justiça natural em prol de uma organização civil, conforme apontou o autor em outra oportunidade, fez com que fosse delegado ao poder legislativo a função de promover a paz e tranquilidade da sociedade, através da promulgação de leis como regras permanentes que permitissem a cada cidadão saber o que lhe pertencia[79]. Desta forma, a delimitação do quinhão de cada um por meio das leis definia o parâmetro de justiça. E a ordem residiria na preservação do justo. Talvez neste ponto o Direito tenha conferido à sociedade a sua mais sólida estratificação.

---

[73] BOBBIO, Norberto; MATTEUCI, Nicola; PASQUINO, Gianfranco. **Dicionário de política**. Tradução: Carmem E. Varriale. 4ª ed. Brasília: UnB, 1992, p. 1032.

[74] WEBER, Max. **Economia y sociedad**. México: Fondo de Cultura Económica, 1997, p. 810.

[75] VILLEY, Michel. **O direito**..., p. 153.

[76] Tradução livre: "dar a cada um o que é seu".

[77] Tradução livre: "situação anterior ao conflito".

[78] LOCKE, John. **Dois tratados**..., p. 9.

[79] LOCKE, John. **Dois tratados**..., p. 72.

Essa estratificação fez do Estado exatamente o que descrevera Engels[80]: uma instituição que consagrava a propriedade privada, fazendo dela o objetivo mais elevado da comunidade humana, chancelando a acumulação de riquezas e perpetuando a divisão da sociedade em classes. Cabe ressaltar, entretanto, que este modelo de Estado não foi imposto ou criado em contrariedade aos padrões de costumes sociais preexistentes; pelo contrário, apenas exprimiu a organização social já estabelecida de uma maneira sensível e definida[81]. Em outras palavras, a proteção através das leis do que se convencionou chamar de direito e liberdade no período medieval resultou daquilo que a sociedade convencionou como justo através de seus hábitos.

Curiosamente, a despeito dos aparentes prejuízos decorrentes desse modelo de estipulação legal, o que se observou em níveis de organização política definia-se, em conformidade com a visão da época, como democracia. Afinal conforme o que preceituou Spinoza[82], definia-se como democracia um sistema em que a incumbência da república recaía sobre um conselho composto pela multidão comum.

Posteriormente, as recorrentes crises de soberania derivativas das invasões bárbaras, que remodelaram a distribuição geográfica da Europa ocidental, aliada à sedimentação das relações de vassalagem, fez difundir-se no Ocidente a monarquia como a melhor forma de organização sociopolítica para a manutenção da ordem a da soberania. As invasões dos povos germânicos provocaram uma atomização do espaço político, originando uma série de governos diminutos e autônomos, causando confusão entre propriedade e autoridade[83]. Estes estados pulverizados, naturalmente, buscavam instituir uma estrutura de organização político-social, no entanto, sofriam de uma absoluta carência de fundamentação ideológica e filosófica que balizasse os seus construtos. A ausente estrutura de pensamento foi suprida pela influência canônica, posto que a igreja se firmou como legítima detentora dos conhecimentos e das tradições romanas.

Uma vez instituídas tais estruturas, estes polos se tornaram refúgio de vassalos que – embora livres em suas regiões originais, ou até mesmo proprietários de terras nos territórios vicinais –, se colocavam sob a proteção dos

---

[80] ENGELS, Friedrich. **A origem**..., p. 119.

[81] DURKHEIM, Émile. **Da divisão**..., p. 382.

[82] SPINOZA, Baruch de. **Tratado político**. São Paulo, Martins Fontes, 2009, p. 20.

[83] HESPANHA, António Manuel. **História das instituições**. Coimbra: Almedina, 1982, p. 109.

senhores feudais, transferindo até mesmo a propriedade de suas terras a estes senhores, recebendo-as de volta na forma de arrendamento ou, em outros casos, mantendo as propriedades e submetendo-se ao poder feudal, mediante votos de fidelidade e pagamento de tributos[84].

O embasamento dogmático-canônico permitiu que a evolução das legislações laicas utilizasse a igualdade e a liberdade como ideais ou, mais especificamente, como justificativa retórica para a construção de sistemáticas jurídicas embasadas na proteção de um senso de solidariedade centrado exclusivamente na manutenção do *status quo* social previamente ordenado. Isto viabilizou a visão de que, embora o Direito não pudesse ser definido como um sistema de deveres, certamente se manifestava como tal. A atividade jurídica seria, então, a atuação conforme a justiça, e se traduzia na representação mais básica da solidariedade entre os homens.

Essa dita solidariedade, naturalmente, era estruturada pela imposição de uma consciência coletiva que, quanto mais forte, menos permitiria ao indivíduo atender aos seus interesses pessoais. A liberdade derivativa dessa solidariedade, como expôs Émile Durkheim[85], estaria diretamente relacionada à subordinação das forças exteriores às forças sociais. Paulatinamente, o modelo foi criando uma adequação dos hábitos, de forma que a submissão aos ditames legais estabelecidos por todos os agentes sociais tomou contornos de virtude; tornou-se dignificante, de forma que o positivismo notabilizasse a obediência e consolidasse o comando[86].

O resultado desse processo foi a consolidação da dominação das potências coloniais europeias por meio da codificação, culminando no etnocentrismo europeu[87]. Isto ampliou o espectro da proteção da propriedade privada, permitindo mesmo uma dicotomia na organização jurídica da Europa ocidental, individualista nas metrópoles e patrimonialista nas colônias. Diante disso, houve uma ressignificação da personalidade jurídica e dos direitos individuais. Nas colônias, essas construções tornaram-se ainda mais ligadas à propriedade privada.

Com o advento do iluminismo, nem mesmo a ampla difusão da ideia de que todos os homens nascem livres e iguais foi capaz de promover a quebra

84 ENGELS, Friedrich. **A origem**..., p. 173.
85 DURKHEIM, Émile. **Da divisão**..., p. 406.
86 COMTE, Auguste. **Curso de filosofia**..., p. 284.
87 WOLKMER, Antonio Carlos. **Fundamentos**..., p. 120.

do paradigma de que a ordenação jurídica mantém um padrão de organização social estabelecido pela ordem natural. Embora tenha se mostrado capaz de motivar a limitação do poder de império do Estado, a ideia de liberdade individual se estabeleceu como forma de manutenção daquilo que Léon Duguit[88] chamou de solidariedade "por semelhança", uma circunstância elementar do Direito derivada da interdependência de todos os homens de determinada sociedade, de forma a demandar obediência a quaisquer que fossem as estruturas jurídicas do corpo social, desde que mantidos os laços de troca de serviços recíprocos e o emprego de suas aptidões, que o autor chamou de divisão do trabalho.

Curioso é que essa divisão do trabalho foi dada como sinônimo da propriedade privada, notadamente por Marx e Engels[89], enunciando a primeira à atividade desenvolvida pelos homens, e a segunda como o produto dessa atividade. Embora relativamente dissonante do objeto de proteção das leis da Antiguidade, permanecia a visão de que a manutenção da ordem social trazia arraigada a preservação da inalterabilidade nessas relações.

Na mesma esteira, Émile Durkheim[90] reconheceu como solidariedade mecânica a solidariedade por semelhança indicada por Duguit, esclarecendo que a divisão do trabalho provoca uma nova modalidade de solidariedade, esta chamada de solidariedade orgânica. De acordo com este conceito, o cidadão, quanto mais autônomo, mais se torna dependente da sociedade, através das interações de serviços e possibilidades de exercício de suas aptidões. Dessas novas necessidades deriva uma solidariedade real, que aproxima ainda mais o Direito das relações de suidade. Esta modalidade de solidariedade ligava diretamente as coisas às pessoas, porém era improfícua para vincular as pessoas entre si. Essa construção é bastante interessante, por observar o estabelecimento das garantias individuais e da definição dos direitos de propriedade enquanto espaço de inclusão, de forma a garantir direitos através da abstração de outros homens.

Em virtude dessa relação intrínseca entre as pessoas e as coisas, o Direito acaba por reforçar a ideia de liberdade individual como a ideia de proteção

[88] DUGUIT, Léon. **Fundamentos do direito**. Tradução: Eduardo Salgueiro. Porto Alegre: Sergio Antônio Fabris, 2003, p. 41.

[89] MARX, Karl; ENGELS, Friedrich. **A ideologia alemã**: Crítica da mais recente filosofia alemã em seus representantes Feuerbach, B. Bauer e Stirner, e do socialismo alemão em seus diferentes profetas. São Paulo: Boitempo, 2007, p. 37.

[90] DURKHEIM, Émile. **Da divisão**..., p. 91.

dos títulos que o indivíduo constituiu como direito. Mais grave: em virtude da necessidade de interação na sociedade por parte dos indivíduos despossuídos de bens – mas carentes de participação no sistema de trocas e serviços instituído pela organização do trabalho –, a solidariedade mecânica passa a se manifestar no sentido de preservar a ordem jurídica como requisito de manutenção da sociedade, de forma que aqueles que não possuem patrimônio assumam o interesse de manter os privilégios dos detentores de riquezas.

O homem tornou-se, nitidamente, senhor dos seus atos, investido na propriedade sobre sua pessoa e sobre sua liberdade[91]. O exercício de sua liberdade, entretanto, deve se limitar pelas leis do Estado; seus interesses devem regular-se em conformidade com os interesses da coletividade; os interesses da coletividade, por sua vez, estarão sempre (e predominantemente) voltados para a manutenção da ordem social; e a ordem social, por fim, somente pode ser mantida com a preservação do *status quo*.

Nesse sentido, torna-se a propriedade privada o elemento central de ordenação do Direito, uma vez que a insegurança jurídica quanto à proteção das relações de suidade entre os detentores dos meios de produção e as riquezas pode gerar caos na ordenação da sistemática de troca de serviços e aptidões. O Direito torna-se, invariavelmente, um instrumento de proteção da propriedade privada, tornando as liberdades individuais vinculadas a existência ou não do patrimônio a ser protegido.

Nas sistemáticas jurídicas pós-iluministas essa essência permaneceu inalterada, uma vez que a ruptura com a visão jusnaturalista do *imperium* estatal deu azo a sistemáticas de proteção dos direitos individuais pautadas na instituição de liberdades negativas as quais, naturalmente, se mostraram exclusivas para aqueles que detinham propriedade privada, reafirmando o valor do *privilegiu*. Tais construções foram previstas por Comte[92], de maneira que a busca de um sentido orgânico às liberdades negativas terminaria por expor seu caráter antissocial, em virtude de sua tendência de consagrar a individualidade. Segundo o autor, o estabelecimento de deveres de forma que existisse uma complexa e contínua vinculação entre todos os agentes sociais resultou em um modelo de organização social em que não havia real direito, que não o de cada qual de cumprir o seu dever.

---

[91] VILLEY, Michel. **O direito...**, p.115.

[92] COMTE, Auguste. **Curso de filosofia...**, p. 209.

Parece contraditório expor o Direito da modernidade como patrimonialista, uma vez que existe uma orientação doutrinária no sentido de reconhecer uma repersonalização do Direito, sobretudo o direito civil, uma vez que os movimentos liberais reforçaram uma visão antropológica do Direito, posicionando o homem em destaque, em detrimento do patrimônio[93]. No mesmo sentido, as alegações acerca da constitucionalização do direito privado ou despatrimonialização do direito civil, construções que sustentam uma exaltação da dignidade da pessoa humana em detrimento de uma organização patrimonialista na proteção das liberdades individuais.

Ocorre que a visão antropocêntrica do Direito não é capaz de reverter a dogmática de proteção dos direitos individuais historicamente construída sobre o direito de propriedade privada. Ainda que a visão centrada no conceito de dignidade da pessoa humana motive uma estrutura jurídica de limitação do poder do Estado, subdividida em proibição de impedimento da prática de determinados atos, proibição de intervenção em situações jurídico-subjetivas, e vedação de eliminação de posições jurídicas[94], esta última esfera de proteção é completamente dependente da constituição de direitos na forma de títulos oponíveis e terceiros. A problemática se agrava pelo fato de a maioria das interações sociais que fundamentam a solidariedade orgânica orbitarem em torno dessas posições jurídicas.

Notório que o indivíduo detém direitos inalienáveis na sociedade moderna, sobretudo nos Estados Democráticos de Direito. Como exemplos, se observam os direitos a vida, integridade física, liberdade de expressão e locomoção, proteção da intimidade, honra e vida privada. A esses direitos se relaciona um impedimento tanto de intervenção estatal quanto dos demais administrados, o que é inegável. O questionamento se arvora na eficácia desses direitos, quando dissociados dos elementos característicos da solidariedade orgânica em uma sociedade capitalista. Uma exclusão na esfera de domínio patrimonial poderia representar uma dificuldade ou impossibilidade de exercício desses direitos, tais como: a dificuldade na manutenção da saúde ou integridade física através da obtenção de alimentos ou outros meios de subsistência – tais como medicamentos e tratamentos de saúde –, em virtude da falta de dinheiro; a inacessibilidade a determinados locais em virtude da escassez

[93] LÔBO, Paulo Luiz Netto. Constitucionalização do direito civil. **Revista de Informação Legislativa**, v. 141, p. 362, 1999, p. 103.

[94] CANOTILHO, José Joaquim Gomes. **Direito Constitucional e Teoria da Constituição**. 7ª ed. Coimbra: Almedina, 2003, p. 548.

de recursos para custear o acesso a meios de transporte ou a eventos culturais, de lazer, etc.; a impossibilidade de exercício do direito de intimidade e vida privada em virtude da ausência de um espaço de delimitação da esfera íntima (falta de um local próprio definido de moradia); e pela lesão à honra objetiva dado o sistema de valorização patrimonial dos indivíduos de uma sociedade capitalista, entre outros problemas.

Em outras palavras o indivíduo, sem a detenção de alguma forma de patrimônio, torna-se livre apenas para existir. Entretanto, nem mesmo a manutenção de sua existência, através da sobrevivência, torna-se plenamente possível sem acesso aos meios materiais.

Sobre a problemática apresentada, o Direito, especialmente o direito positivo, optou por adotar uma estrutura dogmática que reafirmava o sentido de que a lei busca a manutenção da ordem social. O advento da democracia nas nações ocidentais veio reafirmar essa dogmática, reforçando-a no sentido de que o Direito passou a ser a manifestação de vontade da maioria dos administrados, pautado na mantença das relações de solidariedade orgânica construídas voluntariamente pelo povo. Novamente, o "povo" aqui demonstrado remonta à conceituação de Justiniano, desta vez substituindo os patrícios e senadores pelos detentores de riquezas e dos meios de produção.

Curiosamente essa construção, apesar de demonstrar a cabal inexistência de um direito natural, uma vez que comprova a ausência de motivações metafísicas para a estruturação jurídica, mantém a estrutura dogmática canônica, que poderia aqui ser representada pela reflexão de Santo Agostinho[95], ao estabelecer que verdadeiro é aquilo tal como se parece e conhece. O pensamento positivista, a despeito de desconsiderar a existência de uma lei infinita, tomou o conceito de liberdade infinita do jusnaturalismo, e fez dele intangível.

A dogmática positivista, portanto, estabeleceu um valor intrínseco para o conceito de dignidade da pessoa humana, transcrevendo-o como valor central da sistemática de proteção das liberdades individuais. Entretanto, conferiu a este conceito um valor meramente heurístico, notadamente constituindo um discurso de justificação. O discurso dos direitos individuais restou esvaziado de verdades ou correção objetiva, de forma que se tornou impossível descobrir boas razões a seu favor[96].

[95] AGOSTINHO, Santo. **Solilóquios & A vida feliz**. São Paulo: Paulus, 1998, p. 888.

[96] ALEXY, Robert. **Teoría de la argumentación jurídica**. Madrid: Centro de Estudios Constitucionales, v. 222, 1989, p. 292.

Essa descabida valoração para o conceito abstrato de dignidade da pessoa humana construiu um recurso dogmático que dá ao conceito de liberdade individual um sentido predominantemente filológico, muitas vezes esvaziado de significação ontológica jurídica. Afinal, o mesmo sistema normativo que garante as liberdades individuais apresenta as disposições específicas que protegem as impossibilidades de exercício destas liberdades.

Ainda que, todavia, a lógica neopositivista tenha reconhecido a existência de obscuridades e perplexidades linguísticas capazes de influenciar a reciprocidade nas relações e a troca de conhecimentos[97], a interpretação normativa centrada em seu sentido essencialmente filológico pode esconder a incidência de influências culturais que atuam no sentido de afastar as disposições legais sobre os direitos individuais do próprio valor da liberdade humana.

Seria leviano negar que o Direito moderno, em especial o direito constitucional, vem a cada dia evoluindo no que se refere à consideração dos valores essenciais do Estado Democrático de Direito, sobremaneira no que tange à dignidade da pessoa humana. Entretanto, este dinamismo não se observa com a mesma intensidade nas regulamentações infraconstitucionais.

Em virtude disso, as regulamentações que comumente regulam as relações entre particulares – consistindo nas mais relevantes normatizações de proteção dos direitos individuais, como o direito civil e o direito penal –, mantêm uma lógica voltada para a proteção de títulos legais previamente definidos. Diante de tais fatos, considerando a ordenação social embasada na solidariedade orgânica, o Direito permanece quase exclusivo para aqueles indivíduos desprovidos de patrimônio.

Durante este período de evolução da proteção da propriedade individual e da intrínseca relação entre a liberdade individual e a proteção da propriedade privada, a filosofia jurídica acabou por contribuir para o reforço da deturpação de valorações jurídicas, permitindo a substituição de estruturas de ponderação por justificativas meramente filológicas.

2.2 A propriedade privada e os fundamentos inaugurais da ordem social na filosofia ocidental

A organização jurídica e social ocidental sofreu uma profunda influência da Antiguidade, sobremaneira dos modelos grego e romano, respectivamente,

[97] WARAT, Luís Alberto. **O direito e sua linguagem**. Porto Alegre: Sérgio Antônio Fabris, 1994.

nos campos da cidadania e Direito. Conforme indicado nas seções anteriores, a alteração dos parâmetros comportamentais do ser humano, passando de um modelo nômade para o sedentário, estabeleceu uma das bases para o desenvolvimento da civilização ocidental: a definição de um modelo jurídico que estendia uma visão protecionista à propriedade privada, bem como um ideal de cidadania ligado à manutenção do *status quo* social sob um conceito de ordem pública.

Desta forma, desde os primórdios das civilizações clássicas a concepção de paz pública arvorou-se tanto na proteção dos direitos privados quanto no apaziguamento de tensões entre direitos desta natureza. A despeito da existência de um *jus publicum* que regulamentava as relações entre particulares e o Estado, o caráter oligárquico – e, não seria exagero afirmar, plutocrático – do poder político no período clássico inviabilizou o desenvolvimento de relações jurídicas ocorressem em um modelo de bilateralidade atributiva. Em virtude disso, a experiência antiga deu à posteridade uma sistematização arraigada na proteção de direitos de propriedade, que serviram como fundação para o *jus commune* romano.

A estruturação jurídica clássica trazia como pilares, no campo jurídico, a proteção da propriedade privada por meio da instituição e proteção de privilégios (*privus-lex*) e, no campo da cidadania, um modelo censitário de participação na vida política. Naturalmente, tal metodização não seria possível sem uma estrutura de pensamento e conscientização social que reafirmasse os valores normativos propostos.

A estrutura de valoração cultural que permeou o período clássico, em que a construção de um ideal de ordenação jurídica se instituiu em torno da defesa da propriedade privada, encontra estreita relação com o desenvolvimento da filosofia. A filosofia ocidental, notadamente, foi a grande responsável tanto por revoluções culturais que remodelaram parâmetros jurídicos e políticos, quanto por estabelecer estruturas de pensamento que serviram como base para sistemas de justificação e manutenção da propriedade privada como um dos valores transcendentais do Direito.

Com a evolução das civilizações ocidentais, a filosofia manteve seu papel de principal fomentadora das estruturas de pensamento que se traduziam em regulações jurídicas, de forma a se firmar como um dos pilares de sustentação do modelo protecionista da propriedade privada. Diante desta colocação, cabe analisar como a filosofia atuou na manutenção da propriedade privada como um valor transcendental do Direito.

2.2.1 Valor substancial da propriedade na filosofia da Antiguidade clássica

A filosofia teve imensa relevância na organização política da Antiguidade. Fustel de Coulanges[98] aponta que foi a filosofia a responsável pela derrocada da velha política, removendo o irremovível e transferindo para a consciência humana a responsabilidade dos regramentos que, até então, eram construídos pelo sentimento religioso.

O estabelecimento do ideal de existência de uma consciência humana, capaz de ordenar naturalmente a vivência social e a política, foi inicialmente proposto por Anaxágoras[99] [100]. Entretanto, sua descrença nas divindades cultuadas pelas lideranças locais, aliada ao seu hábito de esquivar-se dos deveres de cidadão culminou com o banimento de Anaxágoras de Atenas, fazendo com que suas lucubrações caíssem em relativo esquecimento.

Aristóteles, em sequência, estipulou o *díkaion politikón* – traduzido em latim como o *jus civile* –, reconhecendo que o direito tem a política como substância essencial, tornando-se inútil no ambiente doméstico ou em relações entre cidades ou cidadãos de *polis* diversas[101]. Desta forma, o direito era posto como um sistema de regulamentação de relações interpessoais em determinada cidade e, assim, representava a manifestação máxima da política.

Zenão de Cítio, posteriormente, fundou a Escola Estoica, dissonante do pensamento aristotélico por considerar a existência de uma lei comum, que serve como liame para todos os homens, quaisquer sejam seus países[102]. O estoicismo forneceu bases para a construção de um pensamento que conjuga a prática política à essência do Direito. Em primeiro lugar, por trazer para o campo das relações jurídicas uma justificativa dogmática para os pormenores da ordenação social, de forma que eventuais injustiças decorrentes das previsões jurídicas sejam tomadas como uma consequência natural da ordenação

---

[98] COULANGES, Fustel de. **A cidade antiga**..., p. 251.

[99] CURD, Patricia; MCKIRAHAN, Richard D. **A Presocratics reader**: selected fragments and testimonia. Indianápolis: Hackett Publishing, 2011, p. 101.

[100] Filósofo da Escola Jônica, que viveu aproximadamente em 500 a.C. Defendia a existência de uma substância eterna não organizada, que teria o caos de sua ordem primitiva ordenada por uma inteligência, ou *nous*.

[101] VILLEY, Michel. **O direito**..., p. 56.

[102] PLUTARCO. Discursos I, II. Sobre la Fortuna o la virtud de Alejandro Magno, I, 6. *In*: PECES-BARBA, Gregório Martínez. **Educación para la Ciudadanía y Derechos Humanos**. Madrid: Espasa, 2007, p. 312.

do próprio Universo. Em segundo lugar, por estabelecer como virtude plena o acatamento das leis da natureza, tais como se apresentam ao indivíduo[103]. A natureza seria a soma de todas as coisas em um sistema singular, que encerraria a divindade como a alma do Universo, contra cuja sabedoria não caberia indignação ou discordância.

As construções filosóficas romanas caminharam no mesmo sentido. Certamente, pela massiva influência na Escola Estoica no Império Romano, ao menos até o fechamento das escolas de filosofia pagã por Justiniano, em 529 d.C.[104].

O ideário jurídico romano, entretanto, teve o caráter de universalização da justiça relativizado por uma visão particular de autonomia de direito, mormente nas relações instituídas no âmbito do *domus*[105]. Tal visão conferiu autonomia plena ao chefe de família, relegando ao Direito a função de regulamentar outras modalidades de interações sociais. Essas interações ocorriam, comumente, entre patrícios, ou entre patrícios e plebeus, de forma que se tornou imperativo zelar pela manutenção dos estamentos política e culturalmente determinados.

Assim, a ideia de Direito em Roma foi embasada no que se traduz pelo brocardo *suum cuique tribuendi,* conforme teria preconizado Ulpiano no Digesto Justiniano[106] estabelecendo obrigações oponíveis a terceiros. Esta oposição de direitos a terceiros pressupõe, naturalmente, a concretização anterior de um direito individual a ser protegido, relacionando o dever-ser a um título, ou algo que é devido ao titular do direito pelos demais cidadãos.

Conforme preceitua Javier Hervada[107], a satisfação deste título na forma de direito seria caracterizada intrínseca e extrinsecamente por uma garantia ou previsão de um domínio de fato e, consequentemente, pela proteção deste domínio. Em suma, a ideia de Direito seria precedida pela apropriação de um determinado título e, após essa apropriação, pela proteção do título em

[103] RUSSELL, Bertrand. **History of Western Philosophy**: Collectors Edition. Abingdon-on-Thames: Routledge, 2013, p. 254.

[104] MURRAY, Gilbert. **The Stoic Philosophy**. Nova York: Knickerbocker, 1915, p. 25.

[105] Denominação do espaço de convivência familiar romana, sob domínio absoluto do *pater familias*.

[106] JUSTINIAN I. **Digest**. Vol. 1. Tradução: Charles Henry Monro, M.A. London, C. J. CLAY & Sons, 1904, I, I; 10.

[107] HERVADA, Javier. **Lições propedêuticas de filosofia do direito**. São Paulo: Martins Fontes, 2008, p. 140.

proveito de seu detentor. Tal visão seria determinante para o estabelecimento de uma estrutura de pensamento que dissociasse as percepções de propriedade e posse, posicionando a propriedade privada como o elemento central da ordenação jurídica do Lácio.

O Direito, por este motivo, somente poderia ser visto como relação, e não como substância, estando estritamente ligado a uma relação de suidade. Nesse sentido, o fundamento do direito não seria o título em si, mas o que fundamenta a relação de suidade, a qual garante ao sujeito a possibilidade de possuir o título[108].

A constituição deste modelo jurídico fomentou o estabelecimento de uma relação direta entre a vivência da cidadania e o ideal de liberdade intrinsecamente ligado à proteção do patrimônio. Inobstante, sedimentou a ideia de que a preservação dos costumes seria preponderante para a manutenção da ordem pública tornando-se, portanto, o objetivo primevo do direito.

Nessa fase floresceu o conceito meramente proclamativo de liberdade e cidadania anteriormente esmiuçado. Proclamativo porque decorrente de uma organização jurídica que garantia ao indivíduo a proteção de seus interesses individuais vinculando-os, entretanto, a determinadas possibilidades de exercício de Direito, como a investidura na condição de cidadão e o domínio sobre um espaço privado. Este momento da filosofia antiga pode também ser apontado como a gênese da confusão na acepção do termo direito, ente uma situação de faculdade de agir e uma situação de poder, indicada por Norberto Bobbio[109].

Claramente, a estruturação jurídica romana não instituía direitos individuais como situações de poder para todos os cidadãos. Ao contrário, vinculava as situações de poder à manutenção de relações sociais culturalmente instituídas, mantendo como elementos central de sua ordenação a propriedade privada e os direitos hereditariamente transmitidos aos *dominus*. Isto resultou na já apontada dissociação entre os direitos civis e a condição de cidadão, reforçando a dicotomia entre o direito privado e os interesses públicos, com a precedência dos interesses da nobreza e do patriciado, uma vez que estes detinham o controle do poder político.

---

[108] HERVADA, Javier. **Lições...**, p. 159.

[109] BOBBIO, Norberto. **Contributi a un dizionario giuridico**, Torino: Giappichelli, 1994, p. 222.

Como resultado, operou-se a supervalorização do Direito privado[110], vinculando o direito das gentes à razão natural, e conferindo um caráter dogmático à proteção da propriedade privada.

2.2.2 Filosofia medieval e a dogmática dos direitos individuais

A realidade imposta pelo pensamento romano traçou um panorama de proteção das liberdades individuais vinculado a uma ideia de manutenção de direitos em consideração às viabilidades de posse dos cidadãos protegidos. Os direitos individuais na Idade Média se distribuíram em esferas: a primeira delas, a proteção dos direitos garantidos a todo povo – no sentido empregado por Justiniano à expressão[111] –, como a vida, integridade corporal ou a liberdade de locomoção; a segunda, pela proteção dos privilégios da nobreza e do clero, como os direitos sobre as terras e direitos políticos; e a terceira e última, na proteção do *status quo*, em que o Direito buscava manter o equilíbrio nas relações interpessoais através da manutenção dos títulos jurídicos previamente estabelecidos.

Na forma da última esfera de proteção mencionada, o estabelecimento do Direito enquanto meio de manutenção do *status quo* poderia ser visto como forma de igualdade, uma vez que a distribuição ou atribuição conforme a lei promoveria, nas palavras de Tomás de Aquino[112], o *adaequatio* (adequação) ou *commensuratio* (ajustamento), trazendo o equilíbrio que a justiça busca produzir nas relações humanas. O Direito então representaria o equilíbrio entre as relações de obrigatoriedade e domínio que regem as inter-relações humanas de forma a, fundamentalmente, manter a relação entre um direito e seu titular.

O desafio filosófico decorrente dessas construções notadamente repousou na contradição entre a ideia de igualdade de todos os cidadãos, e a realidade de concentração dos direitos de propriedade nas mãos dos privilegiados. Sobretudo quando a expansão das normatizações jurídicas passou a abranger

[110] KANT, Immanuel. **Doutrina...**, p. 88.

[111] Aqui se reproduz o sentido trazido pelas *Institutas* de Justiniano à expressão, diferindo povo (conjunto de toda população), de plebe (conjunto de cidadãos, excluídos os senadores e patrícios), como apontado no capítulo 2.

[112] AQUINO, Tomás de. **Suma teológica**. Tradução: Aimom-Marie Roguet *et al.* São Paulo: Loyola, v. 1, 2001.

e prever uma série de limitações ao poder do Estado gozáveis, somente, por quem era detentor de posses[113]. Coube ao Direito Canônico trabalhar essas contradições filosóficas, estabelecendo a dogmática jurídica que serviu como principal elemento de justificação da doutrina jurídica medieval.

2.2.2.1 Filosofia canônica ou medieval precoce

A doutrina escolástica, ao aliar-se ao estoicismo helênico, bem como ceder às influências neoplatônicas, não prestou melhor serviço para a construção de uma ideologia de existência de direitos individuais dissociados do direito à propriedade. Inicialmente, através de Agostinho de Hipona[114], ao estabelecer a existência de uma lei eterna, intrinsecamente ligada a uma razão suprema – ou o *nous*, remetendo ao pensamento de Anaxágoras –, e uma lei temporal, esta última capaz de proteger o ser humano no campo das coisas temporais, salvaguardando a ordem e a paz social. Agostinho sustentava que a real liberdade era a libertação do pecado, ou manutenção do caminho da retidão, de forma que o respeito à lei temporal se tornava condição elementar para a satisfação dos ditames da lei eterna.

A construção escolástica se mostra evasiva ao negar a incidência da equanimidade estoicista nas leis temporais, limitando-se à conclusão de que a verdadeira igualdade repousa no campo do espírito. Não divergiu Tomás de Aquino[115], ao afirmar que o ser humano tem direitos que fazem parte de sua natureza, pois lhe foram dados por Deus, o que coaduna com a tese aristotélica de que os homens são dispostos, por natureza, entre livres e escravos.

Neste período, avultou-se o fenômeno que Michel Villey[116] observou na baixa Idade Média, através do qual se deu a perda das distinções feitas pela filosofia clássica, alçando a metafísica como precedente da física e da moral, de forma que os princípios da lei natural se tornassem oriente dos princípios da razão.

---

[113] Como exemplo cabe indicar a Magna Carta inglesa de 1215 que, embora estabelecesse uma série de direitos e de limitações ao *imperium* real, beneficiava exclusivamente os barões feudais e demais proprietários de terras.

[114] AGOSTINHO, Santo. **O Livre-arbítrio**. 3ª ed. Tradução: Nair de Assis Oliveira. São Paulo: Paulus, 1995, p. 41.

[115] AQUINO, Tomás de. **Suma**..., p. 279.

[116] VILLEY, Michel. **O direito**..., p. 140.

A doutrina eclesiástica preocupou-se em viabilizar a construção de uma dogmática própria das leis mundanas, em que o sentido de suas regulamentações repousa em seus fundamentos de aplicação prática, de forma a desonerar a dogmática religiosa de responsabilidade sobre a inexistência de igualdade entre os homens. A existência de eventuais contradições, como foi posteriormente explicitado por Gottfried Wilhelm Leibniz no seu "Princípio da Razão Suficiente"[117], deriva diretamente dos ditames da natureza, que "não realiza saltos" em seus processos evolutivos[118], de forma que os desígnios divinos sempre se manifestam da maneira mais proveitosa para a humanidade.

Uma sistemática de regras jurídicas passou a ser vista não como a essência do direito, mas como sua descrição[119]. Retomou-se a construção do jurisconsulto Paulo[120], presente no Digesto Justiniano, no sentido de que o direito teria como função descrever de modo breve a realidade, de forma que as regras fossem retiradas do direito, e não o contrário[121].

Esta visão não representaria um problema para o desenvolvimento da ordem jurídica ocidental, exceto pelo fato de a formação dos sistemas jurídicos do oeste europeu no segundo milênio sofrer influência massiva do Direito Canônico.

2.2.2.2 Filosofia renascentista ou medieval tardia

No período mais avançado da Idade Média, com o advento da Renascença, o Humanismo Renascentista, proposto por Francesco Petrarca, trazia como elemento central uma visão antropocêntrica do Universo[122]. A nova estrutura de pensamento trouxe o homem como o centro do pensamento filosófico, representando um importante passo para o rompimento com a ideia de

[117] PRUSS, Alexander R. **The Principle of Sufficient Reason**: A Reassessment. Cambridge: Cambridge University Press, 2006.

[118] LEIBNIZ, Gottfried Wilhelm. **New Essays on Human Understanding**. Cambridge: University Press, 1996, IV, 16.

[119] VILLEY, Michel. **O direito**..., p. 67.

[120] Tradução livre: *Regula est quae rem quae est breviter enarrat. Non ex regu.la jus sumatur sed ex jure quod est regula fiat.*

[121] GOUDELIN, Pierre. **Syntagma regularum juris**. Antuérpia: *apud* Hieronymum Verdussen via vulgo Cammerstrate dicta, sub Leone aureo, 1685, p. 281.

[122] PFEIFFER, Rudolf. **Historia de la filología clásica II**: de 1300 a 1850. Madrid: Gredos, 1981, p. 18.

existência de um determinismo metafísico que regulava as relações jurídicas de atributividade.

Entretanto, o caminho tomado por Petrarca e demais renascentistas convergiu para o estudo de estruturas culturais, filosóficas e jurídicas instituídas pela historicidade das civilizações. Isto fez com que o pensamento da Antiguidade se tornasse a principal fonte através da qual o pensamento filosófico ocidental foi reconstruído. Posteriormente, o Direito ocidental sofreu alterações trazidas pela reaproximação com o Digesto Justiniano, de forma que o direito civil estabelecido através das regras do *jus commune* romano se instaurou como a base das sistemáticas jurídicas do oeste europeu.

A atuação de Coluccio Salutati – um dos principais discípulos de Petrarca –, como Chanceler de Florença promoveu o afastamento da filosofia humanista da filosofia canônica[123]. Salutati apoiou um dos primeiros seguidores imediatos de Petrarca, Leonardo Bruni, que estabeleceu o *studia humanitatis*, sedimentando o humanismo e traduzindo para o latim os principais escritos de filosofia grega[124]. Este fato, aliado a uma exacerbada valorização dos escritos de Cícero, posicionou definitivamente o ideário patrimonialista proposto pelo direito civil romano como elemento central da ordenação jurídica, ainda derivativo de uma estruturação que elevasse os direitos de propriedade a categoria suprema de direitos, cumpre destacar. O sentido de ordem jurídica, por meio da manutenção do *status quo* como pressuposto de paz social, foi o que permeou os construtos filosóficos-jurídicos daquele período.

Na esteira da gênese humanista um outro pensador, Poggio Bracciolini, sedimentou um conceito que traduz como o pensamento adotado na instituição do *jus commune* romano foi reproduzido no modelo legal renascentista, ao reconhecer que as leis são impostas pelos mais fortes para manter a coesão do Estado, de forma a reproduzir um pensamento próprio do maquiavelismo antes do próprio Maquiavel[125]. Além disso Bracciolini, ligado a ideais desenvolvidos a partir de escritos de Lucrécio[126] – por ele encontrados e traduzidos –, defendia que o desenvolvimento das relações humanas partia da liberdade moral do

[123] WITT, Ronald. **In the Footsteps of the Ancients**: The Origins of Humanism from Lovato to Bruni. Boston: Brill, 2000, p. 305.

[124] BURKE, Edmund; BRUNI, Leonardo. **The Catholic Encyclopedia**. V. 3. New York: Robert Appleton Company, 1908.

[125] WALSER, Ernst. **Poggius Florentinus**. Nova York: Georg Olms Verlag, 1974, p. 258.

[126] LUCRETIUS. **On the nature of things**. Tradução: Cyril Bailey. Oxford: The Clarendon Press, 1910.

homem, e não de princípios elementares da lei natural. O pensador florentino reconhecia, ainda, uma utilidade social na riqueza[127], sustentando que esta possuía um valor determinante nos meandros de organização social.

O desenvolvimento deste pensamento conduziu paulatinamente a Europa Ocidental para o que foi denominado humanismo cívico[128], consistente na reformulação do pensamento político medieval. Decerto que o principal expoente deste novo modelo de pensamento filosófico foi Nicolau Maquiavel, que se dedicou a analisar os pormenores e as consequências do novo processo evolutivo de organização política das cidades-estados europeias.

Como o humanismo defendia os ideais de liberdade do indivíduo, a organização social embasada no determinismo metafísico que predispunha as relações patrimoniais e reclamava a sua cega proteção tornou-se inconciliável com a construção filosófica de que o homem era livre e autônomo por sua natureza. Foi necessário, portanto, estabelecer um novo caminho.

Os passos iniciais traçados pelo renascentismo conduziram a Europa ao republicanismo clássico, em que se observaram relevantes evoluções no que se refere à ordenação social. Os governos passaram a ser organizar em sociedades civis que, por sua vez, cultuavam a virtude civil como liame das civilizações, cercadas pela barbárie[129]. Tal evolução, certamente, conferiu ao indivíduo maior autonomia, por meio do afastamento da concepção que a sua condição seria um derivativo de uma ordenação inata e imutável.

Nesse sentido tomou vulto a visão de Maquiavel, de que a proteção da ordem política – respeitando a liberdade e as peculiaridades do homem –, não perpassava a distribuição de riquezas, nem tampouco reclamava um redimensionamento das relações de atributividade no Direito Civil. Ao contrário, repousaria no Direito Público a responsabilidade pela manutenção da ordem social, uma vez que a classe desprovida de riquezas, a qual representava a maioria absoluta da população de um estado, preocupava-se mais em ser protegida dos abusos daqueles que ocupavam o poder que propriamente em tomar parte em seu exercício[130].

---

[127] LANG, Ann Proulx. **Poggio Bracciolini's De avaritia**: a study in fifteenth century Florentine attitudes toward avarice and usury. Masters thesis, Concordia University. Montreal: Sir George Williams University, 1973, p. 111.

[128] BIGNOTTO, Newton (Org.). **Matrizes do Republicanismo**. Belo Horizonte: UFMG, 2013, p. 113.

[129] HALE, John. **Civilization of Europe in the Renaissance**. Nova York: Simon and Schuster, 1995.

[130] BIGNOTTO, Newton. **Maquiavel**. Rio de Janeiro: Zahar, 2003, p. 43.

Isto fez com que o Direito da Idade Média tardia reiterasse os moldes de proteção patrimonial do Direito romano, ainda que sobre outra roupagem. O *jus publicum* passa a tomar gradativo destaque, conciliando sobre o ideal de manutenção da ordem pública o interesse das classes abastadas em proteger suas posses, e o das classes menos favorecidas de limitar o *imperium* do Estado. Esta tradição foi transmitida às colônias por meio de suas ordenações, pulverizando o pensamento jurídico romano e o humanismo cívico em todo Ocidente.

Vencida esta etapa, a autonomia do indivíduo proposta pelo antropocentrismo humanista gerou uma nova gama de tensões sociais, que foram melhor trabalhadas por meio da filosofia iluminista.

2.3 Filosofia iluminista e a valorização da ordem pública

O advento da filosofia moderna, sobretudo sobre influência da obra de René Descartes, provocou uma revolução no pensamento humano[131]. O pensamento cartesiano, voltando para a valorização da racionalidade e para a expansão do conceito de liberdade, deu à filosofia a metafísica moderna, bem como estabeleceu as bases definitivas para a antropologia[132].

Inicialmente se estabeleceu o racionalismo, que colocou em segundo o plano as preocupações com a proteção patrimonial, assim como a percepção do direito como um instrumento de regulação de relações de atributividade. O pensamento filosófico tratou de investigar o comportamento humano tendo como objetivo a proteção do bem comum, de forma que as experiências humanas seriam mais úteis ao se voltarem para a evolução do próprio homem.

A partir deste marco, a despeito das revoluções e insurgências motivadas pelo pensamento iluminista – que não cabe a este trabalho esmiuçar –, surgiu concomitantemente uma preocupação em justificar as estruturas que regulam a ordem social, a fim de evitar o estabelecimento de modelos caóticos de reorganização civil.

A primeira estrutura de pensamento a ser preservada foi a de que o Direito se desenvolvia, e assim deveria permanecer sendo visto, como uma forma de

131 RUSSELL, Bertrand. **History**..., p. 511.

132 HEIDEGGER, Martin. **The age of the world picture**. *In*: Science and the quest for reality. Londres: Palgrave Macmillan, 1977, p. 70-76.

relação[133]. Desta forma, o pensamento iluminista conduziu o racionalismo à compreensão de que, a despeito da liberdade de que é dotado todo homem, os direitos de natureza próprios de cada indivíduo deveriam ser ordenados na forma de direitos comuns, provendo uma cooperação comunitária que, na forma de Estado, garantia segurança a todos os seus[134]. O mesmo Spinoza[135] ampliou o seu conceito, ao discutir que o consenso comum estabeleceria as regras que, seguidas por cada indivíduo, garantiriam a ordem e manteriam a duradoura relação entre direito e vontade social. Inobstante, as elaborações filosóficas de Spinoza tendiam mesmo a justificar eventuais elaborações acerca da injustiça nas relações de atributividade, arrazoando que as disposições que parecem absurdas ao indivíduo, o são por incompreensão da coerência da natureza[136].

Essa estrutura de pensamento convergiu para a manutenção das relações de atributividade que provocaram a organização social e, naturalmente, a mantiveram. Desta forma, indiretamente, serviu à perpetuação do modelo patrimonialista que reúne em virtude de interesses mútuos o detentor de propriedade privada e aquele que do primeiro depende para a sua subsistência. Assim se manifestou o modelo de conflito dialético hegeliano[137], em que a relação de dependência entre sujeitos gera a relação de atributividade que confere vida ao Direito, fazendo do Estado a realidade da ideia moral.

Sedimentando esta visão John Locke[138] apresentou lucubração um tanto mais ponderada, ao reconhecer que o poder político se ordena no sentido de regulamentar e preservar a propriedade, valendo-se da forma necessária para a manutenção das relações de atributividade e, com elas, a paz social. Locke[139] apontou que a reunião em sociedade, ainda que reclame um tributo de liberdade de cada indivíduo, é a todos proveitosa por promover a salvaguarda da vida, liberdade e patrimônio, em contraste com as incertezas da vivência em estado de natureza. Em sequência, reafirmou a necessidade de coerência entre

[133] VILLEY, Michel. **O direito**..., p. 196.

[134] SPINOZA, Baruch de. **Tratado**..., p. 19.

[135] SPINOZA, Baruch de. **Tratado**..., p. 21.

[136] SPINOZA, Baruch de. **Tratado**..., p. 16.

[137] HEGEL, Georg Wilhelm Friedrich. **Fenomenologia do espírito**. Parte I. Petrópolis: Vozes, 1992a, §190.

[138] LOCKE, John. **Dois tratados**..., p. 35.

[139] LOCKE, John. **Dois tratados**..., p. 69.

as leis mundanas e as leis morais universais[140] o que, mais uma vez, reforçou a valoração filosófica da propriedade privada como um valor transcendental do Direito.

Um dos mais incipientes pensadores influenciados por Locke, David Hume[141] reafirmou a ideia de que a propriedade privada é a base da ordenação social, e a própria razão das leis e do governo.

A filosofia iluminista, no que se refere ao Direito, encontrou em Imannuel Kant o seu mais relevante expoente. Em um momento em que o avanço da modernidade provoca a irreversível crise do modelo jusnaturalista teológico, a necessidade de reconsideração da política como uma obra humana[142] demandou reflexão sobre os valores basilares do Direito.

No que se refere ao estabelecimento de direitos individuais, Kant[143] conceituou o direito de propriedade como o primeiro direito passível de aquisição, porém sob um prisma de existência de um poder do Estado (*dominus territorii*), dividido entre os cidadãos que sobre ele exercem direitos reais, de forma distributiva. Desta forma, reconheceu a propriedade privada como uma das primeiras conveniências de um povo em seu processo de regulação social[144].

Esta estrutura de pensamento viria a contrariar diretamente qualquer estabelecimento jurídico embasado num viés teológico, uma vez que a aquisição peremptória de direitos somente seria possível no estado social, em oposto da aquisição meramente provisória do estado de natureza[145].

No que tange às relações de posse e propriedade, Kant[146] observou que as relações de suidade não estabelecem direitos entre pessoas e coisas, mas sim entre pessoas, de forma que o direito de propriedade não configura um direito natural ou elementar de um indivíduo sobre um objeto, mas sim de uma

---

140 LOCKE, John. **Dois tratados...**, p. 72.

141 HUME, David. **Tratado da natureza humana**. 2ª ed. São Paulo: Unesp, 2009, III, 3, 2.

142 LIMA, Newton de Oliveira. **O estado de direito em Kant e Kelsen**. Belo Horizonte: D'Plácido, 2017, p. 75.

143 KANT, Immanuel. **Doutrina...**, II, I, XLIX.

144 Cabe ressaltar que Kant não conceitua a propriedade privada como um direito de gênese e pressuposto elementar da organização jurídica uma vez que, no mesmo escrito, excetua os povos nômades, admitindo a sua organização jurídica e a construção de seus valores morais, independente da apropriação de algum quinhão de solo.

145 KANT, Immanuel. **Doutrina...**, II, I, XV.

146 KANT, Immanuel. **Metafísica dos costumes**. São Paulo: Edipro, 2003, p. 107.

obrigação moral entre indivíduos, que respeitam as relações predispostas de apropriação. Em defesa dessas relações jurídicas moralmente estabelecidas, Kant vinculou a ideia de coerção como uma reação contra um exercício de liberdade contrária aos direitos previamente estabelecidos como necessária e justa[147].

Por fim, estabeleceu Kant[148] que a coerção serve como um refreamento à malevolente tendência dos seres humanos de atacarem a si próprios de forma que o direito existe, também, como um importante instrumento de refreamento de violências recíprocas. O autor ainda aduziu que, embora o estado de natureza não configure, *de per si*, uma condição de injustiça, seria sempre dotado de injustiça, enquanto incapaz de delimitar a graduação de força de cada um dos seus indivíduos.

O pensamento kantiano marca a redefinição do direito de propriedade na lógica iluminista, indicando o rompimento com o sistema inicial de valoração da Antiguidade, bem como com as predisposições estoicistas de propriedade. Entretanto coroa o ideário que, de forma marginal, atuou de maneira constante durante o avanço das disposições jurídicas e filosóficas nos dois milênios entre a Antiguidade e o Iluminismo, no sentido de que a proteção da propriedade privada é um pressuposto elementar de manutenção da ordem social.

Diante deste quadro evolutivo, o direito de propriedade – especificamente na forma de proteção da propriedade privada –, passa a integrar o rol de direitos elementares da grande maioria das constituições que, paulatinamente, passam a surgir no Ocidente, sedimentando definitivamente a propriedade privada como um valor transcendental do Direito, demandando a sua proteção pelo arcabouço coercitivo do Estado.

2.4 Filosofia contemporânea e a valorização do ideal de justiça

A filosofia contemporânea se posicionou, inicialmente, a partir de um postulado hegeliano, no sentido de que o Estado representa a síntese dos interesses de seus cidadãos, em uma relação em que o indivíduo nada mais é que uma parcela orgânica da organização estatal, reconhecendo neste o seu

[147] KANT, Immanuel. **Metafísica**..., p. 77.
[148] KANT, Immanuel. **Metafísica**..., p. 154.

imperativo ético e a tradução dos interesses individuais que permeiam a formulação do conceito de bem comum[149].

Esta visão reforçou o modelo de ordenação jurídica que não foi diretamente afrontado pelo pensamento filosófico iluminista, mormente por representar a vontade manifestada pelo Estado através da lei como a fiel representação da vontade de seus administrados[150].

No campo do direito, o idealismo na filosofia ocidental demonstrou um relativo reforço dos ideais dispostos na obra kantiana, ao menos no que tange à propriedade privada. Arthur Schopenhauer[151], apesar de criticar a posição kantiana que negou reconhecimento aos direitos estabelecidos fora de uma regulamentação erigida sobre um poder estatal coercitivo, reconheceu que a propriedade, como fruto do emprego das forças do homem, não poderia ser tolhida sem injustiça. Indo além, tratou da necessidade de indicação da fonte do direito de propriedade como um ponto essencial da teoria do direito puro.

Embora o pensamento hegeliano tenha conduzido os passos iniciais da filosofia contemporânea, o distanciamento dos ideais do filósofo alemão permeou o desenvolvimento do pensamento ocidental. Inicialmente, Feuerbach[152] contrariou a visão elementar de Anaxágoras que embasou o pensamento vetusto e canônico, rejeitando a ideia de que o homem existe para a contemplação da natureza, em contrário: a função do homem é submeter a natureza aos seus próprios interesses egoísticos.

Tal lucubração conduziu a filosofia ocidental do idealismo para o materialismo, claramente através da contradição à ideia hegeliana de indivíduo como parcela orgânica da estruturação social, expondo uma comunidade como um conjunto de homens exteriores entre si, com seus próprios interesses egoísticos, e capazes de coexistir sem, necessariamente, prejudicar-se[153].

---

149 HEGEL, Georg Wilhelm Friedrich. **Hegel's science of logic**. Tradução: A.V. Miller. Amherst: Prometheus Books. 1991.

150 HEGEL, Georg Wilhelm Friedrich. **Fenomenologia do espírito**. Parte II. Petrópolis: Vozes, 1992b, p. 167.

151 SCHOPENHAUER, Arthur. **O mundo como vontade e como representação**. Rio de Janeiro: Contraponto, 2001.

152 FEUERBACH, Ludwig. **A essência do cristianismo**. São Paulo: Papirus, 1988, p. 154.

153 FEUERBACH, Ludwig. **Princípios da filosofia do futuro**. Tradução: Artur Morão. Covilhã: Universidade da Beira Interior, 2008, p. 63.

Essa estrutura inovadora de pensamento perpassa o panorama crítico traçado por Augusto Comte[154], que conceituou o processo de evolução do pensamento humano como um derivativo de três estados: o teológico, ou fictício; o metafísico, ou abstrato; e o científico, ou positivo. O pensamento de Comte reforçou a valoração dos dois primeiros estados, entretanto, apenas para reconhecer a relevância dos mesmos na condução do homem esclarecido ao terceiro estágio, em que o pensamento humano prescinde da abstração dos estágios iniciais para atingir uma compreensão mais ampla de sua realidade. Através desta compreensão, o homem descobriria as leis lógicas da sua existência e, desta forma, venceria a crise moderna construindo uma teoria sociológica que justificasse o conjunto de seu passado[155], reestabelecendo assim a ordem pública e privada. Em suma, a análise das dinâmicas sociais seria capaz de gerar elementos necessários para o entendimento das razões de coesão de determinada sociedade.

Embora dotadas de um sedutor caráter organizacional, as lucubrações de Comte se apresentavam um tanto quanto intransigentes, uma vez que substituíam as criticadas justificações fictícias ou abstratas por juízos de valoração a que se atribuía um caráter dogmático, a ponto de definir como utopias subversivas o questionamento de valores como família e propriedade[156].

Sobre o caráter inflexível de determinadas construções positivistas, o materialismo avultou-se como modelo contestatório, questionando a natureza de determinadas relações. Alguns pensadores – embasando-se na dialética hegeliana, bem como no materialismo proposto por Feuerbach –, passam a questionar o ideal de Estado onipotente. Dentre estes, se destaca Karl Marx que, inaugurando a estrutura de pensamento posteriormente intitulada de materialismo histórico, obtemperou que a organização jurídica de determinado Estado derivava da influência de relações sociais produzidas pela vivência material da sociedade[157] no processo de produção das leis de forma que o Estado se tornaria um mecanismo de opressão de uma classe por outra[158]. Neste ponto, inclusive, o pensamento de Marx coaduna com o de Locke e

---

[154] COMTE, Auguste. **Curso de filosofia**..., p. 4.
[155] COMTE, Auguste. **Curso de filosofia**..., p. 71.
[156] COMTE, Auguste. **Curso de filosofia**..., p. 118.
[157] MARX, Karl. **Miséria da filosofia**. São Paulo: Ícone, 2009, p. 125.
[158] MARX, Karl; ENGELS, Friedrich. **Obras escogidas I y III**. Editorial Progreso, Moscú, 1980, p. 114.

Rousseau, no sentido de reconhecer a existência de uma ingerência dos detentores dos bens de consumo no estabelecimento da ordem legal.

Marx foi um dos primeiros filósofos contemporâneos a questionar abertamente a valoração da propriedade na organização jurídica dos estados iluministas, caracterizando o direito à propriedade privada enquanto relação jurídica independente como uma ilusão metafísica ou de jurisprudência[159].

Tal estrutura inovadora de pensamento, situada no crepúsculo da primeira revolução industrial, passou a debater a projeção prática do modelo legal de proteção de propriedade, sob a ótica de que a distribuição do produto da transformação de elementos da natureza em bens de consumo é realizada de forma injusta. Neste sentido, as estipulações legais de determinada sociedade e o próprio Estado se apresentam como antagônicos aos ideais de justiça distributiva, motivo pelo qual os modelos estruturais da sociedade devem ser combatidos.

Com base neste modelo de pensamento, a filosofia ocidental passou a resistir ao modelo filosófico que justificava a ordenação social por meio da primazia da proteção da propriedade privada, pensamento levado aos píncaros por Pierre-Joseph Proudhon[160], que estabelecia a propriedade privada como uma modalidade de roubo, um modelo de apropriação e constituição de títulos jurídicos carente de qualquer embasamento lógico-filosófico. O filósofo, propondo um modelo anarquista, pregava que a insubmissão às regulamentações erigidas no sentido de proteção de privilégios e títulos previamente estabelecidos era um imperativo de cidadania, assegurando que um consentimento universal não justificaria o estabelecimento dos direitos de propriedade[161].

A despeito do anarquismo e mutualismo de Proudhon não ter angariado muitos seguidores dentre os filósofos de projeção no Ocidente em meados do século XIX, seu trabalho influenciou outros pensadores, a exemplo de Karl Marx, embora o último não tenha se mostrado particularmente impressionado com suas construções[162]. A estrutura de pensamento marxista, entretanto,

159 MARX, Karl. **Miséria da...**, p. 143.

160 PROUDHON, Pierre-Joseph; CAEIRO, Marília. **O que é a propriedade?** Lisboa: Editorial Stampa, 1975.

161 PROUDHON, Pierre-Joseph; CAEIRO, Marília. **O que é a...**, p. 82.

162 Marx, em carta a Johann Baptist von Schweitzer, teria caracterizado como insustentável a ideologia de Proudhon concluindo que o francês, apenas, apresentava ideias velhas de forma nova e audaciosa (MARX, Karl. Sobre Proudhon. *In*: MARX, Karl; ENGELS, Friedrich. **Textos**. São

motivou uma série de filósofos a questionar o modelo de organização social e jurídica estabelecido no Ocidente, provocando movimentos de efervescência e algumas revoluções pelo globo.

O afã pela transformação da estrutura jurídico-social das nações ocidentais foi refreado por uma série de revoluções e conflitos que se desenvolveram desde meados do século XIX, culminando na Segunda Guerra Mundial. Tais conflitos, marcados por invasões e supressões de soberania, rearranjamento de fronteiras, anexação de territórios e pilhagem de patrimônio de nações subjugadas e seus cidadãos, paulatinamente conduziu o pensamento filosófico ocidental a uma reaproximação com o antropocentrismo iluminista – especialmente quando eclodem genocídios provocados por razões culturais, raciais, religiosas e políticas –, deixando em segundo plano a preocupação com a proteção patrimonial, bem como a relevância da proteção da propriedade privada enquanto valor transcendental do Direito.

Considerando que apenas os conflitos envolvendo nações europeias e seus aliados entre o período de 1914 e 1945 resultou na morte de mais de 120 milhões de pessoas[163], das quais cerca de 80 milhões compunham a população civil, houve um distanciamento entre os ideais de justiça e a proteção da propriedade privada, sobretudo com a instituição da Organização das Nações Unidas, através da qual os esforços relativos à promoção dos direitos humanos foram engendrados com fulcro na proteção da liberdade individual, integridade física, liberdade ideológica e de crença e proteção contra o poder estatal.

De acordo com esta nova variável organizacional de direitos, o direito à propriedade privada restou pacificado e estabelecido no rol de direitos fundamentais de primeira geração, cujo debate sobre a relevância foi superado pelos movimentos constitucionais impulsionados após a Segunda Guerra

Paulo: Alfa-Ômega, 1977). A colocação, entretanto, não diminui a relativa influência das visões de Proudhon nas construções argumentativas de Marx, como se observa em sua obra "A miséria da Filosofia" (2009), escrita em resposta à "Filosofia da Miséria", de autoria de Proudhon.

[163] A afirmação leva em conta as 23 milhões de vítimas computadas durante a primeira guerra mundial (HAYTHORNTHWAITE, Philip J. **The World War One Source Book**. London: Arms and Armour, 1993); os aproximadamente 30 milhões de mortos computados na guerra sino-japonesa (RUMMEL, Rudolph Joseph. **China's Bloody Century**: Genocide and Mass Murder Since 1900. Piscataway: Transaction Publishers, 1991); e o número mínimo de 73 milhões de mortos computados durante a segunda guerra mundial (WHITE, Matthew. **The Great Big Book of Horrible Things**: The Definitive Chronicle of History's 100 Worst Atrocities. Nova York: W. W. Norton & Company, 2011).

Mundial, inaugurais dos direitos de segunda geração, que se preocupavam com as prerrogativas sociais do indivíduo[164], enquanto direitos prestacionais devidos ao cidadão pelo Estado.

Estes movimentos constitucionais terminaram por traduzir como uma complexa tessitura histórico-cultural[165] o arcabouço juridicamente edificado em cada país de forma que o constitucionalismo, ao reinaugurar o processo de estabelecimento de ordenações jurídicas que inseriam os direitos da segunda e terceira geração em seu universo normativo, terminou por sedimentar a proteção da propriedade privada como um valor transcendental do direito, especialmente na seara penal.

[164] BONAVIDES, Paulo. **Curso de direito constitucional**. 32ª ed. São Paulo: Malheiros, 2016, p. 525.

[165] CANOTILHO, José Joaquim Gomes. **Direito Constitucional**.., p. 51.

3

CONSTRUÇÃO DO MODELO DE REPRESSÃO CRIMINAL BRASILEIRO

A estruturação da sistemática penal material brasileira desenvolveu-se a partir do modelo medieval, naturalmente, em virtude de suas primeiras regulamentações terem sido as vigentes na metrópole portuguesa durante o período colonial.

O período da colonização do Brasil pelos portugueses coincidiu com um momento de grande atividade legislativa na Europa ocidental. Como precedentes, se destacam os sérios problemas de carestia enfrentados pelos povos do Oeste europeu, a incidência de pestes, revoltas populares e o enfraquecimento das relações de vassalagem que ocorrem a partir do século XIV, o que impulsionou o fortalecimento dos estados-nação. Em paralelo, a fome e a pobreza motivaram um considerável aumento na prática de crimes[166], mormente os crimes contra o patrimônio, a exemplo de furtos de bens de consumo e de animais de produção. Isto compeliu o rei a determinar a edição de um compêndio que, entre outras necessidades, estabeleceu uma tipologia para a criminalidade em Portugal[167].

Como resultado foram editadas as Ordenações Afonsinas, coletânea de leis publicadas em 1446 e ratificadas em 1448 por ordem de Dom Afonso V. A compilação apresentava, notadamente, influência das *Decretais* de Gregório IX, obra de Direito Canônico publicada em 1234 com a finalidade de reunir, em seus cinco livros, um grande número de decretos canônicos difundidos em diversas coleções[168], e que viria a compor o *Corpus Juris Canonici*[169].

---

[166] RHEINHEIMER, Martim. **Pobres, Mendigos y Vagabundos**: La supervivência en la necesidad (1450-1850). Madrid: Siglo XXI de España Editores S.A., 2009.

[167] DUARTE, Luís Miguel. **Justiça e criminalidade no Portugal medievo** (1459-1481). Lisboa: Fundação Calouste Gulbenkian, 1999.

[168] MALACARNE, Cassiano. **Decretales d. Gregorii papae IX (Liber Extra)**: decretais de Gregório IX (livro 5, títulos 1-2). Tese (Doutorado em História). Programa de Pós-Graduação em História, Universidade Federal do Rio Grande do Sul, 2016, p. 68.

[169] Tradução livre: "Corpo de leis canônicas". A expressão se refere ao conjunto de fontes de direito canônico que regulamentava o funcionamento dos tribunais eclesiásticos da Igreja Católica

Também dispostas em cinco livros, as Ordenações Afonsinas traziam em seu quinto e último volume as previsões alusivas a crimes e procedimentos criminais, disposições estas que foram aplicadas às colônias ultramarinas portuguesas, dentre as quais se enquadrava o Brasil.

No quinto livro das Ordenações Afonsinas, a proteção do patrimônio ganhou evidente destaque, compondo uma das cinco sessões, que regulava especificamente os crimes contra a propriedade e a ordem econômica[170]. O destaque para a proteção patrimonial ganha relevância pelo fato do compêndio legal ter sido erigido logo nos estágios iniciais da influência renascentista em Portugal, e mais ainda por figurar a série relativa à proteção patrimonial entre outras quatro que tutelavam valores há muito sedimentados no pensamento jurídico Oeste Europeu, como a autoridade monárquica, a "moral e os bons costumes", a religião e a vida humana.

Alguns crimes contra o patrimônio previstos no Livro V das Ordenações Afonsinas foram a falsificação de moedas (Título V); roubos em geral (Título XXXIV); a subtração de ouro, prata, dinheiro, bestas ou outras coisas defesas (Título ILVII); furto de aves e furtos em geral (Título LIV); circulação de moeda falsa (Título XXXIX); fraude por uso de dados "viciados" em jogos de azar (Título IL); exploração de jogos de azar (Título ILI); supressão de marcos de delimitação de propriedade imóvel (Título LX); furtos (Título LXV); expropriação de animais de produção por agentes militares (Título LXVI); invasão de domicílio[171] (Título LXXIII); fraude (Título LXXXII); e burla em pagamento de dívidas (Título CVIII, item 3).

A considerável coleção de disposições que visavam tutelar diretamente ou indiretamente a propriedade impressiona diante da consideração de que, à época, não havia um conceito de propriedade privada estabelecido, ao menos não um dotado de sentido de proposição sintética, conforme o pensamento kantiano[172]. Afinal, o conceito jurídico de propriedade privada foi inserido

---

ocidental. As decretais de Gregório IX representavam o segundo de seis compêndios que compunham a coleção.

170 DUARTE, Luís Miguel. **Justiça e criminalidade**..., p. 263.

171 Relevante destacar que as Ordenações Afonsinas incriminavam a invasão da propriedade privada com a intenção de fazer mal, o que destoa do conceito de invasão de domicílio atualmente proposto pelo Artigo 150 do Código Penal brasileiro. A associação foi feita no contexto do trabalho, em virtude do fato de o texto do Título LXXIII das Ordenações prever com uma das modalidades de *moris nocendi* a invasão com o intento de "fazer mal à terra".

172 KANT, Immanuel. **Crítica da razão pura e outros textos filosóficos**. São Paulo: Abril Cultural, 1974, p. 19.

como definição legal no direito europeu apenas no século XVII[173] e, antes disso, o termo propriedade pouco designava além do patrimônio imóvel ou do arcabouço de bens de escambo e consumo diretamente detidos por um cidadão.

Outro fator que merece atenção é o fato de o compêndio não tratar especificamente de uma legislação articulada de maneira meticulosa e técnica, mas sim de mera organização da *ius regni* com objetivo de reunir registros variados nos arquivos da Chancelaria-Mor portuguesa, bem como traduzir diversas coletâneas em castelhano[174]. Sendo assim, não seria exagerado supor que os valores tutelados pelas Ordenações Afonsinas tenham sido estabelecidos e pacificados na vivência jurídica lusitana no decorrer das décadas anteriores, especialmente nos períodos de ebulição que definem o marco social antecedente à compilação.

Após a colonização do Brasil, as disposições lusitanas se converteram nas Ordenações Manuelinas, editadas por ordem do rei D. Manuel I a partir do ano de 1513[175]. Tais ordenações, pelos mesmos motivos e sob a mesma ambientação filosófico-jurídica das Ordenações Afonsinas, mantiveram a divisão pentateuca de sua antecessora, trazendo as disposições penais em seu quinto e último livro.

Dentre as normas proibitivas propostas, permaneceram incriminadas as condutas de falsificação de moedas e adulteração de peças de ourivesaria (Título V); os furtos (Título XXXVII); subtração ou apropriação indevida de aves (Título XLI); exploração de jogos de azar em prejuízo patrimonial de terceiro (Título XLVIII); invasão de domicílio (Título LI); a criminalização da conduta dos burlões e inliçadores[176] (Título LXV); e a supressão de marcos de delimitação de propriedade imóvel (Título XCV).

---

173 AYLMER, Gerald Edward. **The Meaning and Definition of "Property" in Seventeenth-Century England**. Past and Present, N° 86 (Feb., 1980), pp. 87-97, 1980. Oxford: University Press, 1980, p. 87).

174 DOMINGUES, José. **As Ordenações Afonsinas**: três séculos de direito medieval, 1211-1512. Sintra: Zéfiro Edições e Actividades Culturais, Unipessoal Lda., 2008, p. 65.

175 BRITO ARANHA, Pedro Wenceslau de. **A imprensa em Portugal nos séculos XV e XVI**: as Ordenações d'El-Rei D. Manuel. Lisboa: Imprensa Nacional, 1898, p. 6).

176 Por meio das Ordenações Manuelinas, a coroa portuguesa criminalizou a conduta daqueles que, sendo julgados devedores em procedimento judicial, não saldavam o débito. A esses o diploma batizou de burlões e inliçadores expressões que, em português arcaico, tem o sentido de trapaceiro.

O texto das Ordenações Manuelinas, ainda, trouxe inovações relativas à proteção patrimonial por meio de normas penais, tais como: arrombamento ou uso de gazua (Título XXXVII, item 1); uma previsão específica para o crime de roubo, enquanto subtração mediante violência ou grave ameaça (Título XXXVIII); o furto específico a estalagens e estabelecimentos comerciais (Título XXXIX, item 1); o peculato praticado por almoxarifes e rendeiros (Título LXII); a vadiagem[177] (Título LXXII); o incêndio criminoso (Título LXXXIII); o crime de dano (Título LXXXV); a utilização de pedras e metais preciosos falsos (Título LXXXVI); o contrabando[178] (Título LXXXVIII); subtração de pedras e metais preciosos das minas reais (Título XCVI); e o dano a animais de produção de terceiros (Título C).

Percebe-se que as estipulações criminais refletidas nas Ordenações Manuelinas, aplicáveis ao Brasil Colônia, refletiam exatamente o fenômeno apontado no segundo capítulo deste trabalho. Conforme a vivência social na metrópole – refletida em suas colônias –, fortalecia os laços de solidariedade que compõem a consciência coletiva da sociedade, novas demandas protetivas passaram a surgir como um imperativo de ordem social. O Estado-nação, por sua vez fortalecido e estruturado de forma a tutelar microrrelações, passou a englobar tais demandas em seu sistema de regulações que, paulatinamente, evoluiu através da vivência e percepção das necessidades de seus administrados.

O arcabouço jurídico da metrópole portuguesa passou a inserir a propriedade privada entre os valores jurídicos relevantes na promoção da ordem social, embora o conceito de propriedade privada não tivesse sido, ainda, filosoficamente construído, conforme já apontado. A despeito disto, inquestionável que a proteção do direito de apropriação e manutenção da posse se

[177] Embora, notadamente, a conduta não guarde relação direta com a proteção patrimonial, refere-se a uma visão patrimonialista do Direito, uma vez que incrimina aqueles que não se inseriam nas posições de trabalho disponíveis à época.

[178] Aqui se utiliza a expressão por conveniência semântica. A conduta que atualmente se convenciona chamar de contrabando se relaciona à ilusão de procedimentos ou desrespeito a proibições aduaneiras conforme previsto, inicialmente, nas regulamentações da *Nacional Customs Collection System* britânica, criada em 1275 (WILLIAMS, Neville. **Contraband Cargoes**: Seven centuries of smuggling. London: Longmans, 1959). A tipificação do título LXXXVIII das Ordenações Manuelinas proibiu a retirada dos limites do reino de pães, farinha, gado, peles, prata, armas e outros produtos para fins de comercialização, o que se assemelha moderadamente ao *smuggling* inglês.

manifestou como uma necessidade premente para a ordenação social, de forma a produzir efeito nas próprias relações de cidadania. Prova da afirmação é o fato do arcabouço jurídico ora discutido ter passado a valorizar distintivamente categorias de indivíduos não apenas pelos títulos nobiliárquicos, mas em razão de sua função social ou de seu arcabouço patrimonial. Como exemplo, é possível apontar a fidalguia por riqueza, condição que garantia ao indivíduo tratamento penal diferenciado[179]. Da mesma forma, se observa o agravamento do furto ou roubo praticado contra estalagens e estabelecimentos comerciais (Título XXXIX, item 1) e, em contrapartida, a criminalização da vadiagem (Título LXXII).

Inquestionável que as alterações sociais decorrentes da capitalização passaram a motivar mudanças, também, nas regulamentações jurídicas. No que se refere à realidade do direito penal material vigente no Brasil, desde as Ordenações Manuelinas este fenômeno passou a se tornar sensível. Além disto, as Ordenações Manuelinas compuseram a primeira codificação jurídica de toda Europa após a Idade Média[180] tornando-se, assim, refletidora da realidade jurídica das nações europeias, registrando o pensamento filosófico-jurídico do período colonial.

Em 1595, em virtude do domínio castelhano e instauração da União Ibérica, as regulamentações da corte portuguesa foram substituídas pelas Ordenações Filipinas, ratificadas em 1603, durante o reinado de Felipe II de Espanha. Tais ordenações sofreram influência massiva das disposições jurídicas canônicas, em virtude de o momento coincidir com o período da implacável inquisição espanhola[181], em que o uso de tortura e expiações corporais se tornaram comuns na Península Ibérica.

O teor das Ordenações Filipinas foi marcado pela intimidação, e pela instituição de um modelo penal puramente utilitarista[182]. Ainda assim, se observam traços da crescente patrimonialização do direito. Não apenas se mantiveram as disposições antecedentes que incriminavam lesões patrimoniais e

---

179 OLIVEIRA, Luiz da Silva Pereira. **Privilégios da nobreza, e fidalguia de Portugal**. Lisboa: Oficina de João Rodrigues Neves, 1806, p. 112.

180 COELHO DA ROCHA, Manuel Antônio. **Ensaio sobre a história do governo e legislação de Portugal**. Coimbra: Imprensa da Universidade, 1896, p. 125.

181 BENNASSAR, Bartolomé. **Inquisición española**: poder político y control social. 2ª ed. Barcelona: Editorial Crítica, Editorial Grijalbo, 1984, p. 15.

182 FRAGOSO, Claudio Heleno. **Lições de Direito Penal** – Parte Geral. 4ª ed. Rio de Janeiro: Forense, 1995, p. 58.

estabeleciam tratamento penal diferenciado a nobres e detentores de poder econômico, como se inseriu entre as previsões a pena de multa[183] aplicável, naturalmente, às classes privilegiadas.

As Ordenações Filipinas ampliaram o espectro da proteção da propriedade privada por meio do direito penal, ainda que o contexto de sua criação tenha sido o de supervalorização de preceitos religiosos e morais. Dentre as disposições de seu quinto e último livro, se destacam a falsificação de moeda (Título XII); o latrocínio (Título XXXV); arrombamento e invasão de domicílio (Título XVV); falsificação de sinal ou selo real, ou outros sinais autênticos[184] (Título LII, item 2); falsificação de escrituras[185] (Título LIII, item 1); fraude em atividade de ourivesaria (Título LVI); falsificação de mercadorias (Título LVII); fraude em pesos e medidas em atividade de comércio (Título LVIII); adulteração ou danos em pães (Título LIX); furto ou posse de gazua (Título LX); roubo (Título LXI); apropriação de coisa achada (Título LXII); auxílio a fuga ou subtração de escravo (Título LXIII); furtos ou danos a estalagens e estabelecimentos comerciais (Título LXIV); burla de dívida[186] (Título LXV); fraude ou inadimplemento em relação de comércio (Título LXVI); remoção ou destruição de marcos de propriedades imóveis (Título LXVII); a vadiagem (Título LXVIII); peculato por oficiais reais (Título LXXIV); danos em árvores frutíferas (Título LXXV); revenda não autorizada de pães (Título LXXVI); revenda não autorizada de vinho ou azeite (Título LXXVI); exploração de jogos de azar (Título LXXXII); incêndio (Título LXXXVI); furto de animais em currais públicos (Título LXXXVII); mendicância (Título CIII); evasão de divisas[187] (Título CXIII); venda e fretamento de embarcações a

---

[183] NORONHA, Edgard Magalhães. **Direito Penal**. V. 1. Atualizado por Adalberto G. T. de Camargo Aranha. São Paulo: Saraiva, 2000, p. 64.

[184] A disposição não incriminava propriamente uma lesão ao patrimônio, traduzindo a tutela da fé pública. Entretanto, agravava as penas quando a falsificação envolvia alvarás e escrituras públicas, além de vedar, para tais casos, o perdão.

[185] Mais uma vez, a despeito de tratar-se de um crime contra a fé pública, a legislação agravava as penas daqueles que o praticavam com a finalidade de realizar negócios.

[186] Importante destacar que as Ordenação Filipinas ampliaram o sentido da incriminação da conduta dos burlões e inliçadores, suspendendo a limitação às dívidas decorrentes de decisão judicial – própria do texto manuelino –, e considerando as dívidas relativas a fianças, hipotecas, venda das mesmas mercadorias a várias pessoas, inadimplemento de empréstimos e outras condutas, criando o embrião dos crimes de estelionato e outras fraudes, atualmente previstos no Artigo 171 e subsequentes do CPB.

[187] Termo utilizado por conveniência semântica. As Ordenações Filipinas incriminavam a retirada de prata, ouro e moedas cunhadas dos limites do reino.

estrangeiros (Título CXIV); e contrabando de gado para fora do reino (Título CXV).

Em detida análise, percebe-se a patente relevância dada pela compilação filipina à proteção de bens individuais ou públicos, inclusive por meio de intervencionismo nas relações comerciais. Dentre as 115 disposições criminais específicas do diploma, 29 versavam sobre a proteção de bens, ou tutelavam relações patrimoniais, representando aproximadamente 25% do conteúdo total da norma.

Outro ponto de relevância foi a previsão constante de penas pecuniárias e de perda de bens – inclusive os imóveis –, como efeito da sentença, assim como as penas de multa. A vivência jurídica do período refletiu a valoração crescente que se atribuía à propriedade, fazendo com que o legislador estendesse a punição ao arcabouço patrimonial do imputado, mesmo nos casos de aplicação de pena capital, ou de tortura. Este modelo punitivo expunha a economia totalmente monetarizada do período, garantindo um nível mínimo de inclusão para a parte da população desprovida de patrimônio[188].

Se intensificou, ainda, a criminalização dos despossuídos, mantendo os crimes de vadiagem, e inserindo a mendicância. Da mesma forma, ganhou mais intensidade o tratamento pernicioso contra mouros e judeus, ao tempo que os fidalgos, nobres e oficiais reais foram agraciados com novos benefícios e imunidades. Os benefícios cavalheirescos, ainda, passaram a ser protegidos contra uso indevido, por meio da punição – através de perda de seus bens e de direitos – daqueles que se fizessem passar por nobres, ou que usurpassem outros privilégios de fidalguia.

As regalias decorrentes da seletividade do trato penal nas legislações da metrópole mereceram críticas por parte dos pensadores da época. Matias Aires[189] atacou a impunidade de nobreza, refletindo que os privilégios nobilísticos permitiam a perpetuação de um ambiente em que os vícios se autorizavam e os crimes se justificavam, de forma que estipulações penais permissivas para com os nobres contrariavam o senso de virtude que atribuía um caráter insigne à nobreza.

[188] RUSCHE, Georg; KIRCHHEIMER, Otto. **Punição e estrutura social.** 2ª ed. Tradução: Gizlene Neder. Rio de Janeiro: Revan, 2004, p. 9.

[189] AIRES, Matias. **Reflexões sobre a vaidade dos homens; ou, Discursos moraes sobre os effeitos da vaidade**. Lisboa: Typografia Rollandiana, 1786, p. 237.

Posteriormente, em relevante reflexão, Alexandre Herculano[190]– reconhecendo a persistente influência do Direito Canônico e visigótico nas estipulações penais portuguesas –, demonstrou que o caráter patrimonial do direito da metrópole, atrelado às penas pecuniárias que passaram a ser previstas, mormente em benefício da nobreza, tornou o direito penal português em verdadeiro "direito de fazenda". Segundo o historiador lusitano, a prática jurídica alicerçada sobre as Ordenações Filipinas permitiu que as municipalidades aplicassem as normas penais como verdadeiras leis de impostos, visando a arrecadação de recursos para o exercício de suas funções. De fato, se observa que o direito penal que antecedeu o Código português de 1837[191] foi marcado pela aplicação de penas cruéis na proteção dos interesses patrimoniais da administração e das classes abastadas, e de abundantes *coimas* nos crimes praticados pelos fidalgos, ou dos crimes menos relevantes perpetrados pelos comuns.

A última das ordenações portuguesas vigente no Brasil estabeleceu o parâmetro geral de construção do Direito Penal brasileiro, sustentado por três pilares estruturais: a manutenção dos costumes, sobremaneira os religiosos; a proteção do arcabouço patrimonial dos cidadãos, em especial os mais abastados; e a manutenção dos privilégios dos indivíduos membros da nobreza, ou por ela agraciados. Estes elementos foram fatores preponderantes no desenvolvimento dos fundamentos filosófico-jurídicos no direito penal do Brasil Colônia.

3.1 Prática jurídico-penal no Brasil Colônia

A despeito das disposições contidas nas ordenações da metrópole vigentes no período colonial, a *práxis* jurídico-penal no Brasil se desenvolveu de forma autonomista. O sistema de sesmarias, implantado no Brasil por meio das capitanias hereditárias, conferiu poder autônomo aos seus donatários.

---

190 HERCULANO, Alexandre. **Opúsculos por Alexandre Herculano.** Tomo 06. Lisboa: Viuva Bertrand & C. A Successores Carvalho, 1843, p. 281.

191 Embora o projeto de José Manuel da Veiga, aprovado pelo Decreto de 04 de janeiro de 1837 nunca tenha entrado em vigência em terras lusitanas – sendo, logo após, substituído pelo Código Penal de 1852 –, o diploma serve como marco da mudança de paradigma do Direito Penal português, já sob influência da Constituição Portuguesa de 1822, sobretudo após as alterações que sucederam a revolução de setembro de 1836.

Mediante as doações forais, a administração da justiça criminal de fato ficou por conta dos donatários das capitanias[192]. Conforme aponta João Francisco Lisboa[193] as questões criminais no sistema de capitanias ficavam a cargo do capitão e seu ouvidor, que detinham poder para processamento, condenação, absolvição e aplicação de quaisquer penas que lhe parecessem adequadas, inclusive a pena capital, sem possibilidade de apelação, nem agravo.

As capitanias possuíam plena autonomia para estabelecer e operar um sistema próprio de justiça, sem qualquer ingerência externa, ainda que exercida em nome do rei. A bem da verdade, era vedado aos corregedores exercitar jurisdição nas terras da capitania[194].

Esta modalidade de organização jurídico-penal concentrou demasiado poder nas mãos dos capitães e ouvidores, de forma a consolidar um sistema de abusos e injustiças que se perpetuou durante todo período colonial brasileiro[195]. O poder consolidado suplantava o de jurisdição, uma vez que os capitães também detinham o poder de controlar a produção[196], fundar vilas e estabelecer novas sesmarias, por meio de doação.

Em virtude deste poder totalitário, e da possibilidade de descentralização da autoridade por meio de concessões e benefícios conferidos pelo donatário a pessoas de sua escolha, houve na realidade prática das capitanias hereditárias uma apropriação particular do direito penal. A jurisdição passou a ser exercida em prol dos benefícios do capitão, seu ouvidor ou, de forma descentralizada, dos representantes e permissionários de sesmarias.

Isto fez com que se avultasse o viés segregatório do direito penal colonial, haja vista que as condutas criminosas passaram a ser previstas, processadas e punidas de acordo com um juízo de reprovabilidade vinculado aos interesses particulares daqueles que detinham poder político. Ainda que fosse vedado ao donatário promulgar leis, uma vez que o poder legislativo era visto à época como um derivativo do poder divino atribuído ao soberano[197], ao mesmo era

---

[192] CHORÃO, Maria José. **Doações forais das capitanias do Brasil 1534-1536**. Lisboa: Torre do Tombo, 1999.

[193] LISBOA, João Francisco. **Obras**. Volume III. São Luís: Tipografia de B. de Mattos, 1865, p. 300.

[194] LISBOA, João Francisco. **Obras**..., p. 301.

[195] BRUNO, Aníbal. **Direito penal**. Tomo 1°. Rio de Janeiro: Forense, 1984, p. 173.

[196] Cabia ao donatário investir, estruturar e determinar os processos de produção limitando-se, apenas pelas vedações de exploração e comércio estabelecidas pela coroa portuguesa.

[197] HESPANHA, António Manuel. **A constituição do Império português**. Revisão de alguns enviesamentos correntes. Rio de Janeiro: Civilização Brasileira, p. 163-188, 2001, p. 6.

possível aditar normas específicas de administração que, aliadas ao seu poder judicante, eram efetivas o bastante para determinar a atuação social em benefício de seus interesses individuais.

Notadamente, a repressão criminal tornou-se inatingível para aqueles que viviam sob as graças do donatário, e implacável contra os que afrontavam os seus interesses. Como os interesses primordiais do donatário eram econômicos – posto que sua função era gerir a produção da capitania, atendendo assim aos interesses da coroa –, avultou-se uma projeção mercantilista do direito, de forma que a atuação penal, mais do que nunca, visava proteger a estabilidade econômica e os interesses patrimoniais nas capitanias.

Em virtude desta projeção, tornou-se comum que a sistemática penal, na prática, se voltasse contra aqueles que colocavam em risco o potencial produtivo da capitania, como indígenas, escravos fugitivos, vadios, mendigos e outros indivíduos não diretamente inseridos na sistemática de produção. Importante ainda considerar que o Brasil era destino de muitos condenados ao degredo, e que esta categoria de pessoas contribuiu sobremaneira com a colonização do país[198]. Especialmente no período de vigência das Ordenações Filipinas, o Brasil recebia em degredo condenados pelos mais diversos crimes na metrópole, à exceção dos apenados por heresia, traição, sodomia e falsificação de moedas[199].

Em paralelo, durante o período de dominação holandesa de parte do território do Nordeste brasileiro, pouco houve de relevante no que se refere ao direito penal. Os parcos registros sobre questões político-penais relatam um sistema igualmente repressivo e severo, com massiva influência da *Constitutio Criminalis Carolina*[200]. Aparentemente o regime jurídico holandês, como o de outros estados-nação do Oeste europeu, adotava uma estruturação jurídica que tutelava os mesmos valores jurídicos da coroa portuguesa[201]. Entretanto, relevante destacar o controle exercido pela Companhia Holandesa das Índias

---

198 COATES, Timothy J. **Convicts and orphans**: forced and state-sponsored colonizers in the Portuguese Empire, 1550-1755. Stanford: University Press, 2001, p. 10.

199 MARTINS, Joaquim Pedro de Oliveira. **O Brasil e as colônias portuguesas**. 5ª ed. Lisboa: Parceria Antônio Maria Pereira, 1920, p. 9.

200 BRUNO, Aníbal. **Direito penal**..., p. 177.

201 WÄTJEN, Hermann. **O domínio colonial holandês no Brasil**: um capítulo da história colonial do século XVII. Tradução: Pedro Celso Uchoa Cavalcanti. 3ª ed. Recife: CEPE, 2004, p. 395.

Ocidentais durante o período de ocupação neerlandesa. Haja vista que o modelo holandês se mostrou particularmente mercantilista e explorador[202].

Nota-se que no Brasil se construiu uma estruturação social que se assemelhava ao patrimonialismo estamental observado por Max Weber[203], por meio da apropriação monopolista do poder administrativo. Por meio deste modelo ocorre a conversão do patriarcalismo em patrimonialismo, através de um prolongamento do poder doméstico no âmbito das relações políticas, transformando o poder doméstico em poder institucional[204]. Este modelo se fortaleceu em virtude da inclinação comportamental do brasileiro, que tomava como natural a deturpação do poder jurídico em busca de interesses objetivos, em consequente detrimento dos interesses objetivos que se relacionam a proteção dos direitos dos cidadãos[205].

O estabelecimento do Império do Brasil, findo o processo de independência de Portugal, embora tivesse anunciado uma política integradora, pautada na centralização do poder e no constitucionalismo, não trouxe considerável distinção na patrimonialização do direito penal.

3.2 Código Penal imperial de 1830

O estabelecimento do Império do Brasil, em 1822, na forma de monarquia constitucional parlamentar, viabilizou a instituição de um novo modelo penal. A imposição do poder de legislar conferido ao parlamento em detrimento do controle do imperador[206] criou oportunidade para a elaboração de uma legislação penal não só inovadora, como dissociada do sentido de decretos régios que marcava os compêndios antecessores. Entretanto, a consolidação de um modelo de controle social já logrado pelos detentores de

---

[202] MARTINS, Joaquim Pedro de Oliveira. **O Brasil**..., p. 91.

[203] WEBER, Max. **Wirtschaft und Gesellschaft. Herrschaft**. Edith Hanke e Thomas Kroll (Org.). Tübingen: Mohr Siebeck, 2005, p. 380.

[204] SELL, Carlos Eduardo. As duas teorias do patrimonialismo em Max Weber: do modelo doméstico ao modelo institucional. *In*: 10º Encontro da Associação Brasileira de Ciência Política. Ciência Política e a Política: Memória e Futuro, 2016, Belo Horizonte. **Anais Eletrônicos**. Belo Horizonte: ABCP, 2017, p. 21.

[205] HOLANDA, Sérgio Buarque de. **Raízes do Brasil**. Edição comemorativa 70 anos. São Paulo: Companhia das Letras, 2006, p. 146.

[206] BARMAN, Roderick J. **Citizen Emperor**: Pedro II and the Making of Brazil, 1825-1891. Stanford: Stanford University Press, 1999, p. 19.

poder econômico, associado a uma estrutura eleitoral de acesso censitário[207], fez com que a tendência utilitarista de proteção da propriedade privada por meio do direito penal se intensificasse.

À época, os ideais que valorizavam a propriedade privada como um bem jurídico de primeira grandeza já estavam sedimentados. A afirmação de José de Alencar em sua relevante obra "A propriedade"[208], de que a definição do direito de propriedade pelos romanos foi o mais forte esteio de ordem e liberdade, ilustrou o principal parâmetro penal da ordenação jurídica nacional nos primeiros anos do império. Havia sido instituído um consenso de equivalência entre propriedade e liberdade, no sentido de que propriedade seria tudo o que pudesse ser possuído e que tivesse um preço, e que todas as lesões à liberdade poderiam ser quantificadas em indenizações que seriam a medida da reprovação das condutas praticadas[209].

As construções legislativas produzidas no período denotaram uma forte influência liberal[210]. Influência esta que não havia sido ainda sistematizada, nem mesmo nos diplomas legais europeus[211]. Entretanto, alguns contrassensos foram percebidos nas codificações erigidas no período, provavelmente decorrentes do entrechoque entre membros do legislativo com formação jurídica liberal e uma sociedade escravagista[212] [213].

Tal sistema de valoração foi completamente refletido no Código Penal Imperial, de 1830, de forma que as ponderações iniciais sobre o sistema penal instituído no Império colocassem em patamar de relativa equivalência, enquanto objetos jurídicos, a liberdade, a honra, a vida privada e

207 CARVALHO, José Murilo de. **Cidadania no Brasil**: o longo caminho 10ª ed. Rio de Janeiro: Civilização Brasileira, 2008, p. 29.

208 ALENCAR, José de. **A propriedade**. Brasília: Senado Federal, 2004, p. 8

209 ALENCAR, José de. **A propriedade**..., p. 64.

210 COSTA, Vivian Chieregati. **Codificação e formação do Estado-nacional brasileiro**: o Código Criminal de 1830 e a positivação das leis no Pós-Independência. Dissertação (mestrado em História). Universidade de São Paulo. Programa de Pós-Graduação do Instituto de Estudos Brasileiros. São Paulo, 2013.

211 GRINBERG, Keila. Código Criminal. *In*: VAINFAS, Ronaldo (Org.). **Dicionário do Brasil imperial**. Rio de Janeiro: Objetiva, 2008, p. 147.

212 KOERNER, Andrei. Punição, disciplina e pensamento penal no Brasil do século XIX. **Lua Nova**, São Paulo, n. 68, 2006.

213 O contrassenso se manifestava, ainda, no fato de a Constituição do Império, a despeito de suas disposições liberais, passar ao largo do tema escravidão, ignorando-o.

a propriedade[214]. Em apartado da parte segunda do Código Criminal do Império[215] – que estabelecia os crimes públicos, contra a existência política do império e a organização político-administrativa da nação[216] –, a parte terceira do diploma trazia os crimes particulares, colocando em conjunto os crimes contra a pessoa, a liberdade, e o patrimônio[217]. O modelo reproduzia um consenso de que os bens jurídicos seriam divididos em 3 classes: crimes contra o Estado; crimes contra a sociedade; crimes contra os bens do indivíduo[218]; e que a valoração de relevância social de cada um deles seria traduzida pela pena atribuída aos delitos[219]. Ademais, no que se refere à tutela penal ao direito de propriedade, ela se reveste em problema de política social, ficando a tutela do direito de propriedade em si, dissociada de implicações de ordem social, a cargo do direito civil.

É justo admitir que, à época, o diploma penal brasileiro se pautava no que posteriormente foi reconhecido como a teoria de Karl Binding[220], no sentido de que a valoração de um bem jurídico derivaria, apenas, do ato de liberalidade do Estado em definir o que ofende a ordem pública. Entretanto, é a teoria absoluta de Binding que serve de alicerce para a moderna concepção de bem jurídico[221].

[214] SOUZA, Braz Florentino Henriques de. **Lições de Direito Criminal** (1825-1870). Brasília: Senado Federal, 2003, p. 95.

[215] Denominação atribuída à Lei de 16 de dezembro de 1830.

[216] Importante destacar que a seção, em seus delongados 123 artigos, versou sobre a incriminação de diversas condutas que traziam como objeto material dinheiro ou bens, tais como: exercício de pirataria ou abuso de "carta de corso", envolvendo depredação ou apropriação de embarcação ou equipagem (Artigo 82 a 84); a corrupção passiva ou crime de "peita" (Artigo 130 a 132); o suborno (Artigo 133 e 134); concussão (Artigo 135); peculato (Artigo 170 a 172); moeda falsa (Artigo 173 a 176); contrabando (Artigo 177); e dano ao patrimônio público (Artigo 178). Destaque-se, contudo, que não cabe classificar os tipos indicados como modalidades de proteção específica de patrimônio por meio da Lei penal, haja vista que o Código Criminal do Império já fazia a classificação dos crimes pelo seu objeto jurídico primário.

[217] SILVA, Antonio José da Costa e. **Codigo penal dos Estados Unidos do Brasil comentado.** Vol. II. Brasília: Senado Federal, 2004, p. 21.

[218] SILVA, Antonio José da Costa e. **Codigo penal...**, p. 49.

[219] A informação será de imensa relevância em ocasião posterior, quando o trabalho traçará uma análise comparativa das reprimendas previstas para cada modalidade de delito.

[220] BINDING, Karl. **Lehrbuch Des Gemeinen Deutschen Strafrechts**. Vol. 1. Leipzig: Verlag von Wilhelm Engelmann, 1904, p. 226.

[221] PRADO, Luiz Regis. **Bem jurídico-penal e constituição**. São Paulo: Revista dos Tribunais, 1996, p. 25.

No que se refere ao Código Criminal do império, a despeito de serem poucas as disposições alusivas a crimes contra o patrimônio, assim como foram relativamente menos numerosos os crimes contra o patrimônio cometidos sob a égide do diploma – em um período de efervescência política e social em que se destacaram os crimes contra a vida, a integridade corporal e as sublevações –, a defesa da propriedade figurava entre as mais altas preocupações do Poder Executivo, juntamente com a segurança das pessoas[222].

Fato é que poucas condutas previstas na parte terceira do Código Criminal, que previa os crimes particulares, fazia referência direta à proteção da propriedade privada, ou dos direitos que lhe são conexos. Destacavam-se, nesse sentido, a invasão de domicílio (Artigo 209); o furto (Artigo 257 a 262); o estelionato e a bancarrota fraudulenta (Artigo 263 a 265); o dano (Artigo 266 a 268); e o roubo (Artigo 269 a 274), com destaque para o latrocínio (Artigo 271). Com base nessa informação, é possível considerar que não havia uma valorização exacerbada do patrimônio nas estipulações do Código Criminal do Império do Brasil.

Entretanto, tal conclusão se mostra equivocada. Analisando o *quantum* médio de pena abstrata aplicada aos crimes no diploma[223], observou-se que o Código Criminal previa penas que, em média, orbitavam entre 05 e 10 anos de prisão, na razão aproximada 8 anos por crime. Analisando as penas por série de crimes, se constatou que os crimes da parte segunda do diploma, relativos aos crimes públicos, possuíam pena média aproximada de 8 anos por crime, mantendo-se na média entre 05 e 10 anos de prisão. Quanto aos crimes da parte terceira, constatou-se que os crimes contra a liberdade e segurança individual apresentavam pena média aproximada de 7 anos por crime, também na média entre 05 e 10 anos de prisão. Já os crimes contra o patrimônio, por sua vez, atingiram o patamar médio de 10 a 15 anos de prisão, com pena média orbitando em torno dos 12 anos.

---

[222] FERREIRA, Ricardo Alexandre. **Crimes em comum**: escravidão e liberdade sob a pena do Estado imperial brasileiro (1830-1888). São Paulo: Editora Unesp, 2011, p. 69.

[223] Dada a variabilidade de penas distintas previstas no diploma, a pesquisa quantificou a média de penas previstas contabilizando a quantidade de crimes que previam penas nos seguintes parâmetros: penas até 05 anos de prisão; penas superiores a 05 e inferiores a 10 anos de prisão; penas superiores a 10 e inferiores a 15 anos de prisão; penas superiores a 15 e inferiores a 20 anos de prisão; e penas superiores a 20 anos de prisão. Não foram contabilizadas as penas exclusivas de multa previstas no diploma, nem tampouco as penas de morte, que serão tratadas adiante, em separado. No caso de mais de uma pena prevista para o mesmo crime, foi considerada a mais alta.

No que se refere à pena de morte, prevista por três vezes no diploma, notou-se que era prevista para os crimes de insurreição (Artigo 113), homicídio agravado (Artigo 192) e latrocínio (Artigo 271). As penas de caráter perpétuo, por sua vez, foram previstas por três vezes nos crimes contra a independência, integridade, e dignidade da nação (Artigos 68, 71 e 82); uma vez nos crimes contra a constituição do Império, e forma do seu governo (Artigo 85); uma vez nos crimes contra o chefe do governo (Artigo 87); duas vezes nos crimes contra a segurança interna do Império, e pública tranquilidade (Artigos 110 e 113); uma vez nos crimes de prevaricações, abusos, e omissões dos empregados públicos (Artigo 131); uma vez nos crimes de irregularidade de conduta (Artigo 169); duas vezes nos crimes contra a segurança individual (Artigos 192 e 193); e duas vezes nos crimes contra a propriedade (Artigos 270 e 271). Com isso se constata que, a despeito do diminuto rol de crimes contra o patrimônio previsto no Código Criminal imperial, os delitos desta natureza figuraram entre os mais severamente punidos abstratamente pelo legislador.

A preocupação com a tutela penal do patrimônio se fez presente no Código Criminal imperial, ainda, na figura da satisfação (Artigo 21 a 32), prevista em seção que regulamentava a reparação do dano decorrente do crime, inclusive com agravamento de pena em hipótese de irreversibilidade do dano (Artigo 17, 4º), ou de previsão de prisão com trabalhos forçados pelo tempo necessário para a reparação do dano (Artigo 32).

Por fim, a preocupação do legislador em tutelar a propriedade privada ainda se manifestava por meio de disposições excêntricas, como a que previa a substituição das penas aplicadas aos escravos – excetuando-se a pena capital e as de galés –, por pena de açoite e uso obrigatório de grilhões (Artigo 60). A disposição, notadamente, procurava garantir o usufruto da exploração laboral do escravo por parte de seu senhor. Era o que dispunha a doutrina da época sustentando que, à exceção da pena de galés perpétuas, o direito de propriedade do senhor sob seu escravo era mantido em todo seu vigor[224].

Ainda que o panorama do Código Criminal imperial apontasse para uma preocupação do legislador na proteção da propriedade privada, os crimes contra o patrimônio foram registrados em menor escala que os crimes contra a vida e integridade física no país durante o período imperial. As razões para

[224] TINOCO, Antônio Luiz. **Código criminal do Império do Brazil annotado**. Brasília: Senado Federal, 2003, p. 128.

isto, provavelmente, repousam no fato de o país, à época, ter um baixo índice de desenvolvimento e industrialização, mantendo uma população predominantemente rural[225], o que preservava o poder dos grandes latifundiários sobre a vivência fora da metrópole, quando o poder oligárquico se apoderou da sistemática de prevenção e repressão penal por meio do coronelismo e do compadrio[226].

Em paralelo, é importante destacar que o Código de Processo Penal do Império[227], que sucede o Código Criminal, alterou sobremaneira a organização judicial e policial no território nacional, uma vez que conferiu aos municípios autonomia plena para o exercício do poder judicante e de polícia[228]. Em virtude de tais fatos, é possível que os dados relativos ao reduzido número de crimes contra o patrimônio ocorridos no período sejam fantasiosos, diante da possibilidade de os crimes desta monta terem sido submetidos a tratamento informal. A hipótese se avulta ao considerarmos o fato de que, conforme apontou Raimundo Faoro[229], o Código de Processo Penal imperial ter reativado a figura do juiz de paz conferindo ao mesmo poder de dirimir conflitos no âmbito dos Distritos. Realmente, os Artigos 33 a 35 do Código de Processo Penal imperial garantia tais atribuições aos juízes municipais, bem como a função de substituir o juiz de direito da comarca em sua ausência. Outro ponto que atesta a favor de um tratamento informal dado aos crimes contra o patrimônio, em especial os de pequena monta, é a figura dos inspetores de quarteirão, cujas atribuições estavam previstas nos Artigos 16 a 19 da codificação processual do Império, a quem incumbia a prevenção de crimes e a admoestação de pequenos delinquentes, exercendo o poder discricionário de levar a *notitia criminis* aos juízes de paz quando não lhes aprazia resolver as questões por seus modais.

Em razão de tais fatos, a repreensão aos crimes contra o patrimônio no período imperial, a despeito dos escassos registros processuais, não pode ser

---

[225] VIANA, Hélio. **História do Brasil**: período colonial, monarquia e república 15ª ed. São Paulo: Melhoramentos, 1994, p. 496.

[226] SILVA, Francisco de Assis; BASTOS, Pedro Ivo de Assis. **História do Brasil**: Colônia, Império e República. 2ª ed. São Paulo: Moderna, 1988, p. 220.

[227] Denominação atribuída à Lei de 29 de novembro de 1832.

[228] FAORO, Raymundo. **Os donos do poder**: formação do patronato político brasileiro. Rio de Janeiro: Globo Livros, 2001, p. 364.

[229] FAORO, Raymundo. **Os donos**..., p. 365.

tomada como indulgente. Ao contrário, a legislação processual penal do império manteve o poder exacerbado conferido às polícias no trato da repressão criminal. Não que as guardas de polícia distritais não tivessem tal atribuição o que, de fato, ocorria desde a chegada da corte portuguesa ao país[230]. O que ocorreu é que, desde o período que antecede a independência e estabelecimento do império, cabia às forças policiais manter a ordem, atribuição que era comumente levada a termo com consideráveis doses de violência, tida como uso justo e legal da força[231].

A mudança de paradigma trazida pela codificação processual penal do império se relaciona à necessidade de um procedimento que antecedia a aplicação de sanções penais e, em contrapartida, um poder discricionário dos inspetores de quarteirão e juízes de paz, a quem cabia decidir quais casos seriam levados a juízo e quais deveriam ser tratados de maneira informal. Antes dessa alteração estrutural nos mecanismos de repressão penal, observou-se que 39,5% dos crimes com registro de prisão na metrópole imperial faziam referência a condutas que afrontavam diretamente a proteção penal da propriedade privada[232] [233]. Após a edição do Código Penal de 1890, os índices relativos a registros de crimes contra o patrimônio voltaram a ser alavancados, como será adiante demonstrado neste trabalho.

A justificativa para a aparente redução dos crimes contra o patrimônio durante a égide dos códigos penal e de processo penal imperiais repousa no controle dos órgãos de repressão policial por parte das lideranças políticas locais. A polícia daquele período sobressaiu-se como uma instituição de controle predominantemente burguês[234]. Em virtude disso, atuou diretamente na defesa dos proprietários de terras, aplicando um modelo repressivo informal

[230] BRANDÃO, Berenice Cavalcante *et al.* **A polícia e a força policial no Rio de Janeiro**. Rio de Janeiro: PUC-Rio, Divisão de Intercâmbio e Edições, 1981, p. 91.

[231] HOLLOWAY, Thomas H. **Polícia no Rio de Janeiro**. Repressão e resistência numa cidade do século XIX. Rio de Janeiro: FGV, 1997, p. 93.

[232] ALGRANTI, Leila Mezan. **O feitor ausente**: estudos sobre a escravidão urbana no Rio de Janeiro (1808-1822). Petrópolis: Vozes, 1988, p. 186.

[233] Os números exatos eram de 20,8% de fuga de escravos e 18,7% de outros crimes contra a propriedade, conforme foram registrados os delitos na época. Não foram contabilizados outros 14,5% dos registros de prisão relacionados a crimes contra a ordem pública, a maioria dos quais de vadiagem, jogos de azar e "capoeiragem", que refletem uma incriminação indireta das classes menos abastadas, conforme este trabalho demonstrará mais adiante.

[234] BRETAS, Marcos Luiz; ROSEMBERG, André. A história da polícia no Brasil: balanço e perspectivas. Rio de Janeiro: **Topoi**, v. 14, n. 26, p. 162-173, 2013, p. 165.

que potencializasse a proteção do arcabouço patrimonial dos mais abastados, minimizando prejuízos, sobremaneira no trato de fugas e sublevações de escravos, pequenos furtos, roubos e outros crimes contra o patrimônio previstos no Código Criminal imperial.

O uso da força policial como ferramenta de controle nas municipalidades regionais e na zona rural das comarcas sedimentou um sistema de benefício das classes abastadas em detrimento das classes mais baixas, sujeitas a constante policiamento[235]. Com o advento da República, as classes abastadas tomam um passo mais largo em face do controle penal, apropriando-se do processo legislativo e do controle político em si.

3.3 Código Penal republicano

A Proclamação da República do Brasil e os eventos que a sucederam deram um novo contorno à proteção patrimonial pelo direito penal, especificamente no sentido de ampliar o espectro dessa proteção, convergindo para a edição de uma regulamentação penal notoriamente patrimonialista.

O movimento republicano no Brasil sofre intensa influência positivista. Pode-se dizer que o republicanismo brasileiro floresceu a partir do pensamento emitido pela "sociedade positivista do Brasil", que se convergiu em "Igreja Positivista do Brasil" que, embora de reduzidas proporções, passa a disseminar o pensamento positivista ortodoxo, embasado no pensamento de Augusto Comte[236]. Por esse centro serão influenciados alguns professores da Escola Militar do Rio de Janeiro, em especial Benjamin Constant, responsáveis pela difusão do pensamento ortodoxo positivista e estruturação do movimento reformista que proclama a república no Brasil.

Ainda que não se atribua ao movimento positivista ortodoxo a queda da monarquia no Brasil, a classe média vivia sob tangível influência positivista às vésperas da Proclamação da República, especialmente os jovens oficiais das Forças Armadas, grandes entusiastas e participantes do movimento que culminou com a derrocada da monarquia no Brasil[237]. Concluída a sublevação

---

[235] BRETAS, Marcos Luiz. **Ordem na cidade**. O exercício cotidiano da autoridade policial no Rio de Janeiro. 1907-1930. Rio de Janeiro: Rocco, 1997, p. 164.

[236] PAIM, Antônio. **História das ideias filosóficas no Brasil**. 2ª ed. São Paulo: Editorial Grijalbo Ltda/ EDUSP, 1974, p. 303.

[237] LIMA FILHO, Acacio Vaz de. O positivismo e a República. **Revista da Faculdade de Direito**, Universidade de São Paulo, v. 99, p. 3-33, 2004, p. 26.

e proclamada a República, o desenvolver do panorama político foi traduzido na busca de um ditador exigido pela situação social da nova República, conforme teria apregoado Teixeira Mendes[238], um dos expoentes da "Igreja Positivista do Brasil".

A influência do pensamento de Comte foi sentida de forma prática na legislação que sucedeu a instauração da República. Inicialmente, é possível apontar que a República Velha fazia exatamente o que preceituava Comte[239]: afrontava o regime de castas, substituindo uma hereditariedade teocrática por uma hereditariedade sociocrática, o que não provocava grandes alterações na realidade social, uma vez que representava uma conversão de riqueza em autoridade. Outro ponto marcante de influência do pensamento de Comte foi a mutação da sistemática jurídica, de um sistema de direitos para um sistema de deveres.

A inquestionável influição do pensamento positivista na codificação republicana se fez presente até mesmo na denominação. O nome Código Penal, dissociando-se da denominação "criminal"[240], indicando uma sugestão da lei positiva, e não como um compêndio de regulação e compreensão sistêmica da estruturação criminal[241].

Na edição do Código Penal da República dos Estados Unidos do Brasil[242], uma série de preocupações da elite econômica e política permeou a reorganização jurídico-criminal no país. O pensamento republicano, no período que antecede a Proclamação da República, sofria considerável influência liberal, trazida dos antigos membros do partido liberal que, adotando uma postura antimonárquica, fundaram o Partido Republicano[243]. A influência do pensamento liberal também foi trazida ao processo de elaboração pela atuação dos dois primeiros Ministros da Justiça da República, dois importantes membros do partido liberal, Ruy Barbosa e Campos Salles.

---

238 TEIXEIRA MENDES, Raimundo. **A propósito da agitação republicana**: carta a S. Exa. o Sr. Joaquim Nabuco. Rio de Janeiro: Apostolado Positivista do Brazil, 1888, p. 28.

239 COMTE, Auguste. **Curso de filosofia**..., p. 283.

240 A distinção ontológica é melhor esmiuçada por Nilo Batista (**Introdução crítica ao direito penal brasileiro**. 11ª ed. Rio de Janeiro, Renavan, 2007, p. 46), ao classificar a expressão "direito criminal" como uma denominação mais abrangente daquilo que encerra a sistemática penal de determinada nação englobando, também, o direito processual; ao tempo que a expressão "direito penal" trata predominantemente do caráter sancionador das disposições penais.

241 GARCIA, Basileu. **Instituições de Direito Penal**. Vol. I. Tomo I. 1º edição. São Paulo: Max Limonad, 1952, p. 25.

242 Denominação atribuída ao Decreto nº 847, de 11 de outubro de 1890.

243 SALGADO, Plínio. **História do Brasil**. Vol. 1. São Paulo: Editora FTD, 1970, p. 46.

A influência liberal na elaboração do diploma, entretanto, limitou-se à valoração da propriedade privada enquanto valor jurídico transcendental[244] já sedimentado na realidade jusfilosófica da ocasião. Isto porque a edição do Código Penal da República ocorreu em uma época crucial para a reorganização política do Brasil, em que os mais abastados trocaram poder econômico por poder político, sedimentando uma posição de controle social, desta vez, por meio das leis.

Se antes, no período imperial, os homens ricos da sociedade agrária detinham o poder político na esfera regional[245], com a República este poder político seria legitimado por meio da representação política, na forma que Comte chamou de escolha profundamente anárquica[246], a dos superiores por seus inferiores em uma ordem social.

Ainda que tanto os liberais quanto boa parte dos positivistas tenham defendido ferrenhamente o abolicionismo, pouco ou nada fizeram no sentido de efetivar a liberdade dos ex-escravos emancipados no Brasil por meio da Lei Áurea[247]. Abolida a escravatura, iniciou-se um novo fenômeno, o da escravidão funcional, em que os negros emancipados se mantiveram adstritos aos seus antigos proprietários – os quais mantinham a propriedade das terras e o controle da produção agrícola nos rincões interioranos –, em virtude da necessidade de garantir sua subsistência. E, ainda que a adstrição dos ex-escravos aos seus antigos senhores não tenha sido normatizada o que, em um primeiro momento, provocou o enfraquecimento da propriedade fundiária e levou os indivíduos ao êxodo rural[248], os detentores do poder político

---

[244] Corroborou a doutrina alusiva ao diploma quando, ao versar sobre as disposições gerais da codificação republicana, colocou em patamar de igualdade a vida, a saúde, a liberdade, o pudor e a propriedade (SOARES, Oscar de Macedo. **Código Penal da República dos Estados Unidos do Brasil**. Brasília: Senado Federal, 2004, p. 91; SIQUEIRA, Galdino. **Direito Penal brasileiro**: segundo o Código Penal mandado executar pelo Decreto nº 847, de 11 de outubro de 1890, e leis que modificaram ou completaram, elucidados pela doutrina e jurisprudência. Volume I. Brasília: Senado Federal, 2003a, p. 25).

[245] FAORO, Raymundo. **Os donos...**, p. 737.

[246] COMTE, Auguste. **Curso de filosofia...**, p. 283.

[247] Denominação atribuída à Lei nº 3.353, de 13 de maio de 1888. O diploma limitava-se a, em seu Artigo 1º, declarar extinta a escravidão no Brasil e, em seu Artigo 2º, revogar todas as disposições legais em contrário.

[248] ABRAMOVAY, Ricardo. **Paradigmas do capitalismo agrário em questão**. São Paulo: Hucitec; Rio de Janeiro: Anpocs; Campinas: Unicamp, 1992.

não quiseram abrir mão de condição daquilo que Miguel Lemos e Teixeira Mendes[249] vieram a chamar de detentores de capital humano acumulado[250].

Em termos absolutos, e considerando a população de cada província no ano da publicação do Código Penal republicano[251], se extrai que o percentual da população geral composta de escravos emancipados pela lei Áurea representava: 4%, na província da Bahia; 6% na província de Minas Gerais; 4% na província do Pernambuco; 32% na Capital do império; e 8% na província de São Paulo.

Outros fenômenos, como a industrialização, a decadência da cultura canavieira e o rápido declínio do comércio algodoeiro[252] potencializaram o êxodo rural. A chegada de grande número de imigrantes europeus[253] possibilitou o preenchimento das vagas de trabalho anteriormente ocupadas pelos escravos, fazendo com que os escravos emancipados se tornassem preteridos pelos proprietários de terras, migrando invariavelmente para os grandes centros urbanos em busca de subsistência. Este fluxo migratório provocou um problema de ordem social, posto que poucos escravos libertos se estabeleceram em comunidades quilombolas, tendo a maioria deles migrado para os 5 maiores centros urbanos do país[254].

Uma projeção da questão relativa ao fluxo decorrente do êxodo rural dos escravos libertos pode ser feita traçando um comparativo entre a população média dos grandes centros à época da abolição[255] e o quantitativo médio de escravos libertos nos 5 maiores centros socioeconômicos brasileiros da época. A então província da Bahia, que mantinha em seus maiores municípios

---

[249] LEMOS, Miguel. MENDES, Teixeira. **A liberdade Espiritual e a Organização do Trabalho**. 2ª ed. Rio de Janeiro: Igreja Positivista do Brasil, 1902, p. 24.

[250] A inclinação reproduzia um modelo observado desde a Baixa Idade Média, de utilização do sistema penal como uma instrumento de prevenção de crescimento populacional considerável (RUSCHE, Georg; KIRCHHEIMER, Otto. **Punição**..., p. 39).

[251] Fonte: IBGE. População e Distribuição da população nos Censos Demográficos. Disponível em: https://sidra.ibge.gov.br/Tabela/1286. Acesso em: 07 jul. 2018.

[252] SILVA, Hélio. **A República não esperou o amanhecer**. Porto Alegre: L&PM, 2005, p. 60.

[253] VIANA, Hélio. **História**..., p. 633.

[254] As então províncias da Bahia, Minas Gerais, Pernambuco, Rio de Janeiro e São Paulo abrigavam, à época da abolição da escravatura, 81% de todos os escravos do país – a Bahia com 11%, Minas Gerais com 26%, Pernambuco com 6%, Rio de Janeiro com 23% e São Paulo com 15% –, de um total de 723.419 escravos emancipados.

[255] IBGE. **Recenseamento do Brazil 1872/1920**. Diretoria Geral de Estatística, Evolução da população, segundo os municípios – 1872/2010. Rio de Janeiro: IBGE, 2010.

(Salvador, Feira de Santana e Vitória da Conquista) uma população média de 250 mil habitantes, passava a contar com cerca de 80 mil escravos libertos; Minas Gerais, que mantinha em suas principais cidades (Ouro Preto, Sabará, Montes Claros, São João del-Rei e Barbacena) uma população média de pouco mais de 280 mil habitantes, recebe o influxo de aproximadamente 190 mil escravos libertos; Pernambuco, que em seus maiores centros (Recife, Olinda e Caruaru) somava cerca de 180 mil habitantes, vem a contar com cerca de 44 mil escravos emancipados; o Rio de Janeiro, que concentrava em sua capital cerca de 300 mil pessoas, passa a contar em seu território aproximadamente 167 mil escravos libertos; e, por fim, a província de São Paulo, que mantinha em seus maiores centros (São Paulo, Moji-Mirim, Guaratinguetá e Taubaté) uma média de 100 mil habitantes, passou a ter cerca 109 mil escravos libertos em seu território.

Notadamente, a maior parte dos negros emancipados permaneceu na zona rural, compondo a mão de obra das mesmas lavras em que labutaram enquanto cativos. Entretanto, para os que não desejaram permanecer nas mesmas atividades, ou não se adequaram à condição de trabalhadores – seja em virtude de questões pessoais ou pela perda das posições de trabalho para imigrantes europeus –, a reunião em comunidades quilombolas ou migração para os grandes centros urbanos foram as alternativas viáveis.

Nesse contexto, o Código Penal da República parece manifestar o interesse em oferecer, além de uma desmedida proteção à propriedade privada, uma resposta à invasão dos espaços urbanos por parte de indivíduos despossuídos, especialmente escravos libertos.

O modelo proposto pelo Código Penal republicano demonstra uma estruturação preocupada com o fenômeno que, nos termos desta pesquisa, passará a ser chamado de delinquência patrimonial. A terminologia adotada se espelha em duas noções: a primeira delas proposta por Jeremy Bentham[256], que classifica como delito patrimonial – ou crimes contra a propriedade –, os arquétipos penais cuja previsão visa proteger a propriedade de bens, a posse ou usufruto de bens, e ainda os delitos que denotam o objetivo do agente de usufruir de bens alheios ou utilizá-los em seu proveito patrimonial; e a noção

[256] BENTHAM, Jeremy. **An Introduction to the Principles of Morals and Legislation**. Ontário: Batoche Books, 1972, p. 182.

de Jesus-Maria Silva Sánchez[257], apresentando a delinquência patrimonial como uma das principais modalidades de criminalidade de massa praticada por indivíduos marginalizados na sociedade.

Naturalmente, também integra o conceito a noção de delito econômico, representado pelo arcabouço de condutas que atingem a ordem econômica vigente, ameaçando a estabilidade econômica e a ordem financeira[258]. A partir deste ponto, o trabalho pode antecipar que a proteção da propriedade privada, como um pressuposto de repressão dos crimes patrimoniais, tomará um contorno dogmático ainda mais amplo, sob o prisma do respeito aos direitos individuais historicamente instituídos, reproduzindo uma daquelas situações em que determinados bens jurídicos assumem uma valia mais ampla que o seu aspecto axiológico ou material[259]. Isto resulta de um fenômeno observado por Felipe Negreiros Deodato[260] ao apontar que o patrimônio, enquanto bem jurídico, se eleva acima de seu estado de natureza, suplantando o que embasa a própria norma e os tipos penais nela elencados.

Potencializando o que o diploma antecedente manifestou em valoração, o Código Penal republicano trazia a prescrição de 78 crimes contra o patrimônio, aliados a 14 crimes de vadiagem e mendicância, dentre 317 tipos penais previstos naquela legislação, o que representa um total aproximado de 30% de todas as normas incriminadoras do diploma.

Abandonado a divisão tripartite sugerida por Beccaria[261] trazida pelo Código Criminal imperial[262], o Código Penal Republicano se aproxima do modelo distintivo proposto por Francesco Carrara[263] [264], mais especificamente

[257] SILVA SÁNCHEZ, Jesus-Maria. **A expansão do Direito Penal**: aspectos da política criminal nas sociedades pós-industriais. Tradução: Luiz Otávio de Oliveira Rocha. São Paulo: Revista dos Tribunais, 2002, p. 24.

[258] BACIGALUPO, Enrique. **Derecho penal económico**. Buenos Aires: Hammurabi, 2004, p. 35.

[259] DEODATO, Felipe Augusto Forte de Negreiros. **Adequação social**: sua doutrina pelo cânone compreensivo do cuidado-de-perigo. Belo Horizonte: Del Rey, 2012, p. 209.

[260] DEODATO, Felipe Augusto Forte de Negreiros. **Adequação**..., p. 213.

[261] BECCARIA, Cesare Bonesana. **Dos delitos e das penas**. Tradução: Lucia Guidicine e Alessandro Berti Contessa. 2ª ed. São Paulo: Martins Fontes, 1997, p. 46.

[262] Beccaria sugeria a distinção dos crimes como aqueles que atacam diretamente a sociedade ou quem a representa; aqueles que ofendem o indivíduo em sua vida, bens e honra; e aqueles contrários ao que todo cidadão deve fazer no sentido do bem público.

[263] CARRARA, Francesco. **Programma del corso di diritto criminale**: Parte speciale. Florença: Fratelli Cammelli, 1898.

[264] Carrara, por sua vez, considerava relevante a distinção dos crimes entre *crimes naturais* (direitos individuais como tais) e *sociais* (derivativos do estado de associação).

através do conceito refinado por Enrico Pessina[265], que propunha a divisão entre crimes contra o direito social e crimes contra o direito individual. A doutrina da ocasião, ao tratar dos crimes contra o direito individual, classificou a seção como um agrupamento de regras voltadas para dois objetivos: a proteção das pessoas e a proteção da propriedade[266].

No que se refere aos crimes contra o direito social, percebeu-se no Código Penal de 1890 a incriminação de uma série de condutas cujo objeto jurídico tutelado pela norma refletia a preocupação do legislador em manter a organização da jovem a ainda abstrusa estrutura política republicana. Nota-se, também, desmedida preocupação do legislador com a prevenção de sedição, proteção da coercibilidade e validade dos atos públicos e salvaguarda da autonomia das autoridades públicas, em seção que se alonga desde o início das disposições penais específicas, em seu Artigo 87, até o Artigo 135, englobando oito séries: a que prevê os crimes contra a independência, integridade e dignidade da pátria (Capítulo I do Título I); os crimes contra a Constituição da República e forma de seu governo (Capítulo II do Título I); os crimes contra o livre exercício dos poderes políticos (Capítulo IV do Título I); os crimes contra a segurança interna da República por meio da incriminação da conspiração (Capítulo I do Título II); da sedição e ajuntamento ilícito (Capítulo II do Título II); a resistência (Capítulo III do Título II); a tirada ou fugida de presos do poder da justiça e arrombamento das cadeias (Capítulo IV do Título II); e o desacato e desobediência às autoridades (Capítulo V do Título II). Nesta seção da legislação, o afã positivista em buscar proteger os valores da neonata República exterioriza o exagero normativo trazendo, inclusive, disparatadas disposições[267].

---

[265] PESSINA, Enrico. Enciclopedia del diritto penale italiano: Raccolta di monografie. Società editrice libraria, 1906. *In*: FRAGOSO, Heleno Cláudio; HUNGRIA, Nelson. **Comentários ao código penal**. Vol. I, v. 2. Rio de Janeiro: Forense, 1977, p. 9.

[266] ARAÚJO, João Vieira de. **Código Penal interpretado**. Vol. I. Brasília: Senado Federal, 2004a, p. 25.

[267] Como exemplo, cabe apontar os dois crimes relativos à série que incrimina condutas contra a Constituição da República e forma de seu governo (Capítulo II do Título I), previstos nos Artigos 107 (tentativa de alteração por meios violentos da Constituição da República) e 108 (tentativa de mudança de artigos da Constituição). Ambas as incriminações apresentavam não só avultada incongruência sistêmico-normativa – uma vez que uma alteração irregular de norma resultaria em outra normatização sem nenhum valor jurídico –, como também uma incoerência fática, uma vez que a alteração forçosa das normas constitucionais pressupõe uma injunção que invalida a sistemática jurídica alterada e, por conseguinte, o poder coercitivo da norma penal. Ao punir a

Ainda assim, em alguns trechos se extrai o interesse do legislador em estabelecer proteção patrimonial, ainda que de maneira velada. Tal interesse é exposto pela doutrina contemporânea ao código, que observou que alguns crimes, como o de pirataria (Artigos 104 a 106) não perderam sua natureza de atentado contra a propriedade[268] [269]. De modo geral, havia um consenso doutrinário no sentido de que os fatos criminosos dirigidos contra as bases de toda organização social ofendiam de modo imediato não só a incolumidade pública, os valores sociais e a segurança individual dos cidadãos, como também a ordem econômica e a propriedade[270].

Superada a estrutura normativa de proteção penal da conformação político-administrativa da República, o Código Penal de 1890 começa a demonstrar a preocupação na salvaguarda patrimonial. Na série relativa aos crimes contra a tranquilidade pública (Título III), prevê os crimes de incêndio e outros crimes de perigo comum (Artigos 136 a 148), estabelecendo na maioria deles penas acessórias, como as de multa, ou agravação de penas para as situações em que da situação de risco resultasse dano. Na mesma série, abandonando o próprio sentido de perigo comum, o legislador passa a prever como crimes de tal natureza a lesão patrimonial a determinados bens de interesse público, a exemplo do crime de incêndio em coisa própria com propósito de criar caso de responsabilidade contra terceiro ou defraudar direitos de outrem (Artigo 140)[271], e praticar abertura que pudesse produzir invasão de água em embarcação, visando causar prejuízo a terceiro (Artigo 144, parágrafo único, *fine*).

---

tentativa de tais alterações, entretanto, o compêndio penal visava punir, aparentemente, uma modalidade específica de sedição, realizada na esfera legislativa. Tais disposições foram certamente motivadas pelo temor que o poder executivo mantinha do Congresso Nacional que vivenciava rusgas com o presidente Deodoro da Fonseca sobre os termos da nova Constituição (que, debatida desde 1889, somente foi promulgada em 1891). A querela viria a evoluir para a dissolução do Congresso Nacional por meio de decreto presidencial, datado de 03 de novembro de 1891.

[268] ARAÚJO, João Vieira de. **Código Penal**..., 2004a, p. 35.

[269] João Vieira de Araújo (**Código Penal**..., 2004a, p. 37) apontou, ainda, que houve mobilização no sentido de reformular o Código Penal de 1890, por meio de projeto de 1896, alterando o posicionamento dos crimes de pirataria para a série alusiva a crimes específicos contra a propriedade, ainda que novo projeto, apresentado em 1899, decidisse por manter o texto original.

[270] SIQUEIRA, Galdino. **Direito Penal**..., 2003a, p. 132.

[271] Notadamente, a incriminação não versa sobre o perigo derivado do incêndio, fato englobado pela tipificação do crime de incêndio previsto no Código Penal republicano (Artigo 136). Tratava-se, aparentemente, de uma modalidade minorada de incêndio, justamente desconsiderando o risco de conflagração. É o que confirma a doutrina contemporânea ao Código, ao classificar o delito como um crime contra a propriedade não inserido pelo legislador na série relativa aos danos (ARAÚJO, João Vieira de. **Código Penal**..., 2004a, p. 184).

Acerca da série anteriormente indicada Oscar de Macedo Soares[272], um dos principais doutrinadores a acompanhar o processo de implantação do Código republicano e os anos seguintes à sua publicação, afirmou que o legislador reforçava na série o intento externado pela Lei 311, de 15 de outubro de 1886, de punir não só a criação de um risco à incolumidade, mas também de coibir modalidades de sinistro que resultassem em pedidos indevidos de compensação ou fraude securitária.

Na série relativa aos crimes contra a segurança dos meios de transporte ou comunicação (Título III, Capítulo II), a despeito do enfoque na proteção da incolumidade pública por meio da incriminação de condutas que indiretamente pudessem causar perigo comum, o viés patrimonialista da codificação se observa na inserção da pena acessória de multa, calculada não com base na reprovabilidade da conduta, mas sim em proporção ao dano provocado pelo agente, na ordem de 5 a 20% (conforme Artigos 149 e 153). Na série subsequente, dos crimes contra a saúde pública (Título III, Capítulo II), mais uma vez o diploma externa seu viés patrimonialista, desta vez por incriminar com pena exclusiva de multa os crimes de expor à venda, ou ministrar, substâncias venenosas, sem legítima autorização e sem as formalidades prescritas nos regulamentos sanitários (Artigo 159) e substituição de medicamentos ou alteração de receituário por farmacêutico ou boticário (Artigo 160)[273].

Outros crimes relacionados ao trabalho foram inseridos no Capítulo VI do Título IV, que versava sobre os crimes contra o livre gozo e exercício dos direitos individuais. Neste ponto, o viés patrimonialista do Código Penal republicano externava a influência dos detentores de poder econômico no processo legislativo. O direito de greve foi incriminado nos termos do Artigo 206, ainda que outras nações que serviram de influência para o modelo político e jurídico adotado pelo Brasil já tivessem reconhecido as corporações de ofício[274]. Posteriormente, o Decreto 1.162/1890 altera o Código Penal,

---

[272] SOARES, Oscar de Macedo. **Código Penal**..., p. 288.

[273] Curiosamente as duas incriminações referiam-se a condutas que não colocavam em risco a coletividade. Neste sentido, cumpre ressaltar que o capítulo que englobava os crimes estava inserido na série que tutelava a tranquilidade pública, e não a incolumidade pública. Estando ambas relacionadas ao exercício de atividades profissionais, resta a evidente conclusão de que os delitos tutelavam o direito ao trabalho e a regularidade de seu exercício.

[274] Exemplos foram os Estados Unidos – influência republicana de quem o Brasil copiou até mesmo a denominação e a bandeira –, que desde 1869 vivenciava a constituição da Federação Americana de trabalho, processo concluído em 1886; e a França, que em 1884 revogou a Lei Chapelier

criminalizando apenas as paralisações do trabalho mediante violência ou grave ameaça.

Foi no capítulo V do Título IV, entretanto, que o Código Penal de 1890 ofereceu o primeiro sinal claro do viés patrimonialista do diploma. A série, que versa sobre os crimes contra a inviolabilidade de domicílio (Artigos 196 a 203), traz a mais profusa disposição até hoje vista na legislação penal brasileira sobre modalidades e variáveis de condutas nocivas ao direito de propriedade imóvel e ao direito de intimidade e vida privada a ele relacionados. O decreto penal republicano versa sobre a invasão de domicílio e modalidades agravadas e atenuadas da conduta indicando, inclusive descriminantes e apontando como se deveriam realizar diligências em propriedades privadas[275].

No Título V, destinado a incriminar os atos contrários à boa ordem e administração pública, a despeito de não apresentar um viés patrimonialista, o Código Penal republicano trouxe o dinheiro ou a vantagem patrimonial como objetos materiais a exemplo do seu antecessor imperial. São destaques os crimes de peita ou suborno (Artigo 214), concussão (Artigo 219) e peculato (Artigos 221 a 223).

O título seguinte (VI), alusivo aos crimes contra a fé pública, a despeito de versar sobre crimes de falsidade, se converteu em verdadeira série de tutela da economia[276], trazendo disposições sobre a incriminação de moeda, títulos, valores imobiliários e papéis com valor econômico em 12 dos 21 tipos penais da série. Foram destaques, na primeira série – relativa aos crimes falsificação de moeda –, os crimes de moeda falsa (Artigo 239); falsificação de papel de crédito público (Artigo 240); introdução à circulação de moeda falsa ou papel de título público falsificado (Artigo 241); adulteração de moeda ou papel de título público (Artigos 242 e 243); e emissão ou circulação indevida de moeda (Artigo 244). Disse a doutrina da época – a respeito da falsificação de moeda

(de 14 de junho de 1791) e as disposições do Código Napoleônico que criminalizaram as coligações patronais ou operárias.

[275] Neste ponto, cabe ressaltar, contrariando a proposta de compêndio exclusivamente penal, e não de cunho "criminal", do diploma. Há que se admitir, contudo, que são raríssimas as passagens processuais encontradas no Código Penal de 1890.

[276] Cumpre ressaltar que o Código Penal de 1890 foi editado em uma época em que ainda não se concebia uma ideia de Direito Penal econômico, sobretudo um que sugerisse a tutela penal de condutas que atentassem contra o conjunto total da economia (JESCHECK, Hans Henrich. El derecho penal econômico alemán. **Cuadernos de los Institutos**. Tradução: Luis Martínez Gavier y Juan Von Haeseler Langjahr. Córdoba, v. XIII, n. 74, 1963).

ou de circulação de moeda falsificada –, que a circulação da moeda falsa representava um atentado à propriedade privada, uma vez que seu potencial é o de lesar aquele que a aceita de boa-fé, sofrendo com isso prejuízo patrimonial[277]. Na série relativa a falsidades em geral, versava sobre proteção de títulos com valor patrimonial os crimes de falsificação de papéis públicos com valor econômico (Artigo 245); falsificação de selos, vales e cupons de juros da dívida pública (Artigo. 247); falsificação de bilhetes de estrada de ferro ou de transporte de qualquer natureza (Artigo 248); e a falsificação de cheques e papéis de bancos, letras e títulos comerciais (Artigo 249). Por fim, na série alusiva a falsificação de documentos e papéis particulares, foi incriminada a falsidade de escritura, papel ou assinatura com intento de criar, extinguir, aumentar ou diminuir obrigação (Artigo 258) crime que, de acordo com a doutrina contemporânea, sofreu alteração em sua estrutura antecedente de modo a compreender somente interesses patrimoniais[278].

Um único crime contra a fazenda pública foi previsto no compêndio penal imperial, no capítulo único do Título VII: o crime de contrabando (Artigo 265). Mesmo na série que previa os crimes contra a segurança da honra e honestidade das famílias e do ultraje público ao pudor (Título VIII), no Capítulo III, alusivo ao lenocínio, o legislador criou incriminação específica para aquele que auferia lucro com a exploração da prostituição alheia (Artigo 278)[279].

Os crimes contra a propriedade pública e particular foram previstos no Título XII do Código Penal de 1890. Inicialmente, por meio do crime de dano (Artigos 326 a 329), no Capítulo I. Em sequência, no Capítulo II, por uma tipificação peculiar do crime de furto (Artigos 330 a 335), que aumentava

[277] ARAÚJO, João Vieira de. **Código Penal**..., 2004a, p. 233.

[278] SIQUEIRA, Galdino. **Direito Penal brasileiro**: (segundo o Código Penal mandado executar pelo Decreto nº 847, de 11 de outubro de 1890, e leis que modificaram ou completaram, elucidados pela doutrina e jurisprudência). Volume II. Brasília: Senado Federal, 2003b, p. 350.

[279] Se destaca o caráter patrimonialista da incriminação pelo fato de o crime em questão trazer os mesmos preceito e sanção do crime antecedente, o do Artigo 277, acrescendo multa de 500 réis a um conto de réis (mil réis). A multa prevista representava um dos maiores patamares do Código Penal de 1890, alcançado, apenas, pelas multas aplicadas aos crimes relativos à formação e atuação das mesas eleitorais e juntas apuradoras (Artigos 169, 171, e 173 a 177); calúnia cometida por meio de publicação distribuída a mais de 15 pessoas (Artigo 316); violação dos direitos de patente e invenção (Artigo 351: trazia a maior multa prevista na codificação, que podia alcançar 5 contos de réis); reprodução não licenciada de marcas de fábricas e de comércio (Artigo 353); a contravenção de comercialização de bilhetes de loteria estrangeira (Artigo 368); e a contravenção de estabelecimento de casas de empréstimos sobre penhores (Artigo 375).

progressivamente as penas abstratas em razão do valor da *res furtiva*. No compêndio, foram classificadas como modalidades de furto condutas que futuramente vieram a ser juridicamente denominadas de furto de coisa comum; apropriação indébita; apropriação de coisa havida por erro, caso fortuito ou força da natureza; apropriação de coisa achada; subtração ou destruição de coisa própria que se encontrasse em poder de terceiro por convenção ou determinação judicial; subtração, sonegação ou destruição de livro ou documento público; e subtração ou destruição de prova ou documento judicial[280].

No Capítulo III do mesmo Título XII, a legislação incriminava a falência (Artigo 336) e a insolvência civil (Artigo 337). O crime de falência era punido na modalidade fraudulenta ou culposa – ressaltando que, à época, considerava-se culposa a conduta praticada sem intento criminoso, que resultasse de negligência, imprudência ou imperícia, nos termos do Artigo 24 da Lei penal[281] –, ficando os parâmetros de falência fraudulenta ou ilegal a cargo do Código Comercial brasileiro[282]. Já a falência dos corretores e agentes de leilão era presumida fraudulenta[283].

O estelionato veio acompanhado do abuso de confiança e outras fraudes no Capítulo IV do Título XII, através dos crimes previstos nos Artigos 338 a 341, todos voltados para a proteção das relações patrimoniais envolvidas em interações fraudulentas. Assim, inclusive, se posicionou a doutrina dominante da época, ao classificar as fraudes como delitos patrimoniais em sentido estrito[284] [285]. Em sequência, no Capítulo V, foram previstos os crimes contra a propriedade literária, artística, industrial e comercial, tutelando a propriedade imaterial, em três séries: a relativa a crimes contra a propriedade

---

280 O Código Penal brasileiro de 1940 incrimina todas essas condutas, separadamente, realocando-as de acordo com a relevância do bem jurídico primário.

281 Importante destacar que, à época, a sistemática penal brasileira carecia de um conceito claro de imputação, que só veio a surgir a partir das teorias elaboradas de imputação adotadas pelo Brasil no século XX. Isto fez com que a análise da chamada intenção criminosa fosse levada a termo pelo poder judiciário de forma consideravelmente discricionária.

282 Denominação dada à Lei nº 556, de 25 de junho de 1850.

283 Disposição que trazia contradição sistêmica com o próprio Código Penal de 1890 que, em seu Artigo 67, estabelecia que nenhuma presunção poderia dar lugar à imposição de pena.

284 ARAÚJO, João Vieira de. **Código Penal interpretado**. Vol. II. Brasília: Senado Federal, 2004b, p. 274.

285 A doutrina contemporânea à codificação republicana rememorou que a fraude, nas codificações clássicas, nada mais era que o dano patrimonial infringido *quaedam perfidia et improbitas* (por meio de perfídia ou improbidade).

literária, artística, industrial e comercial (Artigos 342 a 350); a alusiva aos crimes contra os direitos de patentes, invenções e descobertas (Artigos 351 e 352); e a que previa os crimes de violação dos direitos e de marcas de fábricas de comércio (Artigos 353 a 355). O Código Penal republicano já traçara a proteção da propriedade imaterial como uma modalidade de propriedade *sui generis*, dissociada do sentido de propriedade no direito real sobre coisa corpórea[286] [287], bem como a doutrina já reconhecia a existência de bens jurídicos patrimoniais incorpóreos[288].

Em sequência, o Capítulo I do Título XIII – que versava sobre os crimes contra a pessoa e a propriedade –, incriminava o roubo (Artigos 356 a 358), considerando como elemento constitutivo de roubo, também, a violência patrimonial[289]; o latrocínio (Artigo 359); e a fabricação e posse de gazuas ou chaves falsas (Artigo 361). No capítulo II do mesmo título, incriminava as extorsões (Artigos 362 e 363).

Encerradas as disposições relativas aos crimes, o Código Penal de 1890 ainda trazia, em seu Livro III, disposições alusivas a contravenções penais. Também na série alusiva às contravenções se observa o nítido intento em proteger bens jurídicos e relações patrimoniais. Dentre as contravenções inovou o legislador, ainda, em incriminar a condição social do migrante interno, do escravo liberto e do despossuído, em aparente tentativa de tornar o espaço urbano inóspito para essa classe de cidadãos.

---

286 SOARES, Oscar de Macedo. **Código Penal**..., p. 698.

287 A série do Capítulo V do Título XII pode ser considerada vanguardista. Por meio dela, o Brasil – na condição de um dos 14 países signatários da Convenção de Paris, de 20 de março de 1883 –, traz para a esfera de proteção penal os conceitos relativos às modalidades de propriedade intelectual. A despeito disto, a incriminação não representou grande novidade, uma vez que o Brasil já protegia juridicamente os inventos, por meio de Alvará de 28 de abril de 1809, de Lavra de Dom João VI, e pelo Artigo 179, XXVI, da Constituição de 1824. Ademais, o Brasil foi reconhecido como o quarto país do globo a proteger juridicamente a propriedade intelectual, precedido apenas por Inglaterra, Estados Unidos e França.

288 SIQUEIRA, Galdino. **Direito Penal**..., 2003a, p. 678; ARAÚJO, João Vieira de. **Código Penal**..., 2004a, p. 35.

289 O Artigo 358 do Código Penal de 1890 incriminava como roubo – por meio de violência contra a coisa –, o arrombamento, destruição e rompimento de obstáculos e outras modalidades de entrada em prédios e locais fechados ou protegidos. A doutrina da época parecia determinada a reconhecer que o crime de roubo representava, essencialmente, uma violência contra a propriedade, não contra a pessoa, conforme afirmação categórica de João Vieira de Araújo (**Código Penal**..., 2004a, p. 30).

As contravenções penais, logo no Capítulo II do Livro III, incriminavam a realização de loterias e rifas não autorizadas (Artigos 367 e 368). Tais contravenções previam a perda dos bens e valores empreendidos na conduta ilícita em favor da nação, além da aplicação de multa, sem a previsão de quaisquer outras reprimendas. Em sequência, o Capítulo III punia os jogos e apostas, através das contravenções de manutenção de casa de tavolagem e jogos de azar (Artigos 369 e 370)[290]; prática de jogo ou incitação ao jogo em companhia de menor de 21 anos (Artigo 371); e uso de violência (Artigo 372) ou de meios fraudulentos (Artigo 373) para garantir vantagem em jogos. O capítulo ainda estabelecia que deveria ser punido como vadio aquele que se sustentasse do jogo (Artigo 374). Doutrinariamente, ganhava destaque a proteção patrimonial por essa última incriminação, haja vista que a justificativa oferecida pelo legislador era o desconhecimento das revoluções súbitas que a conduta poderia provocar no patrimônio das famílias particulares e em detrimento da moral[291] [292]. No Capítulo IV, a contravenção prevista era a de estabelecimento de casa de empréstimo sobre penhores sem autorização (Artigo 375).

Em sequência, o Capítulo XI da série de contravenções versava sobre o dano às coisas públicas. Em aparente conflito normativo com as normas relativas à série alusiva aos crimes de dano (Artigos 326 a 329), as contravenções de dano versam sobre objetos materiais distintos, a saber, o plantio de árvores, realização de queimadas, depósito de materiais inflamáveis, o atamento de animais em postes e a colocação sobre fios de objetos capazes de provocar danos (Artigo 389), configurando delito de perigo para as linhas telegráficas, telefônicas ou circulação de esgoto; e o corte e destruição de árvores, jardins e parques de uso público (Artigo 390).

---

[290] Curiosamente, não existem registros sobre a proibição dos jogos de azar no Brasil à época da Proclamação da República. Ainda que o parágrafo único do Artigo 370 do Código Penal republicano excluísse apenas as apostas de corridas a pé, a cavalo ou semelhantes, o Brasil possuía cassinos funcionais até a Consolidação da República, em 1917, ocasião em que veio a proibição a tais estabelecimentos. Já os jogos de azar foram proibidos categoricamente apenas pelo Decreto-lei nº 9.215, de 30 de abril de 1946. Por este motivo, interpreta-se que configurava contravenção apenas a exploração não autorizada de jogos de azar, embora a ressalva não estivesse explicitada no Código, nem existisse legislação que regulamentasse a autorização.

[291] SOARES, Oscar de Macedo. **Código Penal**..., p. 737.

[292] Oscar de Macedo Soares viria a definir a necessidade de incriminação dos jogos de azar, apontando como o único motivo da previsão de tais crimes o fato destes causarem riscos ao patrimônio dos indivíduos e a tranquilidade das famílias.

Ao final da série alusiva às contravenções, o Código Penal republicano passa a incriminar francamente os indivíduos excluídos da sistemática socioeconômica do período. Em seu Capítulo XII, que dispunha sobre as contravenções de mendicância e ebriedade, punia cinco modalidades distintas de mendicância (Artigos 391 a 395). Mais adiante, no Capítulo XIII, o Código Penal de 1890 punia os vadios e capoeiras. A contravenção de vadiagem, a despeito de sua classificação de contravenção, se mostrou demasiadamente rígida: punia-se como vadio qualquer indivíduo que deixasse de exercer profissão ou ofício, desde que não tivesse meios de subsistência que não fossem derivados de ocupação ilícita (Artigo 399). A título doutrinário, considerava-se a falta de domicílio como o primeiro e principal elemento da contravenção de vadiagem[293]. Literalmente, o legislador republicano criminalizava a pobreza e o desemprego. Em outra disposição no Artigo 399, §1° o diploma obrigava o contraventor a assinar um documento comprometendo-se a assinar um termo de ocupação no prazo de 15 dias, contados do final do cumprimento da pena inicial. Quebrando o termo, a pena aplicada ao infrator seria de um a três anos de reclusão em colônias penais fundadas em ilhas marítimas, ou nas fronteiras do território nacional, prevista a deportação dos agentes estrangeiros (Artigo 400)[294], pena superior à de muitos dos crimes previstos no Código. Tais disposições foram flexibilizadas, apenas, caso o agente comprovasse a aquisição de renda suficiente para sua subsistência ou apresentasse fiador idôneo que por ele se obrigasse (Artigo 401).

Por fim, encerrando a parte alusiva às contravenções penais, o compêndio penal republicano previa a contravenção de capoeiragem que, de acordo com sua denominação, vedava a prática da capoeira em espaços públicos (Artigos 402 a 404), prevendo penas consideravelmente maiores que as atribuídas às outras contravenções, e mantendo o aumento de pena indicado no Artigo 400 do código, já mencionado. A imputação, claramente visava punir com maior rigor uma outra modalidade de vadio, o vadio negro, uma vez que a capoeira era vista, à época, como uma manifestação exclusiva de negros e ex-escravos[295]. A pecha de "capoeira", equivalente à de vadio nas estipulações

[293] ARAÚJO, João Vieira de. **Código Penal**..., 2004b, p. 393.

[294] Cabe salientar que o Código Penal republicano não previa nenhuma hipótese de exclusão da ilicitude das condutas embasada nas impossibilidades do "vadio ou vagabundo", como se denominavam os agentes da contravenção ora em estudo, por circunstâncias alheias à sua vontade.

[295] Havia, de fato, preocupação com as gangues de capoeiras que atuavam no Rio de Janeiro no período de edição do Código. Inclusive, o pertencimento a tais gangues era considerado

penais da República, permitiu que se criasse um novo espaço de exclusão para os negros libertos, ainda que o projeto da Constituição de 1891, em seu Artigo 72, §2º tenha declarado todos os cidadãos iguais perante a lei, com o consequente desconhecimento dos títulos de nobreza, privilégios de nascimento ou ordem honoríficas[296]. Nos termos doutrinários da época, "capoeira" foi a atribuição dada ao "delinquente indígena", quando mais sofisticado[297].

Ainda que a incriminação da condição de mendigo ou "capoeira" figurasse no rol das contravenções penais, o que denota sua menor importância no arcabouço penal da neonata República brasileira, nenhuma outra modalidade de tipificação encontrou tão elaborada estrutura de repressão. Embora seja impossível definir se motivada pela relevância dada à repressão pela necessidade estrutural sociojurídica da época, ou se pela consideração de que os indivíduos nessa classificação citadina viviam em constante estado de flagrância, tem-se como certo que a República estabelecia em suas regulamentações administrativas e judiciárias o estrito controle social dos vadios, "capoeiras" e prostitutas. Era obrigatório ao Chefe de Polícia tomar conhecimento das pessoas que chegavam ao seu distrito com fins de habitação, devendo ainda ser imposta a assinatura de "termo de bem-viver" aos mendigos, bêbados por hábito e prostitutas, e quais outros que pudessem perturbar o sossego público[298]. Cabia, também, ao Chefe de Polícia expedir passaporte ou título de residência àqueles autorizados a permanecer em seu distrito[299], o que denota o poder do mesmo Chefe de Polícia de proibir a permanência de cidadãos, transformando-os imediatamente em vadios, nos termos da lei penal[300].

---

circunstância agravante (Artigo 402, parágrafo único), e a punição para os chefes de tais bandos era aplicada em dobro. Entretanto, a preocupação não dissipa o intento maior do legislador, em incriminar uma manifestação típica dos ex-escravos brasileiros (CAMPOS, Andrelino. **Do Quilombo à Favela**: A Produção do "Espaço Criminalizado" no Rio de Janeiro. Rio de Janeiro: Editora Bertrand Brasil, 2005).

[296] MILTON, Aristides Augusto. **A Constituição do Brazil**: noticia historica, texto e comentário. Rio de Janeiro: Imprensa Nacional, 1898, p. 530.

[297] ARAÚJO, João Vieira de. **Código Penal**..., 2004b, p. 393.

[298] A obrigação foi transcrita como a primeira das atribuições do Chefe de Polícia, nos termos do Artigo 58, 1º, 2º, do Regulamento nº 120, de 31 de janeiro de 1842.

[299] SALLES, José Roberto da Cunha. **Foro Penal**: teoria e prática do processo criminal brasileiro. Rio de Janeiro: B. L. Garnier, 1882, p. 336.

[300] Uma vez que, conforme já indicado nesta seção do texto, a falta de moradia era o primeiro e principal elemento constituinte do tipo penal da vadiagem.

Encerrada a análise das disposições do Código Penal de 1890, observa-se que o diploma inaugurou o panorama sistêmico de proteção penal da propriedade no Brasil, em todas as suas esferas. Nos 317 artigos que compõem a parte especial da regulamentação, relativo a previsão de crimes, em 99 passagens é extraído o intento de proteção patrimonial, o que representa 31% de todas as estipulações penais vigentes no país no início da República. O percentual ainda se avultaria na aplicação prática dessas disposições, de forma que a vivência jurídica da Nova República consolidaria de forma inquestionável o caráter patrimonialista de sua sistematização penal.

Afinal, apesar da República contar com um novo Código Penal, não houve interesse em alterar as disposições processuais penais imperiais. O Código de Processo Criminal de 1832 continuaria em vigência, respeitadas as alterações impostas pela Lei nº 2.033, de 20 de setembro de 1871 que, dando novos contornos à estrutura judiciária, criava a polícia judiciária e o inquérito policial[301] [302]. A despeito na inércia relativa à arcaica estrutura processual e policial, a *práxis* das primeiras décadas do período republicano colocou os crimes contra o patrimônio em absoluta evidência na sistemática penal brasileira, conforme este trabalho irá demonstrar nos capítulos seguintes. Sobretudo nas comunidades rurais onde, retratando a reflexão de Ihering[303], a propriedade era para o homem do campo o que significava o crédito para o comerciante, e a honra para o militar.

Registre-se que o Código Penal de 1890, assim como todas as disposições legais nascidas nos primeiros anos da República, não foi acolhido por unanimidade. Nos anos que lhe sucederam, diversas foram as alterações no arcabouço penal da República. Merecem destaque o Decreto-lei nº 2.110, de 30 de setembro de 1909, que estabeleceu variáveis para os crimes de peculato, moeda falsa, falsificação de documentos[304]. O Decreto-lei nº 2.321, de 30 de dezembro de 1910 que versou sobre loterias e rifas, alterando as incriminações relativas a essa modalidade de jogos. A Lei nº 2.992, de 25 de setembro de 1915, que incorporou novas disposições sobre repressão a crimes sexuais,

---

301 CRUZ, João Francisco da. **Tratado de Polícia**. São Paulo: Revista dos Tribunais, 1932, p. 40.

302 Ainda assim, destaque-se que a toda a sistemática judiciária de prevenção, investigação e repressão penal permanecia a dos moldes imperiais.

303 IHERING, Rudolf von. **A luta pelo direito**. São Paulo: Martins Fontes, 2002, p. 27.

304 Alterado, por sua vez, pelo Decreto-lei nº 4.780, de 27 de dezembro de 1923.

lenocínio e atentado ao pudor[305]. Mais adiante, a Lei nº 3.987, de 2 de janeiro de 1920 promoveu alterações, acrescentando os crimes de falsificação e adulteração de gêneros alimentícios e medicinais nos crimes, alterações essas refinadas *a posteriori* pelo Decreto-lei nº 14.354 de 15 de setembro de 1920. A repressão ao anarquismo seria acrescida em 17 de janeiro de 1921, por meio do Decreto nº 4.269. Em 06 de julho de 1921, por meio do Decreto-lei nº 4.292, a venda de entorpecentes veio a ser incriminada.

As intercorrências que sucedem a edição do Código Penal de 1890 vieram a comprovar que a conversão do direito de sua visão iluminista para uma estrutura positivista serviu para sedimentar como valores expressos elementos culturais que se perpetuavam no processo de construção das sociedades. Dois desses elementos foram notados de forma cristalina na codificação republicana. O primeiro deles, a confirmação definitiva da proteção da propriedade privada como um fundamento de manutenção da ordem e paz social, evidenciando o conceito estabelecido por Émile Durkheim[306], de que os estados definem os atos criminosos de acordo com sua consciência coletiva, estabelecendo um modelo que não reproduz as condições essenciais para a vida social, mas sim identificando os atos considerados prejudiciais para a sociedade que os reprime. Notadamente, a sociedade estabelece suas próprias incriminações à revelia daqueles que não possuem meios de participação nos processos de tomadas de decisões, de forma que a construção sistêmica do direito penal republicano fortaleceu as bases do coronelismo[307]. O segundo elemento foi a incriminação das características peculiares dos escravos libertos, de forma a manter o espaço de exclusão patrimonial e social antes estabelecido pela escravatura, reproduzindo o modelo medieval que antes havia utilizado a incriminação como substitutivo para a escravidão, quando da superação do clientelismo pela vassalagem. Fato é que o direito penal republicano externou um modelo demasiadamente repressivo, embasado na vigilância dos excluídos e na manutenção do *status quo* anterior ao abolicionismo.

[305] Apelidada de Lei Mello Franco, que colocava a séria alusiva a corrupção de menores, crimes contra a segurança da honra e honestidade das famílias, e do ultraje público ao pudor em conformidade com as conclusões da Conferência de Paris de 1902.

[306] DURKHEIM, Émile. **Da divisão**..., p. 42.

[307] Corrobora a conclusão outra feliz afirmação do próprio Durkheim (**Da divisão**..., p. 48) ao refletir que o direito penal evolui com extrema lentidão, denotando ser a ramificação do direito positivo mais refratária à mudança, que se apresenta de forma menos dinâmica que os próprios costumes sociais.

Diante de um direito penal notoriamente patrimonialista, evidente que a igualdade de direitos e oportunidades na sociedade civil republicana restou relativamente maculada. Afinal, é inquestionável que este tipo de disposição deu aos ricos maiores condições de exercer seus direitos, sobremaneira o de propriedade[308]. Esta realidade, somada ao caráter censitário do modelo de participação política da época, permitiu que essa estrutura de dominação fosse mantida durante o processo de reorganização da República. A despeito da Constituição de 1891 revogar o voto censitário, estabelecendo o sufrágio universal, o coronelismo articulou-se para manter o controle político por meio do "voto de cabresto"[309], de forma que as primeiras décadas da República foram marcadas pelo controle político dos detentores de poder patrimonial, inclusive, com limitação de acesso eleitoral por questões socioeconômicas[310]. Na realidade, não se pode afirmar que o Brasil teve um modelo amplo e universal de sufrágio até o final dos anos 1920, em que as mulheres finalmente foram admitidas no processo eleitoral. Esta realidade fez com que o modelo penal patrimonialista se mantivesse no Brasil até a aurora dos anos 1940, com o advento do Código Penal brasileiro.

3.4 Código Penal brasileiro de 1940

O interstício entre o Código Penal de 1890 e o Código Penal brasileiro de 1940 foi marcado mais pelo panorama de aplicação prática do modelo penal traçado nos primeiros anos da República[311], que propriamente pela reformulação da sistemática penal brasileira.

No período, foi sentida a confluência entre a escola clássica e positivista do Direito penal, resultando na Escola de Política Criminal[312]. No direito penal brasileiro, esta influência foi sentida através de uma desmedida preocupação em encontrar providências práticas para a repressão e prevenção de crimes[313].

---

[308] VILLEY, Michel. **O direito...**, p. 160.

[309] NAGLE, Jorge. **Educação e sociedade na Primeira República**. São Paulo: Editora Pedagógica e Universitária, 1974.

[310] Como exemplo a Constituição de 1934, que proscrevia o voto dos mendigos.

[311] Sobre essa aplicação, irá se debruçar o trabalho no capítulo seguinte.

[312] Também chamada de Escola Moderna alemã ou Escola Sociológica alemã, que teve como seu principal precursor Franz von Liszt.

[313] DONNICI, Virgílio Luiz. Aspectos Criminológicos do Novo Código Penal Brasileiro. *In*: **Revista de Informação Legislativa**. Brasília, Serviço Gráfico do Senado Federal, 7 (27), p. 173, jul./set, 1970, p. 11.

A posição de valoração da propriedade privada foi mantida no modelo de transição. Pode-se dizer que esta posição foi sedimentada através da visão mais pragmática adotada pelo direito penal que se traduz por meio da observação de Franz von Liszt[314], de que o direito penal se ordena como um modelo de proteção de interesses. Liszt levantava a questão de serem os bens jurídicos mais amplos que os direitos subjetivos, por representarem de forma mais clara os objetivos da ordem jurídica sem, necessariamente, conferir direitos a determinadas pessoas. A influência de Liszt na Escola de Política Criminal é tão intensa, que Aníbal Bruno[315] batizou a Escola Moderna alemã de "escola de von Liszt", classificando-a como a mais notável das correntes ecléticas.

O pensamento de von Liszt busca construir uma teoria punitiva que retomava os pressupostos de justificação da coerção estatal de Kant[316], atrelado à ideia do poder estatal como a síntese dos interesses individuais que, em conjunto, estabelecem o conceito de bem comum, trabalhada por Hegel[317] [318]. O direito penal seria representado como um imperativo realizado da razão, e a pena como a realização dialética da ideia do Direito, representando a aniquilação do crime pelo poder do Direito[319] [320]. Isto significaria um rompimento com a ideia proposta por Binding, que serviu como fundamento para o sistema de valoração do Código Criminal do Império, como já apontado[321].

Em seu último estágio de solidificação, o pensamento da Escola Moderna alemã rompe com a influência clássica, contrariando a visão de Feuerbach no sentido de que o crime é uma ofensa a um direito subjetivo, imposto pela ordem natural, considerando-a inadmissível[322]. Isto não representa que a proteção da propriedade privada – enquanto um interesse notadamente individual de seus detentores –, perdeu espaço nas regulamentações penais; mas sim

---

[314] LISZT, Franz von. **Tratado de Direito Penal allemão.** Vol I. Tradução: José Hygino Duarte Pereira. Brasília, Sanado Federal, 2006, p. 93.

[315] BRUNO, Aníbal. **Direito penal**..., p. 125.

[316] KANT, Immanuel. **Metafísica**..., p. 77.

[317] HEGEL, Georg Wilhelm Friedrich. **Fenomenologia do espírito**. Parte II..., p. 167.

[318] Ambos os conceitos foram trabalhados no contexto do capítulo 2 deste trabalho.

[319] LISZT, Franz von. **Tratado**..., p. 95.

[320] A teoria basilar de Liszt concilia os conceitos de "imperativo categórico" de Kant com o de "ideia absoluta" de Hegel.

[321] Franz von Liszt (**Tratado**..., p. 124) critica o fato de Binding ter deturpado completamente a visão de Kant.

[322] LISZT, Franz von. **Tratado**..., p. 94 e 221.

que a sistemática jurídica adotou tal modalidade de proteção não como um derivativo de direito individual, mas como um valor social a ser reformado e defendido pelo Direito.

O panorama construído traduzia as considerações posteriormente traçadas por Enrique Bacigalupo[323] que, de forma mais clara e didática, reduzia as teorias da pena a um sistema axiológico com vistas a justificar a aplicação de determinada pena. Desta forma, o Direito Penal teria suas teorias da pena derivadas de suas próprias raízes filosóficas e jurídicas[324]. O sucedido no processo de reformulação do modelo penal que resultou no código de 1940 refletiu na adoção das "teorias da união"[325], reunindo as teorias que justificavam as reprimendas pela sua capacidade tanto de repressão quanto de prevenção, buscando uma potencialização da utilidade social do direito penal.

Como consequência, o processo que permeou a alteração da sistemática penal com o advento da atual codificação vigente no Brasil aparentou sedimentar o que Jorge de Figueiredo Dias[326] chamou de "princípio da congruência ou da analogia substancial", aproximando a ordem de valores constitucionais e a ordem dos bens jurídicos costumeiramente protegidos pelo direito penal. Entretanto, este processo se mostrou fabricado e sem genuínos interesses de reformulação penal, mostrando incongruência em lugar de congruência, já que um pressuposto elementar desta modalidade de construção – a saber, o caráter subsidiário do direito penal –, foi sucessivamente desrespeitado no decorrer dos anos.

Essa alteração representa a transmutação definitiva do modelo de pena como retribuição para o modelo de pena como um fim, em nome da defesa social[327]. Tal transmutação permitiu que a influência do pensamento moderno alemão fizesse que a atuação penal do Brasil república, em seu estágio inicial, empregasse um modelo repressivo que supervalorizou a prevenção geral. Como resultado, o Brasil viveu um de seus períodos mais pragmáticos

323 BACIGALUPO, Enrique. **Manual de Derecho Penal**: Parte General. Santa Fé de Bogotá: Temis, 1994, p. 12.

324 ZAFFARONI, Raul Eugênio; PIERANGELI, José Henrique. **Manual de Direito Penal Brasileiro.** 4ª ed., rev. São Paulo: Revista dos Tribunais, 2002, p. 119.

325 BACIGALUPO, Enrique. **Derecho penal...**, p. 28.

326 FIGUEIREDO DIAS, Jorge de. **Direito penal português** – As consequências jurídicas do crime. Lisboa: Aequitas/Editorial Notícias, 1993.

327 BRUNO, Aníbal. **Direito penal...**, p. 126.

de repressão penal, com grande dinamismo na incriminação de novas condutas – inclusive com a alteração constante de disposições anteriormente postas –, em oposição a uma inércia processual penal que permitia uma aplicação instrumentalista e demasiadamente repressiva do direito penal.

Em nome da repressão a condutas nocivas a ordem social, o ambiente jurídico-penal das primeiras décadas da República tornou-se propício para a elaboração de uma série de legislações esparsas, que estabeleciam um verdadeiro sistema de repressão por ocasião. O período impulsionou a escalada do panpenalismo[328] no Brasil, fenômeno em que a busca por refreamento de paixões sociais permitiu o estabelecimento de políticas criminais embasadas na repressão pontual de condutas, por meio de emissão de diversas normas incriminadoras[329]. Estas práticas trataram de aviltar ainda mais o direito penal como mecanismo de defesa da cidadania, mais uma vez atingindo o caráter subsidiário do direito penal e promovendo uma usurpação dos espaços centrais do direito pelos periféricos[330].

Inobstante, diversas ações visando a revisão do Código Penal de 1890 foram empreendidas. Já em 1893, foi apresentado à Câmara dos Deputados projeto de João Vieira de Araújo, rejeitado pelo Congresso Nacional. Em 1899, o mesmo João Vieira apresenta um projeto substituto, aprovado pela Câmara, porém sem seguimento no Senado[331].

Galdino Siqueira apresenta projeto de reforma em 1913, que não foi apreciado pelo Congresso. Há que se considerar, entretanto, que o processo legislativo como um todo foi prejudicado na época, em que o Congresso Nacional passou por diversos períodos de instabilidade, em que a paralisação das atividades, o fechamento e até mesmo a dissolução eram constantes[332].

---

[328] Denominação sugerida por Nilo Batista (**Introdução**..., p. 151), para a definição o fenômeno apontado como "nomomania ou nomorréia penal" por Francesco Carrara, ou "hipertrofia penal", por Reinhart Franck (LUISI, Luiz. **Os princípios constitucionais penais**. Porto Alegre: Sérgio Antônio Fabris, 1991, p. 28).

[329] LARA, Marcelo D'Angelo. O fenômeno do panpenalismo e sua influência na realidade legislativa do Brasil. **Revista da Faculdade de Direito UFPR**, v. 53, 2011, p. 84.

[330] DEODATO, Felipe Augusto Forte de Negreiros. **Adequação**..., p. 194-195.

[331] BRUNO, Aníbal. **Direito penal**..., p. 181.

[332] Apenas no período compreendido entre a publicação do Código Penal de 1890 e a do Código Penal de 1940, o Congresso Nacional foi dissolvido ou completamente fechado em três ocasiões: 1891, por meio de Decreto do Presidente Deodoro da Fonseca; em 1930, no início da ditadura de Getúlio Vargas; e em 1937, com a implementação do "Estado Novo" pelo mesmo Vargas.

Por iniciativa do Poder Executivo, começam a surgir compilações que buscam integrar o texto do Código Penal vigente às legislações esparsas publicadas no decorrer dos anos. O primeiro deles é o de Eugênio Ferreira da Cunha[333], que não alcança projeção considerável. Virgílio de Sá Pereira também ofereceu o seu compêndio[334], que não logrou melhor sorte.

O intento de codificação que reunisse as principais normatizações penais da República é atingido por Vicente de Piragibe[335], que compila a sua "Consolidacão das leis penaes", em 1932. O compêndio recebeu justas críticas pelo seu caráter confuso e sua parca organização, mas, apesar de sua pequena contribuição para a reordenação da sistemática penal da época, teve sua vigência aprovada pelo Decreto nº 22.213, de 14 de dezembro de 1932, de autoria do ditador Getúlio Vargas[336]. A despeito do esforço legislativo, a consolidação não conseguiu melhorar o panorama que motivou sua edição, indicado nas disposições preambulares do próprio decreto que a aprovou: os problemas decorrentes do grande número de leis esparsas em vigência no país.

Em 1938, o Ministro da Justiça do "Estado Novo", Francisco Campos, delega a Alcântara Machado a incumbência de editar um novo projeto de Código Penal que, após passar por uma comissão revisora integrada por Nelson Hungria, Narcélio de Queiroz, Roberto Lira e Vieira Braga, é publicado em 07 de dezembro de 1940 passando, desde então, a ser o Código Penal vigente no Brasil.

A codificação se mostra claramente melhor elaborada que suas antecessoras, trazendo uma concepção mais objetiva de crime, que Aníbal Bruno[337] chamou de concepção sintomática das novas ideias penais sugeridas pelo pensamento europeu.

O Código Penal de 1940 não reflete o afã de seu antecessor na proteção da propriedade, podendo ser classificado como muito mais humanista que

[333] CUNHA, Eugênio Ferreira da. **Consolidação das leis penaes**: accrescida da legislação posterior a 1917. Rio de Janeiro, J. Ribeiro dos Santos, 1924.

[334] PEREIRA, Virgílio de Sá. **Projecto de codigo penal**: exposição de motivos. Rio de Janeiro: Imprensa Nacional, 1927.

[335] PIRAGIBE, Vicente de. **Consolidação das leis penaes, approvada e adoptada pelo Decreto nº 22.2218 de 14 de dezembro de 1932**. 4ª ed. Rio de Janeiro: Freitas Bastos, 1938.

[336] Ressalte-se que o decreto, apesar de conferir vigência à compilação, deixou claro que as disposições nela contidas não revogavam nenhuma legislação penal vigente, em caso de incompatibilidade, por força do seu Artigo 1º, parágrafo único.

[337] BRUNO, Aníbal. **Direito penal**..., p. 183.

patrimonial. À época de sua edição, como pode com clareza lecionar Nelson Hungria[338], o legislador substituiu a rubrica propriedade pela denominação crimes contra o patrimônio, traduzindo o objeto jurídico como qualquer interesse de valor econômico. O novo compêndio não só manteve o espectro de proteção do direito patrimonial trazido pelas codificações antecedentes, como o ampliou, mantendo a proteção do patrimônio imaterial e inserindo a consideração do patrimônio de ordem moral, do que derivaria um valor de afeição[339].

Ocorre que o Código de 1940 adotou um novo modelo de divisão sofrendo influência da proposta de Arturo Rocco datada de 1932, que previa a divisão da tutela penal entre interesses jurídicos individuais e interesses jurídicos coletivos considerando, entretanto, a essência humana como o centro de irradiação de todos os bens jurídicos[340]. De acordo com essa visão, os bens jurídicos individuais deveriam figurar inicialmente na disposição penal, dividindo-se, ainda, os crimes relativos aos bens materiais pessoais (vida, integridade pessoal e patrimônio) dos alusivos aos bens jurídicos imateriais ou morais pessoais (honra e liberdade).

O Código Penal brasileiro adotou a proposta, iniciando sua parte especial com a série dos crimes contra a pessoa (Título I), priorizando a tutela da vida (Capítulo I), integridade física e saúde (Capítulo II a IV), honra (Capítulo V) e liberdade individual (Capítulo VI).

Os crimes contra o patrimônio foram previstos em seguida (Título II). Desta vez, o Código não apresentou o formato disperso e por vezes redundante proposto pelo Código de 1890, oferecendo distinção entre os crimes de furto (Capítulo I), roubo e extorsão (Capítulo II), usurpação (Capítulo III), dano (Capítulo IV), apropriação indébita (Capítulo V), estelionato e outras fraudes (Capítulo VI) e receptação (Capítulo VII). O Título III trazia os crimes contra a propriedade imaterial. O total das incriminações próprias contra o patrimônio atingiu um total de 29 no texto original – representando, com isso, cerca de 10% das incriminações do Código –, indicando um refreamento da tendência patrimonialista do Direito Penal.

338 HUNGRIA, Nelson Hoffbauer. **Comentários ao Código Penal**: decreto-lei n. 2.848 de 7 de dezembro de 1940. Vol. VII. Rio de Janeiro: Forense, 1955, p. 5.

339 HUNGRIA, Nelson Hoffbauer. **Comentários...**, p. 6.

340 ROCCO, Arturo. **L'oggetto del reato e della tutela giuridica penale**. Milano: F. Bocca, 1932.

Ainda assim, há que se considerar que o legislador deu posição de destaque aos crimes contra o patrimônio inserindo-os, numa ordem de precedência, apenas atrás dos crimes contra a vida, integridade física e honra da pessoa, sobressaindo sobre outras séries criminais que visavam a proteção de bens jurídicos individuais como a organização do trabalho (Título IV), o sentimento religioso e de respeito aos mortos (Título V), e a dignidade sexual[341] (Título VI). Em sequência, o diploma tratava dos bens jurídicos coletivos, que se estendiam desde a série alusiva aos crimes contra a família (Título VII) aos crimes contra a administração pública (Título XI). Há que se destacar que, dentre essas séries, os crimes de perigo comum e contra a segurança dos meios de comunicação e transporte e outros serviços públicos (Título VIII, Capítulos I e II) também visavam a proteção do patrimônio, seja público ou particular. Também dentre os crimes contra a saúde pública (Capítulo III do Título VIII), os crimes de exercício ilegal da medicina, arte dentária ou farmacêutica, charlatanismo e curandeirismo vedavam atividades econômicas ilícitas, inclusive agravando a pena em caso de percepção de lucro por parte de seus agentes. Na mesma esteira, a série relativa aos crimes contra a fé pública (Título X) versava, inicialmente sobre os crimes de moeda falsa (Capítulo I), seguida dos crimes de falsidade de títulos e outros papéis públicos com valor econômico (Capítulo II). Os crimes contra a administração pública (Título XI), por sua vez, traziam o patrimônio público ou de terceiros como objeto jurídico secundário dos delitos de peculato (Artigos 312 e 313), concussão e excesso de exação (Artigo 316), corrupção passiva (Artigo 317) e corrupção ativa (Artigo 333).

Entretanto, como anteriormente apontado, a vivência de repressão penal por meio das políticas públicas passou a promover mudanças na realidade legislativa do país. Nem mesmo a edição do Código de Processo Penal, por meio do Decreto-lei nº 3.689, de 3 de outubro de 1941 – que estabeleceu parâmetros claros de atuação procedimental e reorganizou por completo a

[341] Imprescindível destacar que o conceito de dignidade sexual é relativamente recente, posto que inserido pela Lei nº 12.015, de 07 de agosto de 2009, que redimensionou o objeto jurídico. Antes disso, vigia o conceito de dignidade sexual, representando uma vulnerável proteção que, anterior à alteração promovida no Código pela Lei nº 7.209/84 previa até mesmo a exclusão da punibilidade em caso de casamento da vítima com o ofensor sexual. Em virtude desses fatos, sobretudo das questões culturais que envolviam o casamento – a exemplo do dote –, entendia-se como existente uma patrimonialização da dignidade sexual.

administração judiciária penal –, foi capaz de reverter a dinâmica de repressão já estabelecida, de forma que a proteção patrimonial continuou a tomar relevo no desenvolver da sistematização[342].

No Código Penal brasileiro, uma série de alterações passou a devolver à proteção patrimonial um caráter de preponderância[343]. Na série alusiva aos crimes de periclitação da vida e da saúde (Título I, Capítulo II) o crime de condicionamento de atendimento médico-hospitalar emergencial (Artigo 135-A) foi inserido[344], incriminando a cobrança indevida de caução como condição para atendimento médico-hospitalar. Na série alusiva aos crimes contra a liberdade individual (Título I, Capítulo VI), o crime de redução à condição análoga à de escravo (Artigo 149) passou a incriminar a sujeição do trabalhador a condições degradantes em razão de dívidas contraídas[345]. Futuramente, na mesma série, foram inseridos os crimes de tráfico de pessoas[346] (Artigo 149-A) incriminando, entre outras modalidades, a circulação de pessoas com intuito de lucro ou exploração criminosa; o crime de divulgação de segredo[347] (Artigo 153), que passa a ser agravado em caso de prejuízo para a administração ou particular; e o crime de invasão de dispositivo informático[348] (Artigo 154-A) que, entre as modalidades de tipificação, incriminava a busca de vantagem patrimonial ou o prejuízo econômico causado a terceiro.

Na própria série de crimes contra o patrimônio, em aparente confusão na valoração entre os bens jurídicos patrimoniais e a moralidade administrativa, o legislador viria a inserir o crime de apropriação indébita previdenciária[349] (Artigo 168-A), incriminando a retenção de contribuições recolhidas com fins de remessa à previdência, ou mesmo a ilusão de recolhimento. Houve,

[342] Cabe ressaltar que, de acordo com os costumes sociais sedimentados na República, os crimes com viés patrimonial eram mais praticados e, por consequência, mais punidos em território nacional, conforme será trabalhado no capítulo seguinte.

[343] A fim de facilitar a compreensão e assimilação do conteúdo, as alterações serão apresentadas na ordem proposta no Código Penal de 1940, preterida a sua ordem cronológica.

[344] Por meio da Lei nº 12.653, de 28 de maio de 2012.

[345] Alteração proposta pela Lei nº 10.803, de 11 de dezembro de 2003.

[346] Alteração proposta pela Lei nº 13.344, de 06 de outubro de 2016.

[347] Alteração proposta pela Lei nº 9.983, de 14 de julho de 2000.

[348] Alteração proposta pela Lei nº 12.737, de 30 de novembro de 2012.

[349] Alteração proposta pela Lei nº 9.983, de 14 de julho de 2000.

também, alteração relativa ao furto (Artigo 155, §5º) e roubo (Artigo 157, §2º, IV) de veículos transportados para outro Estado ou para o exterior[350]. Posteriormente, pela inserção da figura do abigeato (Artigo 155, §6º), e a receptação de animais de produção (Artigo 180-A)[351]. Por fim, através da qualificação do furto de substâncias explosivas ou acessórios que possibilitem sua fabricação, montagem ou emprego (Artigo 155, §7º), furto (Artigo 155, §4º-A) e roubo (Artigo 157, §2º-A) praticados com uso de explosivos[352].

Na série alusiva aos crimes contra a organização do trabalho (Título IV), o crime de frustração de direito assegurado pela lei trabalhista (Artigo 203) passou a incriminar em seu §1º, I, o fato de obrigar o consumo de mercadorias de determinado estabelecimento, a fim de impossibilitar o desligamento do serviço em virtude de dívida[353]. Mesmo na série alusiva aos crimes contra a dignidade sexual (Título VI) foi preciso reordenar as previsões alusivas ao crime de favorecimento da prostituição ou outra forma de exploração sexual de criança ou adolescente ou de vulnerável (Artigo 218-B)[354], agravando a pena daquele que praticas o criem com intento de lucro, e determinando a cassação de licença para desempenho de atividade econômica do estabelecimento onde ocorrer o crime. Cabe ressaltar que a série já previa, desde o projeto original, o crime de rufianismo (Artigo 230), que atrelava à proteção da dignidade sexual a proteção patrimonial indireta, posto que não incriminada a pessoa que se prostituída, e sim aquele que se locupletava às suas custas. Na seção alusiva ao lenocínio e o tráfico de pessoas para o fim de exploração sexual (Capítulo V), foi incriminada a promoção de migração ilegal com finalidade de lucro (Artigo 232-A)[355].

No que se refere aos crimes contra a família (Título VII), especificamente nos crimes contra a assistência familiar (Capítulo III), o legislador veio a incriminar a conduta daquele que deixa de prestar assistência material a familiar, inserindo no crime de abandono material (Artigo 244) o inadimplemento da obrigação civil de prestar alimentos[356].

---

[350] Alteração proposta pela Lei nº 9.426, de 24 de dezembro de 1996.

[351] Ambos inseridos pela Lei nº 13.330, de 2 de agosto de 2016.

[352] Alteração proposta pela Lei nº 13.654, de 23 de abril de 2018.

[353] Alteração proposta pela Lei nº 9.777, de 29 de dezembro de 1998.

[354] Alteração proposta pela Lei nº 12.015, de 7 de agosto de 2009.

[355] Alteração proposta pela Lei nº 13.445, de 25 de maio de 2017.

[356] Alteração proposta pela Lei nº 10.741, de 1º de outubro de 2003.

Nos crimes contra a incolumidade pública (Título VIII), além das disposições que já protegiam o patrimônio público ou particular (no Capítulo I), ou o patrimônio público (no Capítulo II), foi inserida na série alusiva aos crimes contra a saúde pública (Capítulo III) a incriminação da falsificação, corrupção, adulteração ou alteração de produto destinado a fins terapêuticos ou medicinais (Artigo 273). Por meio de tal inserção, foram acrescidas as condutas de exercício de atividade comercial envolvendo tais produtos, bem como outras modalidades de comercialização indevida de substâncias terapêuticas ou medicinais, externando o intento legislativo de tutelar a economia popular[357]. Na mesma série, passou a ser previsto o comércio de produtos ou substâncias cuja fabricação envolveu processo proibido ou substância não permitida ou invólucro com falsa indicação (Artigo 276), bem como a comercialização de substâncias destinadas à falsificação (Artigo 277)[358].

Na série alusiva aos crimes contra a fé pública (Título X), além das previsões relativas à falsificação de moeda (Capítulo I) e falsidade de títulos e outros de valor econômico (Capítulo II), alterações foram feitas na série alusiva à falsidade documental (Capítulo III). Inicialmente, pela incriminação da fraude previdenciária de ilusão ou falso lançamento de dados de segurados (Artigo 297, §2º)[359]; bem como na inserção dos cartões magnéticos de crédito e débito como modalidades de falsificação de documento particular (Artigo 298, parágrafo único)[360]. Mais adiante, na seção referente a outras falsidades (Capítulo IV), o legislador inseriu no crime de fraude de lei sobre estrangeiro (Artigo 309) a conduta de figurar como proprietário de ação, título ou valor pertencente a estrangeiro, onerando a economia popular; e a adulteração de sinal identificador de veículo automotor (Artigo 311)[361], manifestando preocupação com a adulteração das características de identificação de veículos subtraídos ou receptados.

---

[357] Alteração proposta pela Lei nº 9.677, de 2 de julho de 1998.

[358] Alteração também proposta pela Lei nº 9.677, de 2 de julho de 1998. Apesar do notório intento do legislador em tutelar a saúde pública por meio da vedação de circulação de tais produtos, é inegável a existência de incriminação das atividades econômicas que viabilizavam sua comercialização indevida, sendo o *animus lucri faciendi* o elemento subjetivo que determinava a conduta dos agentes.

[359] Alteração proposta pela Lei nº 9.983, de 14 de julho de 2000.

[360] Alteração proposta pela Lei nº 12.737, de 30 de novembro de 2012.

[361] Ambas as alterações propostas pela Lei nº 9.246, de 24 de dezembro de 1996.

Na série alusiva aos crimes contra a administração pública (Título XI), foram inseridos os crimes de inserção de dados falsos em sistema de informações (Artigo 313-A) e modificação ou alteração não autorizada de sistema de informações (Artigo 313-B)[362], que tutelavam a obtenção de vantagem indevida pelo agente, ou o prejuízo para a administração pública ou terceiro. O crime de violação de sigilo funcional (Artigo 325) também sofrendo alteração, por meio da agravação de pena daquele que provoca prejuízo para a administração ou para terceiro[363]. Nos crimes praticados por particular contra a administração (Título XI, Capítulo II), houve alteração no crime de tráfico de influência (Artigo. 332)[364], incriminando a ação em busca de vantagem, modalidade em que, claramente, passou a figurar a vantagem financeira. Na mesma seção, foram dissociados os crimes de descaminho (Artigo 334) e contrabando (Artigo 334-A)[365], ampliando sobremaneira o espectro das incriminações, enfatizando a maior reprovabilidade das atividades comerciais desenvolvidas com os produtos destes crimes. A seção alusiva ao Capítulo II se encerra com a inserção do crime de sonegação de contribuição previdenciária (Artigo 337-A)[366] em que, mais uma vez o legislador incrimina modalidade de apropriação indevida de contribuição social, ou o locupletamento decorrente de fraude.

Um novo capítulo foi inserido na série alusiva aos crimes contra a administração pública (Capítulo II-A), em que o legislador incrimina a corrupção ativa em transação comercial internacional (Artigo 337-B) e o tráfico de influência em transação internacional (Artigo 337-C)[367].

Ainda nos crimes contra a administração pública, a seção contendo os crimes contra a administração da justiça (Capítulo III) sofreu alteração no crime de falso testemunho ou falsa perícia (Artigos 342 e 343), em que foi inserido o suborno ou a transmissão de vantagem indevida como agravantes[368].

[362] Em ambos os casos, a alteração foi proposta pela Lei nº 9.983, de 14 de julho de 2000.

[363] Alteração também proposta pela Lei nº 9.983, de 14 de julho de 2000.

[364] Alteração proposta pela Lei nº 9.127, de 16 de novembro de 1995.

[365] Alteração proposta pela Lei nº 13.008, de 26 de junho de 2014.

[366] Mais uma alteração proposta pela Lei nº 9.983, de 14 de julho de 2000.

[367] Ambas as alterações propostas pela Lei nº 10.467, de 11 de junho de 2002. Ressalte-se que, no parecer da Comissão de Constituição e Justiça da Câmara dos Deputados (BRASIL. Congresso Nacional. Câmara dos Deputados. **Diário da Câmara dos Deputados**, Brasília, ano LVI, n. 151, 10 out 2001, p. 48.727), foi destacada a repercussão positiva das novas incriminações para a vida econômica do Brasil.

[368] Alteração proposta pela Lei nº 10.268, de 28 de agosto de 2001.

Finalmente, o legislador encerra o Código Penal ao inserir uma série de oito crimes (Artigo 359-A a 359-H) relativos às finanças públicas[369]. A seção, identificada como o Capítulo IV e último do Título XI, versa sobre crimes diversos contra a economia popular.

Diante das alterações propostas desde sua publicação em 1940 até os tempos atuais, nota-se a influência massiva das políticas públicas de proteção patrimonial por meio da repressão criminal. Se antes o Código Penal brasileiro trazia a proteção patrimonial em cerca de 10% de suas incriminações, as alterações trazidas ao longo das sete décadas de vigência do compêndio elevaram o patamar dos crimes que direta ou indiretamente tutelam o patrimônio público ou particular para cerca de 41% das incriminações, apresentando impressionantes 91 tipificações entre o total de 222 normas incriminadoras ainda presentes no Código[370].

Inobstante, outras alterações foram promovidas no *quantum* de pena abstrata aplicada aos crimes, o que potencializou a valoração patrimonial por meio da lei penal. Não só os crimes contra o patrimônio sofreram alterações que alçaram em patamares altíssimos as penas a eles aplicadas[371], como os crimes de latrocínio (Artigo 157, §3°, *fine*), extorsão com resultado morte (Artigo 158, §2°) e a extorsão mediante sequestro com resultado morte (Artigo 159, §3°) tem as maiores penas previstas no Código Penal brasileiro, nos patamares de 20 a 30; e 24 a 30 anos, respectivamente[372].

Além do Código Penal brasileiro, vasto compêndio de legislações penais extravagantes entrou em vigência nas décadas que sucederam a publicação do Código, muitas delas visando especificamente ou indiretamente a tutela de patrimônio, ou incriminando atividades cuja prática denotava o interesse

[369] Alteração proposta pela Lei n° 10.028, de 19 de outubro de 2000.

[370] A contagem considerou os tipos penais atualmente presentes no Código Penal, excluindo as incriminações expressamente revogadas e computando as incriminações consideradas taticamente revogadas pela doutrina.

[371] O crime de furto qualificado pelo uso de explosivo ou artefato análogo (Artigo 155, §4°-A), o roubo (Artigo 157) e a extorsão simples (Artigo 158) têm penas idêntica ao crime de estupro (Artigo 213), e superiores aos crimes de redução à condição análoga à de escravo (Artigo 149) ou o tráfico de pessoas (Artigo 149-A), e a lesão corporal gravíssima (Artigo 129, §2°), entre outros exemplos.

[372] Cumpre destacar que a pena máxima abstrata do crime de homicídio qualificado – o primeiro e, em tese, mais relevante crime previsto na parte especial do Código Penal brasileiro –, é de 12 a 30 anos.

em obter ou ocultar ganhos patrimoniais, dentre as quais se destacaram[373]: a Lei nº 1.521, de 26 de dezembro de 1951, que versa sobre crimes contra a economia popular; a Lei nº 7.492, de 16 de junho de 1986, que versa sobre crimes contra o sistema financeiro nacional; a Lei nº 8.078, de 11 de setembro de 1990, que estabeleceu o Código de Defesa do Consumidor e os crimes contra as relações de consumo; a Lei nº 8.137, de 27 de dezembro de 1990, que define os crimes contra a ordem tributária, econômica e outros contra as relações de consumo; a Lei nº 9.279, de 14 de maio de 1996, que estabelece os crimes relativos à propriedade industrial; a Lei nº 9.613, de 3 de março de 1998, que dispõe sobre os crimes de "lavagem" ou ocultação de bens, direitos e valores; a Lei nº 10.826, de 22 de dezembro de 2003, que impõe restrições à posse e porte de armas de fogo no país, estabelecendo crimes para o comércio irregular e o tráfico de armas no Brasil; a Lei nº 11.101, de 9 de fevereiro de 2005, que prevê os crimes falimentares; a Lei nº 11.343, de 23 de agosto de 2006[374], que prevê os crimes de tráfico ilegal de drogas; entre diversas outras.

As incriminações chegaram a ser classificadas doutrinariamente entre lucrativas[375] e não lucrativas[376], considerando a possibilidade de ganho patrimonial por parte de seus agentes. Percebe-se, contudo, a existência de outros interesses jurídicos relacionados à valoração da propriedade privada protegidos pela norma penal, em que a ação delitiva não necessariamente implica no interesse manifestado através do *animus lucri faciendi*[377]. A despeito desta dissociação, não se pode negar que em alguns destes delitos se destaca o intuito de proteção patrimonial. Por este motivo, este trabalho passa a adotar a denominação genérica de crimes patrimoniais para designar tanto os crimes cujo bem jurídico tutelado é o patrimônio, público ou particular, quanto os

[373] Neste ponto, o trabalho não visa indicar um rol taxativo dessas regulamentações, mas sim apontar alguns exemplos das tipificações que mais se relacionam a procedimentos penais e prisões no período indicado.

[374] Considera-se o tráfico de drogas um delito patrimonial, apesar de sua classificação de crime contra a saúde pública, em virtude do motivo primordial para a prática do crime ser a percepção de ganho patrimonial.

[375] Na classificação, foram inseridos crimes tais como furto, roubo, estelionato, tráfico de drogas, entre outros.

[376] CARRERA-FERNANDEZ, José; MALDONADO, Genaro Emilio Carrión. A economia do narcotráfico: uma abordagem a partir da experiência boliviana. Belo Horizonte: **Nova Economia**, v. 9, n. 2, 2013, p. 10.

[377] Tradução livre: "intenção de obter lucro".

crimes cujo objeto material é a propriedade privada, além dos crimes cujo *animus* do agente é a percepção de lucro.

A análise da evolução legislativa penal no Brasil não só reforça a tese de que a sistemática penal brasileira reproduziu o modelo de valoração da propriedade privada como um bem jurídico transcendental, seguindo as tendências observadas no desenvolvimento das nações ocidentais, como comprova o caráter patrimonialista do Direito Penal. Torna-se necessário, o que será feito adiante, analisar como de fato se deu a aplicação das normas penais na realidade de repressão criminal do país, a fim de verificar a projeção do patrimonialismo, também, na *praxis* jurídico-administrativa do Brasil.

4

DADOS RELATIVOS À REPRESSÃO CRIMINAL NO BRASIL

Diante da realidade jurídico-penal imposta pela legislação brasileira, resta analisar se a tendência patrimonialista, que se mostrou crescente nas regulamentações erigidas no país desde a sua independência, produziu efeitos no panorama de repressão criminal.

Inicialmente, cabe destacar que a questão da segurança pública no Brasil sempre foi prejudicada pela ausência de levantamentos estatísticos que fornecessem informações fidedignas sobre a ocorrência e o registro de crimes no território nacional. A incapacidade do país em construir um ciclo de produção e utilização de estatísticas criminais[378], entretanto, não impediu que tais dados fossem coletados de maneira esparsa o que, respeitadas as limitações do processo de observação de indicativos, permite que se trace um panorama de como a repressão criminal foi efetivada no país.

Naturalmente, quanto mais remoto o período e arcaica a organização da estrutura de repressão de crimes e de execução da sistemática penal legalmente imposta, tanto mais penoso o trabalho de coleta de dados, e menos acuradas as informações contidas nos registros, muitos deles vetustos. Ainda assim, é possível estabelecer parâmetros de análise acerca da realidade jurídico penal brasileira.

4.1 Metodologia de análise

A apresentação dos dados indicados no presente capítulo obedece ao modelo de análise quantitativa. Foram captadas informações estatísticas de fontes oficiais, relacionadas à atuação de órgãos públicos cujas atribuições demandavam a coleta de tais dados. Em virtude dessa opção de fonte de pesquisa, as análises centraram-se em fontes únicas, desconsideradas fontes paralelas de informações, sobretudo as extraoficiais.

---

[378] LIMA, Renato Sérgio de. A produção da opacidade: estatísticas criminais e segurança pública no Brasil. **Novos estud. – CEBRAP** [*on-line*]. 2008, n. 80, pp. 65-66.

O modelo empregado se mostrou recomendado, haja vista a caraterística bruta e genérica dos dados lançados em levantamentos estatísticos arcaicos, bem como em virtude da influência positivista da pesquisa quantitativa[379], que comunga com a influência normativa sofrida pela legislação penal relativa à maioria dos períodos pesquisados.

Cabe ressaltar que o levantamento dos dados indicados nesta seção do trabalho não busca, em um primeiro momento, traçar parâmetros para formulação de conhecimento empírico. A seção busca, apenas, fornecer parâmetros para o desenvolvimento de pesquisa descritiva, com fulcro de minuciar os fatos e fenômenos relacionados à realidade vivenciada à época dos levantamentos aqui trabalhados[380], por meio da análise de documentos e da bibliografia relativa ao período. O objetivo é construir uma análise axiomática da repressão criminal no Brasil, na qual o panorama geral de aplicação prática da lei penal servirá como uma das premissas.

Os dados analisados se referem a relatórios periódicos – contendo levantamentos estatísticos ou de informações genéricas –, coletados por órgãos oficiais do governo, na esfera Federal. Em virtude do extenso lapso temporal contido no interstício pesquisado serão expostos e discutidos, por amostragem, os levantamentos apresentados ao final de cada década, à exceção dos períodos que sucederam a publicação de nova legislação penal, em que será dada ênfase ao ano ou conjunto de anos seguinte ao de início de vigência das leis. Em alguns casos, o lapso decenal será desrespeitado, em proveito de um relatório mais completo, ou contendo informações mais claras, oferecido no período, o que será indicado em cada intercorrência.

4.2 Repressão criminal no Império

Considerando o modelo descentralizado e autonomista de repressão criminal imposto pelas disposições processuais penais no período do Império, torna-se inócua a análise estatística dos levantamentos criminais da época, mesmo porque as parcas referências disponíveis dizem respeito a dados distritais, sem preocupação com a reunião ou compilação de informações.

---

379 FONSECA, João José Saraiva da. **Metodologia da pesquisa científica**. Fortaleza: UEC, 2002, p. 20.

380 TRIVIÑOS, Augusto Nibaldo Silva. **Introdução à pesquisa em ciências sociais**: a pesquisa qualitativa em educação. São Paulo: Atlas, 1987, p. 112.

No período imperial, o único compêndio periódico e sistematizado de informações de interesse público que obrigatoriamente fazia menção às questões criminais fora o relatório anual do Ministério da Justiça, que reunia informações gerais sobre a pasta para apresentação à Assembleia Legislativa.

Tal compêndio, na maioria das vezes, trazia informações de forma genérica, ou reunindo informações oriundas apenas dos principais centros urbanos do país. Ainda assim, se apresenta como um parâmetro relevante de percepção do panorama criminal do período imperial, sob a égide do Código Criminal de 1830.

O primeiro relatório a ser analisado é o alusivo ao ano de 1831[381] [382], ano que sucede a publicação do Código Criminal de 1830. O relatório não apresenta um quantitativo de crimes registrados ou de prisões efetuadas no período limitando-se a, em termos genéricos, indicar que os roubos e a ação de quadrilhas de ladrões representavam o maior dos problemas de ordem pública da Capital do Império. O relatório indica, ainda, mais de 500 prisões de vadios e turbulentos, enfatizando ser de vadios o maior número de presos. No que se refere ao restante do império, apesar de não apresentar números, o relatório criticou a atuação desidiosa dos Juízes de paz, que não mantinham a autoridade de maneira satisfatória aos olhos do Ministro Diogo Antônio Feijó.

No decênio seguinte, foi apresentado o Relatório alusivo ao ano de 1840[383] que fazia referência a bandos de salteadores nas províncias do Bahia, Ceará, Maranhão, Pará, Paraná e Piauí, em cuja atuação se destacam os crimes de roubo, homicídios e crimes sexuais. No relato o então ministro, Paulino José Soares de Souza, destacava que os esforços estavam direcionados primordialmente para a supressão de revoluções e movimentos de sedição ocorridos no Sul e Nordeste do país[384]. O documento, mais uma vez, criticava a fraca

[381] IMPÉRIO DO BRAZIL. Ministério da Justiça. **Relatório do anno de 1831, apresentado à Assembleia Geral legislativa na Sessão ordinária de 1832**. Ministro Diogo Antônio Feijó. Rio de Janeiro, 1832, p. 5.

[382] Ressalte-se que o primeiro dos Relatórios anuais do Ministério da Justiça foi o elaborado em 1825, fazendo menção aos dados colhidos nos anos de 1823 e 1824. Não houve levantamento relativo ao ano de criação do Ministério da Justiça no Brasil, 1822.

[383] IMPÉRIO DO BRAZIL. Ministério da Justiça. **Relatório do anno de 1840, apresentado à Assembleia Geral legislativa na Sessão ordinária de 1841**. Ministro Paulino José Soares de Souza. Rio de Janeiro, 1841, p. 9-11.

[384] Dentre as quais se destacaram, no período, a Revolução Farroupilha, na província do Rio Grande do Sul; a Balaiada, no Maranhão; a Cabanagem, no Grão-Pará; e a Sabinada, na Bahia.

organização das polícias e a atuação negligente dos juízes de paz[385], o que criou um panorama de desenfreada violência no período[386]. Um fato curioso é que o Relatório[387] fala sobre o interesse do Ministério em elaborar um quadro com um quantitativo e classificação de crimes praticados em todo país indicando, ainda, a necessidade de fazê-lo, embora alegue a impossibilidade de lograr o intento com a infraestrutura disponível. Ao final o Relatório apresenta um levantamento de presos recolhidos nas cadeias da capital, classificando-os pelos crimes pelos quais foram acusados. Dentre os 115 presos recolhidos nas cadeias do Rio de Janeiro, 67 foram acusados por crimes classificados neste trabalho como crimes patrimoniais[388], o que constitui um total de 58% de todos os reclusos da Capital Federal em 1840. Na sequência, dentre os anexos, o levantamento dos registros criminais colhidos na cidade do Rio de Janeiro entre os anos de 1836 e 1840: num total de 814 delitos registrados, 322 seriam relativos a crimes que, nas palavras do próprio documento, afetam principalmente a propriedade, perfazendo um total de 40% de todos os crimes registrados no período.

O relatório alusivo ao ano de 1850, logo em seu início, manifestava a preocupação do Ministro Euzébio de Queiroz Coutinho Mattoso Câmara com o crime de moeda falsa, informando sobre operações policiais que culminaram com apreensão de notas falsas e locais onde eram produzidas cédulas e moedas, em províncias distintas do país[389]. A questão dos juízes municipais voltou a ser debatida[390], desta vez expondo as dificuldades do Ministério em encontrar nas comarcas bacharéis, sobretudo dentro dos requisitos impostos por lei[391], o que influenciava nos problemas indicados nos relatórios anteriores. Em anexo, o relatório apresentou o mapa dos crimes julgados pelo júri[392]

---

385 IMPÉRIO DO BRAZIL. Ministério da Justiça. **Relatório do anno de 1840**..., p. 20.

386 O relatório narra o assassinato ou tentativa de homicídio de cerca de uma dezena de Juízes de Paz no período.

387 IMPÉRIO DO BRAZIL. Ministério da Justiça. **Relatório do anno de 1840**..., p. 25.

388 Os números exatos são: 28 presos por furto; 4 por estelionato; 21 por roubo; 05 por tentativa de roubo; 01 por pirataria; e 08 por moeda falsa.

389 IMPÉRIO DO BRAZIL. Ministério da Justiça. **Relatório do anno de 1850, apresentado à Assembleia Geral legislativa na Sessão ordinária de 1851**. Ministro Euzébio de Queiroz Coutinho Mattoso Câmara. Rio de Janeiro, 1851, p. 5.

390 IMPÉRIO DO BRAZIL. Ministério da Justiça. **Relatório do anno de 1850**..., p. 14.

391 O principal deles, a exigência de um ano de prática, exigência esta que o Ministro, em seu relatório, considerava dispensar.

392 Relevante destacar que, à época, todos os delitos eram julgados por júri, nos termos do Código de Processo Criminal de 1832.

em toda corte, informando que, de um total de 1.446 crimes, 1.206 se referiam a crimes particulares – série onde, nos termos do Código Criminal de 1830, se inseriam os delitos patrimoniais[393] –, perfazendo um total de 83% de todos os julgamentos sem, contudo, esmiuçar os delitos por tipos. Outros 124 crimes julgados pelo júri foram delitos policiais, dentre os quais sempre se destacou a vadiagem, perfazendo um total de 9% dos processos. Não foram relatadas no levantamento informações sobre o número de presos recolhidos nas cadeias públicas, a exemplos dos relatórios anteriores.

Em 1860, o relatório anual, sob responsabilidade do Ministro Francisco de Paula de Negreiros Sayão Lobato, apresentou estatística sobre os processos criminais julgados no decênio 1850-1860[394]. De acordo com o documento, foram julgados no decênio 2.111 crimes públicos, 134 dos quais foram apontados neste trabalho como crimes que visam a proteção de interesses patrimoniais[395], representando cerca de 6% de todos os procedimentos. Já os delitos particulares tiveram 17.611 julgamentos – representando 84% dos 20.968 crimes julgados no total, dentre os quais os delitos patrimoniais compunham um total de 2.682 crimes julgados[396], perfazendo um total de 15% dos crimes particulares julgados. A realidade da corte parecia um pouco distinta: o relatório[397] apresentou dados relativos a julgamentos criminais na corte, indicando que 37 dos 153 processos que passaram pelo júri na capital do Império diziam respeito a delitos patrimoniais[398], o que representa cerca de 24% de todos os procedimentos julgados.

O Relatório relativo ao ano de 1870 iniciou-se com o relato da ação de bandos que agiam na região Nordeste praticando crimes de roubo e extorsão indicando, mais uma vez, a preocupação do Ministério com os crimes contra o patrimônio, assim como os crimes violentos contra a pessoa (homicídio, consumado

393 Cabe ressaltar que a mesma série encerrava os crimes de homicídio e lesão corporal, delitos que dominavam as estatísticas da época, inclusive, pela sua relevância social.

394 IMPÉRIO DO BRAZIL. Ministério da Justiça. **Relatório do anno de 1860, apresentado à Assembleia Geral legislativa na Sessão ordinária de 1861.** Ministro Francisco de Paula de Negreiros Sayão Lobato. Rio de Janeiro, 1861, p. 10.

395 Números exatos: 13 de contrabando; 33 de peita; 04 de suborno; 11 de peculato; 11 de concussão; e 62 de moeda falsa.

396 Números exatos: 966 de furto; 439 de bancarrota; 231 de dano; 947 de roubo; e 99 de dano.

397 IMPÉRIO DO BRAZIL. Ministério da Justiça. **Relatório do anno de 1860**..., anexo A3-2.

398 Números exatos: 17 de furto; 07 de roubo; 11 de bancarrota e estelionato; 01 de dano e 01 de fabrico de instrumentos para roubar.

e tentado, e lesões corporais)[399]. O documento[400] relatava o registro de 4.506 crimes, sendo 4.061 destes crimes particulares, dentre os quais 1.029 seriam crimes patrimoniais[401], perfazendo 25% dos crimes. O relato ainda apontava a imperfeição do levantamento – em virtude do fato de algumas províncias não terem remetido informações acerca dos crimes praticados em seu território –, além de incompletude das próprias informações constantes no documento[402]. Dentre os anexos do Relatório, se destaca o Relatório do chefe de polícia da corte[403] que, pela primeira vez, destaca a segurança da propriedade como uma prioridade na sistemática de segurança pública da capital do Império, relatando diversos casos de roubos e arrombamentos ocorridos no exercício. Em seu relato, o chefe de polícia Francisco José de Lima alerta para os índices crescentes dos crimes contra a propriedade, bem como o fato de os delitos praticados por meio de fraude ou utilização de chave falsa terem aumentado sobremaneira na cidade. Atribui ao número excessivo de vadios, bem como ao jogo, a prática de tais crimes – sobretudo os de furto –, e recomenda alterações legislativas, visando punir com maior rigor tais condutas.

O levantamento de informações de interesse criminal aprimorou-se consideravelmente até o ano de 1880, quando as informações passaram a se tornar mais completas, aparentemente com maior participação das províncias. Neste levantamento, tomou destaque a atuação relativa ao recolhimento dos vadios aos asilos de mendigos[404], indicando que, apenas no ano de 1880, 653 vadios foram recolhidos aos asilos de mendigos, aumentando o número total de recolhidos de 239 para 892. O Relatório[405], também, apresentou críticas e externou

[399] Considerando os registros iniciais sobre "tranquilidade pública e segurança individual", conclui-se que era praxe iniciar os relatórios narrando os crimes de maior repercussão nacional no ano alusivo aos relatórios.

[400] IMPÉRIO DO BRAZIL. Ministério da Justiça. **Relatório do anno de 1870, apresentado à Assembleia Geral legislativa na Sessão ordinária de 1871.** Ministro Francisco de Paula de Negreiros Sayão Lobato. Rio de Janeiro, 1871, p. 15.

[401] Números exatos: 586 de furto; 167 de roubo; 129 de estelionato; e 147 de dano.

[402] Como exemplo, o fato de 65 dos crimes indicados no relatório não terem sido especificados sendo apenas identificados pela rubrica "diversos outros crimes".

[403] IMPÉRIO DO BRAZIL. Ministério da Justiça. **Relatório do anno de 1870...**, anexo A, p. 19-20.

[404] IMPÉRIO DO BRAZIL. Ministério da Justiça. **Relatório dos anos de 1880 e 1881, apresentado à Assembleia Geral legislativa na Sessão ordinária de 1882.** Ministro Manoel Pinto de Souza Dantas. Rio de Janeiro, 1882, p. 149.

[405] IMPÉRIO DO BRAZIL. Ministério da Justiça. **Relatório dos anos de 1880 e 1881...**, p. 151.

preocupações sobre a situação dos capoeiras[406], recomendando a promulgação de uma lei especial que concorresse para a remoção destes da capital do Império[407]. O Relatório não apresentou estatísticas criminais, informando que tais levantamentos seriam de atribuição da Diretoria-Geral de Estatísticas[408], por força do Decreto 4.676, de 14 de janeiro de 1871. O único dado estatístico relativo à repressão criminal coletado no período foi o Relatório do diretor da Casa de Correção da Corte[409] indicando que, dos 49 indivíduos recolhidos na casa de correção no ano de 1880, 35 o foram pela prática de crime contra a propriedade, representando 72% dos indivíduos presos na capital do Império.

No ano da Proclamação da República, 1889 – e, também, ano que precedeu à publicação do Código Penal republicano –, o relatório sob responsabilidade do Ministro Manoel Ferraz de Campos Salles[410] fazia menção aos anos que antecederam o fim do Império. O único levantamento realizado com base no tipo de crime reprimido foi o de presos na Casa de Correção da capital indicando que, dos 451 presos existentes à época do levantamento, 138 haviam sido acusados por delitos patrimoniais[411], representando 31% do total

[406] Provavelmente, por influência do crescente número de negros forros, uma vez que a Lei do Ventre Livre (Lei nº 2.040, de 28 de setembro de 1871) também declarou libertos escravos de diversas categorias, além de permitir a cada escravo a manutenção de pecúlio, com fins de compra de sua alforria.

[407] O que confirma o intento legislativo na criminalização da capoeiragem pelo Código Penal de 1890, conforme apontado no Capítulo 3 deste trabalho.

[408] A Diretoria-Geral de Estatísticas (DGE) foi o embrião do Instituto Brasileiro de Geografia e Estatística (IBGE). Em seus primeiros anos, limitou-se a realizar levantamentos visando a publicação de censos decenais elaborando, durante o período, alguns poucos relatórios estatísticos, em que se observavam parcos e genéricos levantamentos criminais, que não cabe a este trabalho discutir, dada a inconsistência das informações. A atuação do instituto em seus primeiros anos foi bastante turbulenta devido à falta de recursos razão pela qual, inclusive, a Diretoria não logrou realizar o senso decenal de 1880 (BISSOGO, Diego Nones. **A "eloquente e irrecusável linguagem dos algarismos"**: a estatística no Brasil imperial e a produção do recenseamento de 1872. Dissertação (mestrado) – Universidade Federal de Santa Catarina, Centro de Filosofia e Ciências Humanas. Programa de Pós-graduação em História. Florianópolis, 2014, p. 20).

[409] IMPÉRIO DO BRAZIL. Ministério da Justiça. **Relatório dos anos de 1880 e 1881**..., Anexo H, p. 4.

[410] BRASIL. Ministério da Justiça. **Exposição apresentada ao Chefe do Governo Provisório da República dos Estados Unidos do Brasil**. Ministro Manoel Ferraz de Campos Salles. Rio de Janeiro, 1889.

[411] Números exatos: 01 por furto e uso de instrumentos para roubar; 01 por moeda falsa; 01 por tentativa de estelionato; 05 estelionato consumado; 01 por cumplicidade de roubo; 01 por homicídio em tentativa de roubo; 02 por uso de instrumento para roubar; 06 por tentativa de furto;

de reclusos. Uma informação curiosa do documento é o fato de o número de reclusos da Casa de Detenção do Distrito Federal – da qual não foi realizado levantamento por tipo de crime – ser dividido entre proletários e abastados, sendo que os proletários corresponderam a 99% dos reclusos (5.071), contra apenas 1% (60) de abastados.

Encerrada a análise por amostragem, a primeira conclusão clara é a de que os levantamentos estatísticos realizados no período imperial – a despeito da gama de informações pretendidas e até mesmo da pluralidade de fontes que alimentavam o compêndio elaborado pelo Ministério da Justiça –, foram precários no que tange à completude das informações prestadas, bem como em indicar a metodologia de tratamento dos dados. A isto deve ser somado o fato de, conforme já exposto neste trabalho, a sistemática de repressão criminal no período imperial ter sido pulverizada nas comarcas, em um modelo de justiça particular que conferia aos Juízes de Paz e aos Inspetores de bairro pleno poder para lidar com questões consideradas de pequena monta.

Ainda assim, observa-se que os delitos patrimoniais, a despeito do reduzido leque de condutas incriminadas pela regulamentação de 1830 representaram, desde o início da vigência da publicação, considerável parcela das prisões e procedimentos judiciais, num percentual que oscilava entre 24 a 72% do total de crimes, variando entre levantamentos e espaço geográfico de prática dos delitos. Em todos os levantamentos analisados os crimes patrimoniais figuravam, apenas em número menor que os delitos de homicídio – consumado ou tentado –, e lesões corporais tendo, em algumas ocasiões, superado estes delitos em percentuais de repressão.

Com o advento da República, em especial pela edição do Código Penal de 1890, tais índices passam a sofrer alterações, com projeção ainda maior dos delitos patrimoniais.

4.3 Repressão criminal no período republicano

Após a Proclamação da República dos Estados Unidos do Brasil, o penoso processo de reordenação administrativa, marcado por períodos de instabilidade política e econômica, afetou o controle e levantamento de dados

02 por fabrico de instrumentos para roubar; 02 por vadiagem; 03 por falência fraudulenta; 03 por latrocínio; 03 por invasão de domicílio; 15 por tentativa de roubo; 43 por furto consumado; e 49 por roubo consumado.

estatísticos relativos aos índices criminais. Na realidade, não havia na época interesse em estudos criminológicos no Brasil, e o interesse em utilizar dados de estatística criminal como um elemento para a elaboração de políticas públicas aparentava ter desvanecido.

Clóvis Beviláqua publica em 1896 a obra "Criminologia e Direito", na qual apresenta notas e levantamentos estatísticos bastante genéricos sobre a criminalidade no estado do Ceará, indicando que, a despeito da relativa queda nos índices de crimes contra as pessoas, e aumento dos crimes contra a propriedade, não se observava naquele estado o fenômeno narrado na Europa, de decréscimo dos crimes contra a pessoa em paralelo à evolução nos índices relativos aos crimes contra a propriedade[412] [413].

A despeito da existência da Diretoria-Geral de Estatísticas, não foram feitos levantamentos criminais relevantes no período inicial da República, o que só veio a ocorrer a partir de 1908, com a edição do primeiro anuário estatístico do Brasil, publicado em 1927. Nos estágios iniciais, a fonte disponível continuou a ser o Relatório anual do Ministério da Justiça, que passou a ter periodicidade bienal.

No relatório alusivo ao ano de 1891[414], primeiro ano de vigência do Código Penal de 1890, perdurou o caráter genérico e incompleto das informações coletadas. Na parte que coube ao relatório do Chefe de Polícia da capital constam referências, apenas, aos crimes de homicídio (consumado e tentado), contra a propriedade e aos crimes de moeda falsa[415], considerados como relevantes. O mesmo documento informava que 50 indivíduos assinaram os "termos de bem viver", sendo que 9 foram presos e cumpriram pena por quebra do termo no período.

---

[412] BEVILAQUA, Clóvis. **Criminologia e Direito**. Salvador: Livraria Magalhães, 1896, p. 75.

[413] De fato, apesar do estudo ter constatado, entre 1885 e 1890, queda de 15% nos índices de homicídio, e aumento de 166% nos crimes contra a propriedade, a projeção não pode ser tomada como sólida já que, de acordo com o levantamento, os índices de aumento dos crimes contra a propriedade foram descontinuados, considerando outros anos (aumento de 90% considerando o índice de 1880; e redução de 40% considerando o ano de 1878, como exemplo). A variabilidade se deve ao reduzido número de registros colhidos no espaço amostral estudado pelo autor.

[414] BRASIL. Ministério da Justiça. **Relatório dos anos de 1890 e 1891, apresentado ao Presidente da República dos Estados Unidos do Brasil**. Ministro Antônio Luiz Affonso de Carvalho. Rio de Janeiro, 1892.

[415] BRASIL. Ministério da Justiça. **Relatório dos anos de 1890 e 1891**..., anexo A-1.

Na década seguinte, por meio do relatório do biênio 1900-1901[416], mais uma vez não foram colhidas informações sobre a repressão criminal nos estados. Os informes limitaram-se à realidade criminal do Distrito Federal. Nesta ocasião, foi feito um levantamento minucioso sobre os procedimentos criminais iniciados naquele exercício. De acordo com o relatório[417], 2.208 procedimentos criminais foram iniciados no biênio 1900-1901, dos quais 657 se referiam a crimes identificados neste trabalho como patrimoniais[418], o que representava um total de 30% de todos os procedimentos criminais iniciados no período. A repressão a crimes patrimoniais foi vista com maior intensidade, entretanto, nas entradas na Casa do Correção da capital. O relatório registrou 96 entradas de novos condenados, dos quais 57 sofreram condenações relativas a crimes e contravenções patrimoniais[419] [420], perfazendo 59% de todas as condenações na capital da República.

Em 1908, a realidade da análise estatística no Brasil sofre considerável progresso. O ano é o primeiro em que a Diretoria-Geral de Estatística (DGE) – ainda que atuando a pedido do Ministério da Agricultura, Indústria e Comércio –, elabora o Anuário Estatístico do Brasil. No documento, pela primeira vez, são compiladas as informações relativas a todos os estados brasileiros, embora alguns tenham falhado em enviar informações.

Neste primeiro levantamento, foram indicados os números relativos a todas as entradas nas prisões no ano de 1908[421] expondo que, num total de 1.449 prisões, 473 se referiam a crimes e contravenções patrimoniais[422], totalizando 33% do total de registros. Um ponto interessante se deve ao fato de, a despeito das mais de duas centenas de delitos previstos no Código Penal de

[416] BRASIL. Ministério da Justiça. **Relatório dos anos de 1900 e 1901, apresentado ao Presidente da República dos Estados Unidos do Brasil.** Ministro Epitácio Pessoa. Rio de Janeiro, 1901.

[417] BRASIL. Ministério da Justiça. **Relatório dos anos de 1900 e 1901**..., p. 65.

[418] Números exatos: 317 processos relativos ao crime de furto; 97 de roubo e tentativa de roubo; 02 de latrocínio; 65 de porte de instrumentos para roubar; 36 de estelionato; 03 de extorsão; 29 de invasão de domicílio; 08 de dano; 02 de lenocínio; 05 de incêndio; 02 de peita; e 85 contravenções de jogo ilegal, vadiagem e capoeiragem.

[419] BRASIL. Ministério da Justiça. **Relatório dos anos de 1900 e 1901**..., p. 151.

[420] Números exatos: 21 condenações por furto; 28 por roubo e tentativa de roubo; 05 por estelionato; 01 por violação de domicílio e 02 por exploração ilegal de jogo.

[421] BRASIL. Diretoria Geral de Estatística. **Anuário Estatístico do Brasil – 1908-1912**. Ano I, Vol. III. Rio de Janeiro: Tipografia da Estatística, 1927, p. 377 e ss.

[422] Números exatos: 153 prisões por furto; 91 por roubo; 22 por moeda falsa; 06 por contrabando; 195 por vadiagem e capoeiragem; e 06 por mendicância.

1890, apenas oito modalidades de crimes (homicídio, tentativa de homicídio, lesões corporais, violência carnal, roubo, furto, moeda falsa e contrabando), das quais quatro se referem a crimes patrimoniais, foram consideradas para fins de cômputo, dada a relevância social atribuída a estes delitos. De fato, os demais delitos não mereciam ênfase, posto que o total de prisões relativo a todos os demais crimes previstos na codificação somavam apenas 49 ocorrências. Dentre as contravenções, apenas a mendicância e vadiagem/ capoeiragem – contando cada, respectivamente, 06 e 195 ocorrências –, mereceram destaque, representando 98,5% dos registros, o que se justifica pelo irrisório número de prisões por outras contravenções, apenas 03 ocorrências.

Outras informações de absoluta relevância colhidas pelo levantamento de 1908[423] diziam respeito ao perfil criminológico dos presos. De todos os presos que deram entrada no exercício, 1.400 eram analfabetos os semialfabetizados[424], o que totalizava um percentual de 97% dos indivíduos presos. Com relação ao posicionamento socioeconômico, 557 dos presos exerciam a profissão de agricultor, o que reforça a tese de que o êxodo rural influenciou os índices de repressão criminal no período[425]. Outros 395 tinham profissão ignorada, e 91 afirmaram não ter profissão.

O segundo anuário estatístico do Brasil foi editado apenas no ano de 1936. O documento retrocedeu em qualidade trazendo apenas informações criminais da capital da República[426] [427]. O relatório, em um primeiro momento, discorreu sobre os registros policiais realizados no Distrito Federal no ano de 1935, indicando que 927 dos 5.792 crimes registrados eram estritamente patrimoniais[428], representando 16% do total de registros. O destaque para a

---

423 BRASIL. Diretoria-Geral de Estatística. **Anuário Estatístico do Brasil – 1908-1912**..., p. 413 e ss.

424 Nos termos do relatório, 1.004 dos presos eram analfabetos, 396 sabiam ler e escrever precariamente, 29 sabiam ler e escrever perfeitamente, e 03 possuíam formação superior.

425 O relatório não relacionava a profissão ao crime, o que impossibilita a análise sobre a existência de uma relação intrínseca entre a condição de agricultor e a contravenção de vadiagem, ou outros delitos patrimoniais.

426 BRASIL. Instituto Nacional de Estatística. **Anuário Estatístico do Brasil**. Ano II, 1936. Rio de Janeiro: Tipografia do departamento de Estatística e Publicidade, 1936, p. 390.

427 As informações relativas às outras Unidades da Federação repetiam os dados do relatório de 1927.

428 O levantamento apontou o registro de 641 crimes contra a propriedade pública ou particular, e 286 crimes contra a pessoa e a propriedade. As informações não são precisas, diante da impossibilidade de verificar, dentre as outras séries de crimes, quais eram delitos patrimoniais (a exemplo do latrocínio que, à época era comumente registrado como "homicídio e roubo" – a

época foram os 4.141 crimes contra a segurança pessoal e a vida registrados no período (representando 72% das ocorrências). Quanto às contravenções, foram registradas 4.458, sendo 2.159 delas relativas ao jogo ilegal, e 1.880 alusivas à vadiagem, representando um total de 91% das ocorrências. Num somatório entre crimes e contravenções patrimoniais, conclui-se que a repressão criminal no exercício cuidou de registrar 4.996 delitos patrimoniais, totalizando aproximadamente 50% de todos os registros.

Ainda sobre o ano de 1935, o registro de prisões registrado na Casa de Detenção do Distrito Federal[429] indicou 5.322 prisões, sendo 3.893 delas relativas a delitos patrimoniais[430], representando um percentual de 73% das entradas naquele estabelecimento. Na Casa de Correção, o registro de entrada de presos condenados indicou 97 novas condenações, das quais 44%, ou, precisamente, 43 sentenças, se referiam a crimes patrimoniais[431].

Em 1940, foi elaborado o último Anuário Estatístico do Brasil antes do início da vigência do Código Penal brasileiro vigente[432]. Os levantamentos alusivos a crimes faziam menção aos dados colhidos no ano de 1939. Inicialmente, foram indicados os dados relativos apenas aos procedimentos criminais instruídos no Distrito Federal[433], que davam conta de 5.693 procedimentos, dos quais apenas 326 eram crimes patrimoniais[434], representando 5% do total de delitos. A alteração se deu em virtude do aumento alarmante dos crimes de lesão corporal que – em uma situação nunca dantes repetida na estatística criminal nacional –, atingiram 77% de todos os procedimentos em trâmite na capital, com 4.395 registros. Os crimes de violência carnal também apresentaram alta incomum, com 505 registros perfazendo, por si só, 9% de todos os registros. No que se refere às contravenções na capital do país, não

despeito da disposição específica no Código Penal de 1890 –, bem como outros crimes predominantemente patrimoniais indicados nas séries anteriores do compêndio penal vigente).

429 BRASIL. Instituto Nacional de Estatística. **Anuário Estatístico do Brasil**. Ano II, 1936..., p. 415.

430 Números exatos: 247 entradas por furto; 117 por roubo; 11 por falência, e 3.854 por contravenção de vadiagem, e jogo ilegal.

431 Números exatos: 28 condenações por roubo; 10 por furto; e 5 por estelionato.

432 Nos termos do Artigo 361 do CPB, a lei entraria em vigor no dia 01 de janeiro de 1942.

433 IBGE. **Anuário Estatístico do Brasil**. Ano V, 1939-1940. Rio de Janeiro: Serviço Gráfico do Instituto Brasileiro de Geografia e Estatística, 1940, p. 1169.

434 Números exatos: 198 processos por furto; 78 por roubo; 15 por estelionato; 02 por extorsão; 01 por falência fraudulenta; 08 por invasão de domicílio; 11 por dano; 09 por incêndio; 03 de peita; e 01 por falsificação de títulos públicos com valor financeiro.

houve grandes alterações: 2.871 contravenções foram objeto de procedimento criminal, sendo 2.644 delas relativas ao jogo ilegal, e 155 referentes à vadiagem, atingindo o patamar de 97% de todas as contravenções processadas.

No levantamento em questão retornou, ainda, o levantamento dos dados socioeconômicos dos processados no Distrito Federal[435]. No que se refere aos processados por crimes, 303 dos denunciados não possuía profissão, e 1.584 não possuíam profissão específica, somando ambos 33%. A maior parte dos processados exercia a profissão de empregados em geral, num total de 3.389, representando 60% do total de processos. Quanto ao grau de instrução, 263 eram analfabetos, 3.031 possuíam instrução primária, e 2.109 não tiveram a escolaridade especificada: apesar de, somados, representarem 95% do total de denunciados, não é possível definir um padrão criminológico, em virtude da obscuridade das informações indicadas no relatório. Quanto às contravenções, as informações são mais claras: 155 dos processados não possuíam profissão, 08 não tinham profissão específica, e 2.704 eram empregados, representando 99,86% do total de processados[436]. Quanto à instrução, 106 dos processados eram analfabetos, enquanto 2.757 possuíam instrução fundamental incompleta[437], perfazendo um total de 99,7%.

O Anuário Estatístico de 1940 trouxe, ainda, informações sobre registros de delitos nas capitais dos estados[438]. As informações se referiam, apenas, ao primeiro semestre do ano de 1938, e informações referentes aos registros em alguns estados estavam ausentes. Entretanto, analisando os dados que constam no relatório, se observa que 17.389 crimes foram registrados no período, dos quais 3.568 eram crimes patrimoniais[439], representando aproximadamente

---

[435] IBGE. **Anuário**..., 1940, p. 1171.

[436] Considerando que a maioria dos contraventores (92%) foi processada por jogo ilegal, é possível concluir que a repressão penal aos jogos de azar ocorria apenas nos espaço sociais ocupados pelas camadas menos abastadas. A conclusão comunga com a informação indicada no Capítulo 3 deste trabalho, no sentido de que os jogos de azar foram explorados pelas camadas mais abastadas no país até a sua vedação legal, pelo Decreto-lei nº 9.215, de 30 de abril de 1946.

[437] Se insere neste conceito a alfabetização precária, em que é possível compreender textos e frases curtas e fazer contas sem, contudo, a capacidade de interpretar textos complexos ou realizar operações matemáticas básicas, ainda que o indivíduo não tenha frequentado regularmente instituição de ensino.

[438] IBGE. **Anuário**..., 1940, p. 1176.

[439] Números exatos: 2.518 registros de furto; 908 de roubo; 140 de estelionato; e 02 de moeda falsa. 3.144 crimes foram contabilizados sob a rubrica "sem especificação" (mais uma vez foram considerados apenas os crimes de homicídio, tentativa de homicídio, lesões corporais, violência

21% do total de registros. Mais uma vez, as lesões corporais ganharam excessivo destaque, compreendendo 8.459 dos registros, no total de 49% de todas as ocorrências. Quanto às contravenções, foram registradas 5.108 ocorrências, sendo 2.856 delas relativas ao jogo ilegal, totalizando 56% dos registros. Não foi possível contabilizar os registros alusivos à contravenção de vadiagem, posto que os registros não foram apresentados de forma específica[440].

Sobre os registros alusivos às prisões ocorridas no período foram contabilizadas por tipo de delito apenas os recolhimentos aos principais institutos carcerários do Distrito Federal[441]. O levantamento indicou 1.029 entradas identificadas por crime no cárcere da capital federal durante o ano de 1939, das quais 241 faziam menção a delitos patrimoniais[442], representando 23% do total de recolhimentos. No que se refere aos condenados recolhidos na Casa de Detenção do Rio de Janeiro, 109 dos 328 presos foram condenados por crimes patrimoniais[443], perfazendo um total de 33% de todas as condenações do período. Na Casa de Correção, 31 das 68 entradas se referiam a crimes patrimoniais[444], representando 46% de todos os presos recolhidos naquele estabelecimento. Os dados relativos aos registros de prisão nas demais unidades da federação se mostraram demasiadamente genéricos. O levantamento apontava apenas que 16.465 pessoas foram recolhidas à prisão nas capitais dos Estados em 1938, sem apresentar qualquer classificação que não fosse a alusiva ao sexo dos recolhidos.

carnal, roubo, furto, moeda falsa e contrabando) de forma que é impossível verificar quantos outros crimes patrimoniais foram registrados nas capitais dos estados. Registre-se, ainda, que as capitais de Acre, Amazonas, Bahia e Goiás não remeteram os registros alusivos ao crime de roubo; as capitais da Bahia e Goiás não remeteram os registros alusivos ao crime de furto; nenhuma das capitais, à exceção de Pernambuco e Rio de Janeiro, remeteram informações alusivas ao crime de moeda falsa; e as capitais de Acre, Maranhão, Piauí, Ceará, Alagoas, Sergipe, Espírito Santo, Paraná, Santa Catarina, Mato Grosso e Goiás não remeteram informações relativas ao crime de estelionato.

440 2.086 registros foram lançados sob a rubrica "sem especificação". Ainda que todos os levantamentos estudados neste trabalho indiquem que – excluído o jogo ilegal –, mais de 90% dos registros de contravenções restantes no período faça menção à vadiagem, seria leviano projetar a informação sem o devido lastro estatístico.

441 IBGE. **Anuário...**, 1940, p. 1286.

442 Números exatos: 140 prisões por furto; 61 por roubo; 31 por estelionato; e 09 por falsificação de moeda.

443 Números exatos: 47 condenações por roubo; 46 por furto; e 16 por falsificação de moeda.

444 Números exatos: 22 prisões por roubo; 08 por furto; e 01 por falsificação de moeda.

As informações colhidas no período que compreende a entrada em vigor do Código Penal de 1890 e o início da vigência da legislação penal ainda vigente no Brasil, a despeito dos reflexos da instabilidade política e econômica que acometeu o país, são capazes de transmitir um tímido panorama da repressão penal na República. Com base nessas informações foi possível constatar que os registros alusivos a crimes patrimoniais refletiram a intenção do legislador, ao dispor sobre a proteção patrimonial – direta ou indiretamente –, em cerca de 30% do compêndio, patamar atingido pelo percentual de registros relativos aos crimes em alguns períodos. Nota-se, entretanto, uma extrapolação dessa intenção nas atividades práticas de repressão, sobretudo no que diz respeito aos registros efetivos de prisão e condenações criminais, que mantiveram os delitos patrimoniais sempre acima do patamar de 30%, atingindo até mesmo 73% em alguns períodos analisados na amostragem. No que se refere às contravenções, o lapso é ainda maior: a despeito das contravenções patrimoniais representarem cerca da metade das previsões no Código, os índices de registros e prisões relativos às mesmas se mantiveram acima dos 90%, sempre com ênfase nas contravenções de jogo ilegal e vadiagem, ou capoeiragem.

Essas informações, a despeito do caráter impreciso dos levantamentos, indicam que o Direito Penal brasileiro passou a assumir progressivamente um caráter patrimonialista e segregatório, conclusão que deriva da análise das características criminológicas dos processados e presos. Cabe, em sequência, analisar se essa tendência se reproduziu no modelo de repressão penal contemporâneo.

4.4 Repressão criminal a partir do Código Penal de 1940

Iniciada a vigência do Código Penal de 1940, em 1942, a realidade da análise estatística dos dados de interesse criminológico no Brasil não sofreu alterações. As informações, continuaram a ser colhidas pelo IBGE, com o progresso nas coletas de dados em nível nacional, o que se tornou algo mais recorrente a partir dos levantamentos estatísticos publicados desde a década de 1940. O mesmo pode ser dito sobre as informações prisionais que, pela primeira vez – apesar do caráter vago dos levantamentos de interesse criminológico –, passam a indicar informações de todas as unidades da Federação.

Fato é que a estatística carcerária no Brasil somente veio a se aprimorar alguns anos após a criação do Departamento Penitenciário Nacional

(DEPEN)[445], em 1984. A despeito das datas de criação de ambos os órgãos, as estatísticas relativas aos levantamentos criminal e penitenciário somente serão compiladas e publicadas a partir de meados da primeira década do século XXI, conforme este trabalho irá oportunamente demonstrar.

Com relação aos levantamentos que refletiam a realidade de repressão criminal após o início da vigência do atual Código Penal cabe, anteriormente, destacar alguns parâmetros que virão a interferir na análise dos dados colhidos na pesquisa. Em primeiro lugar, rememorar que o número de infrações penais patrimoniais foi drasticamente reduzido no projeto original, representando 10% do total das incriminações no diploma, conforme apontado no Capítulo 3 deste trabalho. Em segundo que, gradativamente, as previsões relativas a delitos patrimoniais passam a tomar maior proporção no Código – especificamente a partir do ano de 1995 –, o que, nos levantamentos mais recentes, ampliará o espectro de repressão, interferindo nos indicadores. E, em terceiro e último lugar, que os crimes previstos em algumas das leis extravagantes tomarão lugar de destaque nos levantamentos, a exemplo dos crimes de tóxicos[446].

Quanto às contravenções, a análise de seus indicativos perde interesse científico. Isto porque, a despeito de vadiagem, mendicância e jogos de azar continuarem previstos pela Lei de Contravenções Penais[447] vigente, sua repressão foi obliterada pelo aparente desinteresse dos órgãos policiais e judiciais em coibir as condutas, tornando-as irrelevantes do ponto de vista criminológico[448].

[445] Criado por força dos Artigos 72 e 73 da Lei nº 7.210, de 11 de julho de 1984 (Lei de Execuções Penais). A despeito da afirmação, o DEPEN só passou a publicar estatísticas carcerárias a partir do ano de 2005.

[446] Apesar da conduta de tráfico de drogas ser atualmente incriminada pelo Artigo 33 da Lei nº 11.343 de 23 de agosto 2006, o tráfico ilícito de entorpecentes é proscrito no Brasil desde o projeto original do Código Penal vigente, em seu Artigo 281 sofrendo alterações promovidas pelo Artigo 1º da Lei nº 4.451, de 4 de novembro de 1964; pelo Artigo 1º do Decreto-lei nº 385, de 26 de dezembro de 1968; e pelo Artigo 23 da Lei nº 5.726, de 29 de outubro de 1971, até a revogação pelo Artigo 12 da Lei nº 6.368, de 21 de outubro de 1976 que, por sua vez, foi expressamente revogado pela legislação esparsa vigente, que a prevê no Artigo 33 da Lei nº 11.343 de 23 de agosto 2006.

[447] Instituída pelo Decreto-lei nº 3.688, de 3 de outubro de 1941. A contravenção relativa à vadiagem foi substituída pela de entrega ao ócio (Artigo 59); a mendicância, prevista no Artigo 60, acabou por ser revogada pela Lei nº 11.983, de 16 de julho de 2009; e os jogos de azar foram previstos nos Artigos 50 a 58 da Lei de Contravenções.

[448] Prova disso é o fato de as prisões em virtude de contravenções penais, que somaram 2.503 registros somente na Capital Federal no ano de 1939 (IBGE. **Anuário**..., 1940, p. 1286), somarem apenas 21 registros de prisão em todas as capitais da República em 1942 (IBGE. **Anuário Estatístico do Brasil. Ano VI, 1941-1945**. Rio de Janeiro: Serviço gráfico do Instituto Brasileiro de Geografia e Estatística, 1945, p. 517).

As prisões em virtude de contravenção, entretanto, serão retomadas em grande escala no período mais repressivo da ditadura militar, representando um pico estatístico que será discutido em momento oportuno.

Superadas as questões preliminares, passa o trabalho a analisar os dados alusivos ao primeiro levantamento estatístico realizado pelo IBGE sob a vigência do Código Penal de 1940[449]. Inicialmente, o relatório computa os registros criminais de todas as unidades da federação[450], indicando que 10.738 do total de 42.772 crimes registrados representam crimes contra o patrimônio[451], representando um total de 25% de todos os registros[452]. Mais uma vez, cabe salientar a posição de destaque dos crimes patrimoniais, que ocuparam quatro das oito categorias consideradas relevantes pelo levantamento (homicídio, tentativa de homicídio, lesões corporais, violência carnal, roubo, furto, moeda falsa e estelionato), apesar de representarem apenas cerca de 10% de todas as incriminações do diploma.

No que se refere aos registros de prisão o, relatório[453] contabiliza todos os reclusos existentes no país em 1943[454]. De um total de 8.326 indivíduos presos por crimes, 2.159 foram acusados de crimes patrimoniais[455],

---

449 IBGE. **Anuário**..., 1945, p. 462.

450 À exceção do Estado de Santa Catarina, que não submeteu informações à pesquisa.

451 Números exatos: 8.192 ocorrências de furto; 2.112 de roubo; 400 de estelionato; e 34 de moeda falsa.

452 O percentual contabiliza o total de registros. Considerando apenas os crimes identificados no levantamento – isto é, subtraindo os 7.750 crimes não especificados por sua natureza no relatório –, o percentual de crimes patrimoniais se eleva ao patamar de 30%.

453 IBGE. **Anuário Estatístico**..., 1945, p. 517.

454 O relatório não contabilizou as entradas no período. Embora as informações não sejam capazes de estabelecer um panorama de repressão criminal naquele exercício, servem como base para a análise da evolução dos números relativos aos detentos em território nacional.

455 Números exatos: 1.172 acusados por furto; 722 por roubo; 185 por latrocínio; 69 por estelionato; e 11 por falsidade de moeda. Registre-se que, a partir desse levantamento, os dados relativos ao crime de latrocínio se mostrarão um tanto mais pronunciados. Aparentemente, a disposição do Código Penal de 1940 relativa ao latrocínio – embora não tenha trazido no texto legal a denominação do delito –, motivou os órgãos judiciais e policiais a abandonarem a classificação do crime como "homicídio com roubo", como era natural à época do Código de 1890, fazendo com que os crimes dessa natureza fossem registrados como crimes de homicídio. É opinião do autor que a real motivação para essa alteração de costumes se deve ao Código de Processo Penal brasileiro (Decreto-lei nº 3.689, de 3 de outubro de 1941) ter retirado o crime de latrocínio da competência do tribunal do júri, passando-a ao juiz singular, o que fez com que não houvesse mais lapsos de capitulação, por imperativo da comodidade judiciária e celeridade processual.

perfazendo um total de 26% de todos os detentos no país. O relatório traz, ainda que tímidas, informações socioeconômicas dos reclusos, indicando que 3.833 dos reclusos – ou seja, 46% de todos os indivíduos presos – seriam analfabetos, abaixo dos cerca de 56,1% da média nacional de indivíduos não alfabetizados[456]. Cabe ressaltar que os demais indivíduos foram classificados no levantamento apenas como "sabendo ler e escrever", de forma que se torna impossível considerar quais deles possui educação fundamental incompleta, ou o seu real grau de escolaridade. Outro fato de relevância para o estudo é que 5.314 dos reclusos, ou 64% do total, eram primários, o que representa um fator que se mostrará relevante quando da análise de séries futuras.

Na década seguinte, os levantamentos do IBGE no Anuário Estatístico brasileiro alusivo ao ano de 1950[457] fizeram menção apenas ao número de presos condenados recolhidos nos estabelecimentos prisionais nacionais, preterindo o levantamento de informações relativas a registros criminais, e até mesmo as alusivas a presos provisórios. No que se refere a tais registros, extraiu-se que haviam nas prisões públicas de todo país 9.299 presos condenados, das quais 3.593 condenações se referiam a crimes patrimoniais[458], representando 39% do total de condenações[459].

Quanto aos levantamentos socioeconômicos, constatou-se que 4.046 condenados eram analfabetos, representando 44% do total, mantendo a média do decênio anterior. Mais uma vez, os demais foram classificados apenas como "sabendo ler e escrever", sem distinção entre aqueles que possuíam educação fundamental incompleta e dos demais. O percentual de condenados analfabetos esteve abaixo da média nacional, de 50,6%[460]. Os criminosos primários entre os condenados somavam 6.484, ou 73% do total, representando um considerável aumento percentual desde a última estimativa considerada[461].

456 INEP. **Mapa do analfabetismo no Brasil**. Coord. Carlos Eduardo Moreno Sampaio. Brasília: INEP, 2003, p. 6.

457 IBGE. **Anuário Estatístico do Brasil. Ano XI, 1950**. Rio de Janeiro: Serviço gráfico do Instituto Brasileiro de Geografia e Estatística, 1950, p. 544-545.

458 Números exatos: 2.757 condenações por furto; 409 por roubo; 232 por latrocínio; 154 por estelionato; e 41 por moeda falsa.

459 Mais uma vez, se fossem desconsideradas as condenações classificadas como "outros delitos" (934 registros), ou "sem especificação" (161 registros), o percentual de crimes patrimoniais entre os claramente identificados seria superior, atingindo 44% do total de registros.

460 INEP. **Mapa...**, p. 6.

461 A informação poderia denotar um aumento na repressão criminal no interstício que separa os dois levantamentos. Entretanto, é impossível estabelecer uma conclusão com os dados colhidos

A análise comparativa entre os dados colhidos no relatório estatístico anual do ano de 1950 em relação aos números do levantamento antecedente fica prejudicado, em virtude da discrepância entre o espaço amostral estudado, uma vez que os números de 1950 fizeram menção a presos condenados, enquanto os dados de 1940 não esclarecem a que tipo de prisão fez menção o documento. Resta apenas o comparativo dos índices de presos primários, indicando um considerável aumento percentual entre as séries, de 64% para 73% do total.

A edição do Anuário Estatístico do Brasil relativo ao ano de 1960 marcou o fim da primeira década em que o compêndio foi, de fato, elaborado e publicado anualmente[462], sem quaisquer intercorrências relevantes. Infelizmente, a prática e continuidade dos levantamentos não produziu consideráveis efeitos na coleta de informações de interesse criminológico. O relatório manteve a contagem apenas dos registros alusivos às condenações criminais, considerando os presos condenados existentes nos estabelecimentos prisionais do país[463]. Dentre as informações coletadas, se destacaram 7.238 crimes patrimoniais[464], entre o total de 18.395 condenações em território nacional, representando 39% do total de condenações[465].

O levantamento inovou, entretanto, em apresentar os dados relativos a condenações nas capitais dos estados[466], demonstrando que os crimes patrimoniais se repetiam com maior frequência naqueles espaços, ou ali eram mais punidos. Segundo o documento, 9.006 crimes foram objeto de condenação nas capitais do país, dos quais 4.177 representavam crimes patrimoniais[467], atingindo um total de 46% das condenações[468].

até o momento, uma vez que o registro relativo ao ano de 1943 fazia menção a presos de forma genérica, enquanto o alusivo a 1950 indica presos condenados, de forma a tornar prejudicada a projeção de aumento real do número de condenados.

462 A despeito da denominação "anuário", o documento foi elaborado apenas 11 vezes entre os anos 1927 e 1949.

463 IBGE. **Anuário Estatístico do Brasil. Ano XXI, 1960.** Rio de Janeiro: Serviço gráfico do Instituto Brasileiro de Geografia e Estatística, 1960, p. 402-404.

464 Números exatos: 4.775 condenações por furto; 1.529 por roubo; 506 por estelionato; 325 por latrocínio; e 103 por moeda falsa.

465 Reproduzindo a ressalva indicada nas séries anteriores, extraídos do total de crime os delitos não classificados (1.479 registros), o percentual de crimes patrimoniais entre os classificados seria de 43%.

466 IBGE. **Anuário Estatístico...**, 1960, p. 403.

467 Números exatos: 2.586 condenações por furto; 1.015 por roubo; 266 por estelionato; 252 por latrocínio; e 58 por moeda falsa.

468 Desconsiderados os delitos não classificados (832 registros), o percentual dos crimes patrimoniais entre os registrados passaria a representar 51% do total, superando a metade de todas as condenações nas capitais dos estados no período.

Quanto aos dados socioeconômicos, o levantamento demonstrou que 6.503 condenados eram analfabetos, representando um total de 35% de todas as condenações, um percentual próximo dos índices médios de analfabetismo nacional, registrados em cerca de 39,7%[469]. O número de réus primários condenados, 13.992, cresceu em percentual, atingindo 76% e mostrando os primeiros sinais de expansão repressiva penal no período.

O relatório de 1960 faz menção, ainda, ao número total de prisões efetuadas em todas as unidades da federação[470]. Entretanto, as informações não guardam relevância para o presente estudo, uma vez que classificam as prisões por tipo, e não por delito. De importância apenas o fato de, no ano de 1958, 31.951 prisões terem sido efetuadas no Brasil[471], das quais 31.330 registros se referem a indivíduos analfabetos (11.332) ou com instrução primária (19.998), representando um total de 98% de todos os indivíduos presos no Brasil. Não foram levantados dados sobre outras condições econômicas dos presos no período.

Embora os dados colhidos nos relatórios até então analisados não sejam capazes de comprovar, *de per si*, a expansão do aparato de repressão criminal no país – o que derivaria do estudo de diversos fatores[472] –, é possível projetar o fenômeno com base em dois dados confirmados pelos levantamentos estatísticos sequenciais: o primeiro deles o aumento do número de condenações na ordem de 109%, passando de 9.299 para 18.395 condenações; o segundo, pelo aumento percentual dos criminosos primários, confirmando a ocorrência de novas entradas no período.

O Anuário Estatístico alusivo ao fim da década de 1960[473], apesar de sua semelhança com as edições anteriores, apresenta novas informações que ganham relevância para a análise. Os levantamentos criminais permaneceram centrados no número de condenações, tanto no país em geral quanto nas

---

469 INEP. **Mapa...**, p. 6.

470 IBGE. **Anuário Estatístico...**, 1960, p. 404

471 O relatório contabilizou prisões em virtude de condenação, prisões em flagrante, prisões preventivas, prisões em virtude de pronúncia e prisões administrativas.

472 Como exemplo, o tempo médio das condenações, informação que não consta nos levantamentos estatísticos publicados, elemento que seria de fundamental relevância para se projetar quantas das condenações no período são novas, e quantas fazem menção a condenações do período anterior ainda em execução.

473 IBGE. **Anuário Estatístico do Brasil. Ano XXXI, 1970.** Rio de Janeiro: Serviço gráfico do Instituto Brasileiro de Geografia e Estatística, 1970, p. 754-756.

capitais dos estados e, infelizmente, o levantamento de ocorrências policiais no país foi definitivamente preterido pelos responsáveis pela compilação. Apesar de ter sido publicado no auge da repressão do regime militar e um ano após a promulgação do AI-5[474], os efeitos relativos àquele período turbulento não puderam ser completamente sentidos, haja vista que a maioria dos dados prisionais fazia menção ao ano de 1968.

Quanto aos registros de indivíduos presos em virtude de condenação[475], o levantamento indicou um total de 26.460 indivíduos condenados por crime, dos quais 11.463 decretos condenatórios faziam menção a crimes patrimoniais[476], representando um total de 43%[477] de todas as condenações registradas no período. Nas capitais, o número total de condenações atingiu 12.294, dentre as quais se destacaram 6.082 delitos patrimoniais[478], indicando um percentual de 49%[479] de todos as condenações nas metrópoles estaduais.

Acerca dos dados criminológicos pessoais, constatou-se que 9.045 dos presos eram analfabetos, representando 34% do total de presos, o que se aproxima dos 33,7% no índice de analfabetismo nacional do período[480]. Outros 17.096 presos, contudo, possuíam apenas educação elementar o que representou, somados os analfabetos e os elementos com formação elementar, 99% dos presos condenados no período que não atingiu o ensino médio. Os presos primários permaneceram em maioria absoluta representando, com seus 20.691 registros, 78% do total de condenados.

A inovação trazida pelo levantamento de 1970 foi o fato de, pela primeira vez, serem discriminadas as entradas no período analisado. Segundo o anuário[481], 25.540 prisões relativas às condenações, mais precisamente 96% das entradas no sistema prisional, ocorreram no ano de 1968. Com essas informações, foi possível definir um indicativo de expansão da repressão criminal

---

474 O Ato Institucional número 5 foi publicado em 13 de dezembro de 1968.

475 IBGE. **Anuário Estatístico**..., 1970, p. 756.

476 Números exatos: 6.809 condenações por furto; 1.954 por roubo; 1.328 por tráfico de drogas; 782 por estelionato; 362 por latrocínio; e 228 por moeda falsa.

477 Considerando apenas os crimes classificados no levantamento (23.476 ocorrências), o percentual de crimes patrimoniais atingiria 49% do total de condenações.

478 Números exatos: 3.180 condenações por furto; 1.165 por roubo; 1.067 por tráfico de drogas; 449 por estelionato; 214 por latrocínio; e 07 por moeda falsa.

479 Se subtraídos os 1.828 registros alusivos a crimes não classificados, o percentual dos crimes patrimoniais entre os delitos classificados atingiria 58% do total de condenações.

480 INEP. **Mapa**..., p. 6.

481 IBGE. **Anuário Estatístico**..., 1970, p. 754.

no país, considerando o aumento de 44% no número de condenações, e pela manutenção do altíssimo percentual de criminosos primários, projetado sob o crescimento populacional do país, no percentual de 33.1% no período[482]. Naturalmente, a projeção não passa de um indicativo, diante da ausência de outros dados capazes de embasar a conclusão como, por exemplo, o aumento de crimes[483].

O levantamento alusivo ao ano de 1980 retrata um pouco melhor a realidade vivenciada nos chamados "anos de chumbo", período crítico do regime militar, em que as atividades de repressão se intensificaram. Além do aumento dos índices de repressão percebe-se, também, o voraz retorno das prisões e condenações em virtude de contravenções penais, prática enfraquecida nas décadas que sucederam o Código Penal de 1940. Naturalmente, a repressão às contravenções encontrou guarida em diversas condenações por jogo ilegal e vadiagem, reproduzindo o modelo criminal da República Velha. No que se refere aos levantamentos estatísticos, pela primeira vez se amplia o espectro de análise da tipologia dos crimes, não só contabilizando os crimes mais recorrentes em território nacional, mas aqueles que mais se repetiam em cada série criminal, considerado o bem jurídico tutelado.

O levantamento do Anuário[484] fez menção às informações coletadas no ano de 1978 e, desta vez, deixou claro que apenas foram computadas as condenações cujas prisões foram efetuadas naquele ano. O documento registra 68.053 prisões, das quais 32.195 se referiam a crimes classificados neste trabalho como patrimoniais[485], perfazendo 47% de todas as prisões no período. Chama a atenção o fato de que, a despeito das inúmeras prisões ocorridas no período – bem do fato de, à época, estar vigente a Lei de Segurança Nacional de 1969[486] –, a repressão aos crimes previstos naquela codificação não foi

---

[482] IBGE. **Sinopse do Censo Demográfico 2010**. Rio de Janeiro: IBGE, 2010.

[483] Partindo da premissa de que, havendo um índice de aumento de prática criminal muito superior ao índice de aumento de condenações os números indicariam, ao contrário, uma queda na efetividade da repressão criminal.

[484] IBGE. **Anuário Estatístico do Brasil. Ano XLI, 1980.** Rio de Janeiro: Serviço gráfico do Instituto Brasileiro de Geografia e Estatística, 1980, p. 285-287.

[485] Números exatos: 14.924 prisões em virtude de condenações por furto; 6.875 por roubo e extorsão; 2.387 por estelionato e outras fraudes; 1.052 por crimes classificados como "outros contra o patrimônio"; 6.348 por tráfico de drogas; 316 por contrabando; 166 por lenocínio; e 127 por peculato.

[486] Denominação atribuída ao Decreto-lei nº 898, de 29 de setembro de 1969. A legislação não só serviu como referência para a repressão empregada pela ditadura militar nos "anos de chumbo",

capaz de reduzir a preponderância dos crimes patrimoniais na sistemática de proteção penal brasileira. Na realidade, pela primeira vez desde o início dos levantamentos estatísticos relativos à repressão criminal no Brasil um crime contra o patrimônio, o de furto, superava em números absolutos os crimes de homicídio, ou de lesão corporal[487], inaugurando uma tendência que se manteve até o início do século XXI[488].

Conforme já mencionado, ganhou destaque o retorno das prisões por contravenção, com surpreendente intensidade. Foram registradas, apenas em 1978, 13.095 prisões em virtude de condenação por contravenções, das quais 9.313 eram patrimoniais[489], representando 71% de todas as prisões.

O levantamento manteve as informações socioeconômicas, embora tenha olvidado a contagem de quantos dos presos eram primários e quantos eram os reincidentes. Restaram as informações relativas à instrução, apontando que apenas 15% dos presos em geral era analfabeto (12.286 registros) – número abaixo da média nacional de 25,9%[490] –, e 51% dos presos possuía apenas instrução fundamental (41.585 registros)[491].

A despeito dos relatos de repressão alusivos ao período de ditadura militar, curiosamente, a evolução dos índices prisionais não destoa da evolução gradativa analisada pelo presente estudo, conforme será observado nas séries seguintes.

como usurpava a incriminação de condutas previstas como crime no Código Penal vigente, revogando-as tacitamente. Foram exemplos os delitos de roubo ou assalto a estabelecimento de crédito ou financiamento (Artigo 27), e o roubo, saque ou dano com finalidade de sabotagem, ou terrorista (Artigo 28).

487 Os 14.924 registros de condenação por furto no período superaram os 13.319 registros de homicídio e tentativa de homicídio somados, bem como os 11.302 registros de lesão corporal (IBGE. **Anuário Estatístico**..., 1980, p. 286).

488 Na virada do terceiro milênio, os crimes de roubo assumiram a primeira posição entre os crimes mais punidos no país, posição mantida até o ano de 2014, quando o delito de tráfico de drogas passou a ser o responsável pelo maior número de prisões no Brasil.

489 Os registros apontaram 6.518 condenações por contravenção de vadiagem, e 2.795 por jogo ilegal. Pela primeira vez desde os registros do império, o número de prisões por contravenção de vadiagem superou o de condenações por jogo ilegal. Não foi explicitado a que outras contravenções faziam menção as demais 3.782 contravenções relatadas no levantamento, de forma que se torna impossível verificar quais delas eram, também, patrimoniais.

490 INEP. **Mapa**..., p. 6.

491 A estatística é maculada pelo fato de 25% dos presos (20.407 registros) ter grau de instrução ignorado. O levantamento indicou, ainda, que apenas 0,6% dos presos (487 registros) possuía curso superior.

Curioso salientar que os dados estatísticos relativos ao fim do regime militar, especificamente no período comumente denominado de "reabertura" e redemocratização, curiosamente, não demonstraram um refreamento na repressão criminal, sobretudo no que se refere aos crimes contra o patrimônio. O Anuário Estatístico brasileiro do ano de 1990, a despeito de sua edição posterior à promulgação da Constituição de 1988, trazia dados mais completos relativos ao ano de 1987[492].

O documento relativo aos levantamentos acerca dos registros de prisão no período mencionado[493] alterou, mais uma vez, seus parâmetros de coleta de dados, computando os registros gerais de prisão no Brasil, sem fazer qualquer menção a quantas ocorrências se referiam a condenações criminais. Sobre os registros, o Anuário relata 172.175 prisões efetivadas no território nacional, das quais 96.144 faziam menção a crimes patrimoniais[494], o que representava 56% de todas as motivações de prisão por crime no período.

Foram relatadas, ainda, 60.952 prisões por contravenção[495], das quais 28.118 se referiam às contravenções de jogo ilegal e vadiagem, perfazendo 46% do total apurado[496].

Novamente, foram coletados dados relativos às peculiaridades socioeconômicas dos presos. Constatou-se, quanto ao grau de instrução, que 18.308 entre todos os presos eram analfabetos, representando 8% do total, número bem abaixo da média nacional que, no período, orbitava entre 19%[497]. Outros 74.307 presos possuíam apenas educação fundamental incompleta (40% do

---

[492] A compilação, embora apresentasse alguns dados criminais relativos ao ano de 1988, não apresentava a completude de informações necessária ao levantamento das informações relevantes para o trabalho.

[493] IBGE. **Anuário Estatístico do Brasil. Ano L, 1990.** Rio de Janeiro: Serviço gráfico do Instituto Brasileiro de Geografia e Estatística, 1990, p. 234-236.

[494] Números exatos: 55.544 prisões por furto; 18.452 por roubo e extorsão; 4.846 por estelionato a outras fraudes; 480 por latrocínio; 4.480 por "outros crimes contra o patrimônio"; 11.506 por tráfico de drogas; e 836 por falsificação de moeda e cheques.

[495] IBGE. **Anuário Estatístico...**, 1990, p. 236.

[496] Os registros exatos foram de 22.777 prisões por vadiagem, e 5.341 prisões por jogo ilegal. Cabe destacar que outras 22.608 prisões por contravenção (37% do total) não foram classificadas, o que macula o levantamento haja vista que, à época, ainda era comum o questionável procedimento de "prisão para averiguação". Muitas dessas prisões eram registradas como supostos procedimentos de averiguação de contravenções penais, a fim de obstar que se evidenciasse o crime de abuso de autoridade por parte dos agentes policiais.

[497] INEP. **Mapa...**, p. 6.

total), e 51.837 (22% do total) completaram o ensino fundamental. O relato não é fidedigno, pois 34% do total de presos (80.242 registros) constaram no levantamento como indivíduos de escolaridade ignorada[498].

Com relação ao apanhado de informações trazidas pelo levantamento, tornou-se impossível o estabelecimento de um parâmetro comparativo de evolução de panorama repressivo, haja vista que o relatório trouxe informações relativas ao número geral de prisões – em contrapartida aos registros isolados de prisão por condenação de seu antecessor –, e ainda ao fato de o documento anterior não ter informado o número de presos primários.

Promulgada a Constituição de 1988, esperava-se que os índices de repressão penal, sobretudo os relativos às prisões, sofressem considerável redução. O rol de garantias processuais e individuais trazidos pela nova carta política, aliado à vedação da "prisão para averiguação" e outras limitações impostas às autoridades administrativas fundamentava a projeção de uma nova realidade no tratamento penal. Esta redução foi observada, embora moderada, como se observam nos levantamentos posteriores ao ano de 1988.

Infelizmente, com a Constituição de 1988, emerge um aparente desinteresse do poder público em realizar levantamentos estatísticos concernentes à questão criminal. O esforço empreendido para coletar e compilar informações de interesse criminal arrefece, de forma que os levantamentos posteriores ao de 1990 apresentam decrescente qualidade. O Anuário Estatístico brasileiro de 1993, como que em um último esforço, traz informações acerca dos registros de prisão no Brasil antes que o IBGE deixe, finalmente, de inserir tais informações nos anuários estatísticos[499].

---

[498] Considerando apenas os registros válidos, constata-se que 12% dos presos eram analfabetos, 49% possuíam educação fundamental incompleta, e 34% tinham o ensino fundamental completo, constituindo um total de 95% dos presos sem acesso ao segundo grau. O número de presos identificados com curso superior permaneceu baixíssimo (1.247 registros), configurando 0,5% do total geral, e 0,8% do total de indivíduos com escolaridade identificada.

[499] A partir da edição de 1994 o Anuário Estatístico Brasileiro passou a apresentar informações genéricas sobre movimentações judiciais nos Órgãos Federais e, no que concerne à segurança pública, apenas dados relativos a acidentes de trânsito ocorridos nos respectivos exercícios. Nos anos seguintes, em tese, as estatísticas ficariam a cargo dos órgãos de segurança pública. O levantamento, entretanto, traz as informações fragmentadas, informando que alguns dos crimes não foram informados pelas fontes. Segundo o anuário (IBGE. **Anuário Estatístico do Brasil. Ano LIII, 1993**. Rio de Janeiro: Serviço gráfico do Instituto Brasileiro de Geografia e Estatística, 1993, p. 236) não foram colhidos dados alusivos aos crimes de tentativa de homicídio, aborto e atentado ao pudor mediante fraude.

O relatório[500], mais uma vez, traz informações sobre os registros de prisão de forma genérica, sendo o ano de 1990 o último a que se referem os informes. No documento, constam 159.071 registros de prisões por crimes, sem qualquer menção a registros de prisão por contravenção. Dentre os registros, 76.318 fazem menção a delitos patrimoniais[501], representando 48% do total de prisões[502].

As informações de conteúdo criminológico também foram apresentadas de forma reduzida. Mais uma vez, o relatório anual olvidou as informações relativas aos presos primários e reincidentes, trazendo apenas os dados alusivos à escolaridade dos detentos. Do universo dos detidos, 62.850 eram analfabetos, o que representava 40% de todos os presos, número que em muito superou a média nacional de 19%[503]. Estes eram seguidos por 16.006 presos com educação fundamental incompleta (10% do total), e 41.451 presos com nível fundamental de instrução (26% do total). Mais uma vez, o levantamento se mostrou falho, não classificando 31.848 detentos (20% do total)[504].

Considerando as informações constantes no último dos levantamentos a cargo do IBGE e possível observar, apenas, a aparente redução no número de prisões por crimes, no patamar de 8%[505]. Considere-se, ainda, o aumento da população nacional no período, no índice de 21,3% comparado ao exercício anterior. As informações exigem reflexão sobre um possível refreamento nos índices de criminalidade, ou nos de repressão criminal. Entretanto, a análise fica prejudicada, pelo excessivo lapso provocado pela ausência de levantamentos fidedignos nos anos seguintes.

---

500 IBGE. **Anuário Estatístico**..., 1993, p. 236.

501 Números exatos: 42.291 prisões por furto; 19.473 por roubo e extorsão; 4.178 por estelionato e outras fraudes; 363 por moeda e cheques falsos; e 10.013 por tráfico.

502 Cabe destacar que o relatório não repetiu o esmero das edições anteriores, classificando os delitos em apenas 13 modalidades. Isto fez com que 41.299 crimes fossem classificados como "outros". A título de informação, se considerados apenas os dados relativos aos crimes classificados, os delitos patrimoniais representariam 65% do total de prisões no exercício.

503 INEP. **Mapa**..., p. 6.

504 Desconsiderados os registros ignorados, o percentual de analfabetos elevar-se-ia a 49%, o de presos com educação fundamental incompleta a 13%, e os presos com ensino fundamental a 33%, somando 95% dos detentos sem acesso ao segundo grau de instrução.

505 Resta prejudicado o cálculo da redução do número geral de prisões, uma vez ausentes os dados relativos às prisões em decorrência prática de contravenção penal.

4.5 Um novo milênio: período de omissão e novos modelos de quantificação

A análise dos dados relativos à repressão criminal no Brasil a partir do ano 2000, contra todos os prognósticos, decresceu consideravelmente em qualidade. Previa-se, à época, que a atuação da Secretaria Nacional de Segurança Pública (SENASP) e do Departamento Penitenciário Nacional facilitariam e agilizariam a coleta de dados e informações alusivas a registros de crime e prisões, aprimorando o panorama estatístico relativo à realidade jurídico-penal no país.

Entretanto, não foi o que se observou. A bem da verdade, a primeira década do novo milênio pouco trouxe em levantamentos estatísticos na esfera nacional, ao menos que fornecessem um parâmetro mínimo de análise. Reputa-se a omissão do período na coleta de estatísticas nacionais às disposições contidas na Constituição Federal, que atribuíam aos Estados a maior parte da responsabilidade sobre a gestão das atividades de polícia judiciária e administração carcerária, exceto nos casos de competência federal. Na realidade, a gestão de eficiência das atividades de segurança pública, nos termos da Constituição Federal[506], deveria ser estabelecida por Lei Federal, o que não ocorreu na primeira década do século XXI.

As Unidades da Federação até faziam o seu controle estatístico de prisões e ocorrências, porém sempre de forma descentralizada e – como se observa nos poucos levantamentos publicados pelos Estados ao longo da década mencionada –, não raramente, inconclusa ou meramente deficiente[507]. A distribuição de competência criminal nas esferas estadual e federal também contribuiu com a descentralização das informações, inviabilizando a coleta e compilação de dados de forma a se estabelecer uma interpretação da realidade criminal nacional.

Ao final da primeira década do século XXI, entretanto, a realidade dos levantamentos relativos à repressão criminal no país sofre uma alteração. Um

[506] A Constituição previa que a organização e funcionamento dos órgãos de segurança pública de maneira a garantir a eficiência de suas atividades, seria definido por Lei Federal (Artigo 144, §7º, da Constituição Federal).

[507] Exemplo da afirmação foi o Plano Diretor do Sistema Penitenciário do Estado da Paraíba (PARAÍBA. Secretaria de Estado da Cidadania e Administração Penitenciária. **Plano Diretor do Sistema Penitenciário do Estado da Paraíba.** 2007) que, em detalhada coleta de dados sobre os reclusos existentes no Estado, não trouxe quaisquer informações sobre a classificação dos crimes motivadores da prisão traçando, ainda, um perfil socioeconômico impreciso dos detentos.

dos organismos federais, o Departamento Penitenciário Nacional, passou a publicar relatórios analíticos sobre os dados coletados em todo sistema prisional brasileiro.

É certo que diversos outros trabalhos científicos foram publicados relatando a realidade da repressão criminal no Brasil, especialmente em recortes regionais. Entretanto, a análise desses materiais contraria a metodologia proposta para este trabalho, motivo pelo qual é necessário manter a fidelidade às fontes que compilem dados nacionais, provenientes de organismos oficiais. Em virtude disto, a análise estatística da repressão criminal no Brasil continua por meio do estudo dos dados alusivos ao sistema penitenciário publicados pelo Departamento Penitenciário Nacional.

Registre-se que, em virtude da ausência de fontes, resta um lapso estatístico entre os anos de 1990 e 2008, que será suprido no tratamento dos dados apenas pelas informações relativas à população carcerária total no país, nos termos dos levantamentos oficiais sobre o tema, em momento oportuno. Neste interstício, uma série de fatores motivaram a alteração na realidade de repressão criminal no Brasil, dos quais três se destacam: a alteração do Código Penal pela Lei nº 7.209, de 11 de julho de 1984, que insere as penas restritivas de direitos no Código Penal brasileiro[508]; a Lei nº 9.099, de 26 de setembro de 1995, que insere os juizados especiais criminais na organização judiciária, intensificando a aplicação de penas restritivas de direitos[509]; e, por fim, as diversas alterações do Código Penal, bem como publicações de legislações extravagantes que passaram a aflorar na sistemática jurídico-penal nacional, mormente a partir dos anos 1990, conforme apontado ao final do capítulo 3 deste trabalho.

Essas evoluções promovem alterações no panorama de repressão criminal do Brasil. Inicialmente, por relegar ao *status* de infrações de menor potencial ofensivo uma série de delitos que historicamente motivaram grande número de prisões no país, a exemplo das lesões corporais[510], ameaça, atentados ao pudor

---

[508] As disposições foram posteriormente alteradas pela Lei nº 9.714, de 25 de novembro de 1998.

[509] A aplicação de penas não privativas de liberdade foi inserida no texto da lei como um dos objetivos principais do diploma (por força da disposição do Artigo 62, *fine*), sendo doutrinariamente elevado à categoria de princípio geral dos procedimentos alusivos aos JECRIM.

[510] No que se refere aos delitos de lesão corporal simples, somente fugiram da competência dos juizados especiais as modalidades previstas no §9º do Artigo 129 do CPB, inserido pela Lei nº 11.340, de 7 de agosto de 2006.

e atos de libidinagem, e todas as contravenções. Finalmente, por inserirem na quantificação delitos inexistentes nas sistemáticas penais de décadas anteriores. Infelizmente, em virtude da ausência de levantamentos fidedignos no período de transição entre a realidade anterior a estas disposições e as atuais, torna-se impossível a análise mais aproximada do fenômeno.

4.5.1 Estatísticas penitenciárias de 2008 a 2016

O Departamento Penitenciário Nacional passou a produzir estatísticas sobre os registros prisionais no país desde o ano de 2005. Entretanto, as informações contidas nos primeiros relatórios analíticos publicados pelo órgão inviabilizam qualquer levantamento fidedigno sobre a repressão criminal, em virtude da ausência de dados relativos a um número considerável de estabelecimentos prisionais no Brasil, problema que se repete nos relatórios de 2006 e 2007. Por este motivo, os alusivos relatórios não podem ser considerados para fins deste estudo.

O primeiro relatório analítico que apresenta dados consistentes é o alusivo ao ano de 2008. No documento[511], que registra um total de 451.219 indivíduos privados da liberdade no Brasil, o relatório logra levantar os motivos predominantes em 370.405 destas prisões, sem fazer distinção entre prisões provisórias e definitivas. Dentre o universo pesquisado, foram encontrados 276.079 registros relativos a crimes indicados neste trabalho como delitos patrimoniais[512], o que representa um total de 74% de todas as motivações de prisão levantadas.

Cumpre destacar que os números registrados no período se referem ao total de presos acautelados no país, sem distinguir quais as prisões se referem a entradas no ano corrente, ao inverso das séries estudadas até o ano de 1990. A tendência foi mantida em todos os demais levantamentos analisados por este estudo.

[511] BRASIL. Departamento Penitenciário Nacional. **Relatório analítico do sistema integrado de informações penitenciárias – INFOPEN, dezembro de 2008**. Brasília: DEPEN, 2008, p. 4.

[512] Números exatos: 106.103 registros de prisão por roubo e extorsão; 62.050 por furto; 13.062 por latrocínio; 10.973 por receptação; 4.607 por estelionato e outras fraudes; 468 por apropriação indébita; 77.371 por tráfico de drogas; 289 por moeda falsa; 412 por peculato; 40 por concussão; 52 por corrupção passiva; 404 por corrupção ativa; e 248 por contrabando.

Neste primeiro levantamento com informações fidedignas que rompe uma longa série de omissão na coleta de dados estatísticos, percebe-se que o crime de roubo tomou a projeção máxima entre os demais delitos, somando 106.103 registros e perfazendo, por si só, 24% de todas as motivações de prisão no período[513]. O crime de tráfico de drogas também apresenta aumento expressivo durante o lapso, saltando dos cerca de 10 mil registros nos anos 1990 para 77.371 ocorrência de prisão, somando 21% da totalidade dos registros.

Quanto às informações criminológicas, foram apuradas informações relativas ao grau de instrução de 373.497 presos, constatando que 28.432 (8% do total) eram analfabetos, percentual abaixo da média de 10% de analfabetos no país no período[514]. Outros 219.930 possuíam educação fundamental incompleta (59% do total), e 49.262 (13% do total) possuíam o fundamental completo, representando 80% dos presos sem acesso ao segundo grau. O número de presos com curso superior representou 1.773 registros, indicando 0,5% do total de presos com escolaridade informada. Não foram colhidos dados sobre o número de presos primários ou reincidentes.

No exercício seguinte o relatório analítico[515] indicou a existência de 473.600 indivíduos privados da liberdade no Brasil, 417.334 registros foram catalogados pelo crime motivador da prisão, dentre os quais se destacam 310.543 delitos patrimoniais[516], o que totaliza 74% dos registros, mantendo o percentual do exercício anterior. Mais uma vez, os crimes de roubo e extorsão (120.463 registros, perfazendo 29% do total de crimes) e tráfico de drogas (91.037 registros, totalizando 22% do universo geral) tiveram relevância.

As informações socioeconômicas se limitaram ao grau de instrução dos detentos. Foram levantadas informações a esse respeito sobre 401.371 reclusos,

---

513 Os crimes de homicídio tentado/consumado e lesão corporal que, no primeiro século, dominavam os levantamentos alusivos às prisões, perderam o destaque. O crime de homicídio, com 45.862 registros (12% do total apurado), passou a figurar no 4º lugar, atrás também dos crimes de tráfico de drogas, roubo e furto, respectivamente. Quanto às lesões corporais, motivaram prisão apenas as relativas a violência doméstica, com 1.834 registros (0,5% do total apurado).

514 Fonte: IBGE, Diretoria de Pesquisas, Coordenação de Trabalho e Rendimento, Pesquisa Nacional por Amostra de Domicílios 2007/2015.

515 BRASIL. Departamento Penitenciário Nacional. **Relatório analítico do sistema integrado de informações penitenciárias – INFOPEN, dezembro de 2009**. Brasília: DEPEN, 2009.

516 Números exatos: 120.463 prisões por roubo e extorsões; 64.815 por furto; 13.608 por latrocínio; 5.673 por estelionato e outras fraudes; 12.536 por receptação; 667 por apropriação indébita; 91.037 por tráfico de drogas; 428 por moeda falsa; 432 por peculato; 36 por concussão; 69 por corrupção passiva; 502 por corrupção ativa; e 278 por contrabando e descaminho.

constatando que 26.091 deles, ou 7% do total, eram analfabetos, percentual abaixo da média nacional do período, de 9,7%. Outros 228.061 presos, 57% do total, possuíam educação fundamental incompleta. 67.381 havia concluído o ensino fundamental, representando 17% do total, o que mantinha o percentual de presos sem acesso ao segundo grau no patamar de 81%. Apenas 1.775 detentos possuíam diploma de curso superior, representando 0,4%[517]. Nenhuma informação sobre o quantitativo de primários e reincidentes foi inserida no documento.

O relatório analítico referente ao ano de 2010[518] registrou uma população carcerária de 496.251 presos. Destes, 428.713 foram classificados pelo tipo de delito principal que motivou a prisão, dos quais 324.526 referiam-se a crimes patrimoniais[519], totalizando 76% do total das prisões.

Quanto às informações socioeconômicas dos presos, mais uma vez o relatório ignorou os indicativos de primariedade e reincidência criminal. No que se refere ao grau de instrução dos detentos, 425.580 presos foram devidamente catalogados, sendo que 25.319 eram analfabetos (perfazendo 6% do total)[520]; 257.721 possuíam educação fundamental incompleta (perfazendo 61% do universo estudado); e 52.826 possuíam o ensino fundamental completo (perfazendo 12% do total). O somatório dos percentuais representava 79% dos presos sem acesso ao ensino médio. O número de presos com ensino superior estacionou em 1.901, ainda 0,4% do total de detentos.

A segunda década do século XXI se inicia com o relatório analítico alusivo ao ano de 2001 em que o documento[521] indicou o aumento da população carcerária no Brasil, atingindo o número absoluto de 514.582 detentos. 493.275 das prisões foram classificadas pela incriminação predominante,

---

[517] A redução do percentual de indivíduos com curso superior completo presos chama a atenção, uma vez que o número de indivíduos com curso superior no país aumentou 10% com relação ao ano anterior (INEP. **Resumo técnico: senso da educação 2009**. Brasília: INEP, 2010, p. 32).

[518] BRASIL. Departamento Penitenciário Nacional. **Relatório analítico do sistema integrado de informações penitenciárias – INFOPEN, dezembro de 2010**. Brasília: DEPEN, 2010, p. 3-4.

[519] Números exatos: 121.407 prisões por roubo e extorsões; 63.454 por roubo; 13.156 por latrocínio; 12.262 por receptação; 5.315 por estelionato a outras fraudes; 586 por apropriação indébita; 106.491 por tráfico de drogas; 444 por moeda falsa; 434 por peculato; 42 por concussão; 93 por corrupção passiva; 575 por corrupção ativa; e 267 por contrabando e descaminho.

[520] Não foi feita a comparação com a média nacional de analfabetismo, por não ter sido realizado levantamento específico no ano em questão.

[521] BRASIL. Departamento Penitenciário Nacional. **Relatório analítico do sistema integrado de informações penitenciárias – INFOPEN, dezembro de 2011**. Brasília: DEPEN, 2011.

destacando-se 368.510 delitos, ou 75% do total de todas as prisões, como patrimoniais[522].

As informações socioeconômicas foram publicadas trazendo apenas os dados relativos ao grau de instrução dos reclusos. Foram classificados pela escolaridade 451.375 presos, dos quais: 26.410 se declararam analfabetos, representando 6% do total, índice abaixo dos 8,6% projetados na média nacional[523]; 275.040 possuíam apenas educação fundamental incompleta, representando 61% do total; e 59.046 dos detentos havia completado o ensino fundamental, representando 13% do total apurado. O índice dos detentos que não teve acesso ao segundo grau se manteve em 80%. O número de presos com nível superior completo, 2.058, se manteve em 0.4%, a despeito do número de indivíduos com curso superior no país apresentar novo crescimento no exercício, na ordem de 5%[524].

No que tange ao ano de 2012, o relatório analítico do Departamento Penitenciário Nacional[525] registra 548.003 indivíduos recolhidos nas prisões brasileiras, logrando êxito em catalogar, por motivo da prisão, 545.465 detenções. Dentro deste universo, 410.337 se referem a delitos patrimoniais[526], mantendo a média de 75% do número geral de registro de prisão identificados por motivo.

O levantamento socioeconômico trouxe as informações relativas ao grau de instrução dos presos, catalogando 489.893 detentos pela escolaridade. Foram registrados 27.813 presos analfabetos, o que perfaz 6% do total, mais uma vez abaixo da média nacional de analfabetismo do período, de 8,7%[527].

[522] Números exatos: 137.943 registros de prisão por roubo e extorsões; 69.160 por furto; 14.259 por latrocínio; 13.008 por receptação; 5.438 por estelionato e outras fraudes; 676 por apropriação indébita; 125.560 por tráfico de drogas; 447 por moeda falsa; 1.044 por peculato; 40 por concussão; 57 por corrupção passiva; 573 por corrupção ativa; e 302 por contrabando e descaminho.

[523] Fonte: IBGE, Diretoria de Pesquisas, Coordenação de Trabalho e Rendimento, Pesquisa Nacional por Amostra de Domicílios 2007/2015.

[524] INEP. **Resumo técnico: senso da educação 2013**. Brasília: INEP, 2015, p. 32.

[525] BRASIL. Departamento Penitenciário Nacional. **Relatório analítico do sistema integrado de informações penitenciárias – INFOPEN, dezembro de 2012**. Brasília: DEPEN, 2012.

[526] Números exatos: 153.577 registros por roubo e extorsões; 77.873 por furto; 15.415 por latrocínio; 14.319 por receptação; 6.092 por estelionato e outras fraudes; 699 por apropriação indébita; 139.198 por tráfico de drogas; 461 por moeda falsa; 1.357 por peculato; 50 por concussão; 72 por corrupção passiva; 650 por corrupção ativa; e 574 por contrabando e descaminho.

[527] Fonte: IBGE, Diretoria de Pesquisas, Coordenação de Trabalho e Rendimento, Pesquisa Nacional por Amostra de Domicílios 2007/2015.

Os presos com educação fundamental incompleta foram quantificados em 295.531, o que perfaz 60% do total. Já os detentos com ensino fundamental completo somaram 62.175 registros, perfazendo 13%. A média percentual de presos sem acesso ao ensino superior manteve a média dos anos anteriores, desta vez em 79%. 2.179 presos possuíam curso superior completo, representando os mesmos 0,4% das duas séries anteriores.

O levantamento relativo ao ano de 2013, mais uma vez, apontou o aumento do número total de presos no país, que atingiu 574.027. O relatório[528] classificou 563.714 registros pela razão da prisão, sendo 419.338 deles relativos a delitos indicados neste trabalho como predominantemente patrimoniais[529], ou 74% das classificações.

As informações de cunho socioeconômico, já sem nenhuma surpresa, referiam-se isoladamente à escolaridade dos detentos, com 514.591 classificações. Dentre estas, 27.468 presos identificados como analfabetos, totalizando 6% do universo amostral, abaixo da média nacional, em 8,5%. Foram contabilizados outros 302.086 presos com educação fundamental incompleta, totalizando 59%, e mais 64.879 presos com ensino fundamental completo, totalizando 13%. Isto resulta num percentual de 77% dos presos sem acesso ao ensino médio. O número de presos com nível superior se manteve no percentual de 0,4%, desta vez com o total de 2.352 prisões.

No ano de 2014, o relatório analítico do DEPEN[530] contabilizou um total de 622.202 indivíduos presos em território nacional. Deste universo de prisões, 532.959 foram catalogadas, 394.986 delas relativas aos crimes patrimoniais a que se dedica este estudo[531]. O número de registros integralizou 74% de todas as prisões no período.

---

[528] BRASIL. Departamento Penitenciário Nacional. **Relatório analítico do sistema integrado de informações penitenciárias – INFOPEN, junho de 2013**. Brasília: DEPEN, 2013, p. 3-4.

[529] Números exatos: 153.018 prisões em virtude de roubo e extorsões; 78.326 por furto; 16.716 por latrocínio; 15.150 por receptação; 6.013 por estelionato e outras fraudes; 854 por apropriação indébita; 146.276 por tráfico de drogas; 443 por moeda falsa; 885 por peculato; 299 por concussão; 286 por corrupção passiva; 691 por corrupção ativa e 203 por contrabando e descaminho.

[530] BRASIL. Departamento Penitenciário Nacional. **Relatório analítico do sistema integrado de informações penitenciárias – INFOPEN, dezembro de 2014**. Brasília: DEPEN, 2014.

[531] Números exatos: 141225 registros por roubo e extorsões; 68.771 por furto; 14.655 por latrocínio; 15.382 por receptação; 4.620 por estelionato e outras fraudes; 618 por apropriação indébita; 843 classificadas como "outros crimes contra o patrimônio"; 147.475 por tráfico de drogas; 854 por moeda falsa; 285 por peculato; 101 por concussão; 501 por corrupção passiva; 942 por corrupção ativa; e 714 por contrabando ou descaminho.

Merece destaque o fato de, pela primeira vez, o crime de tráfico de drogas figurar em primeiro lugar entre as motivações de prisão, com 147.475 registros representando, isoladamente, 28% de todas as prisões no exercício.

Quanto as informações socioeconômicas, 488.942 presos foram classificados por seu grau de escolaridade, dos quais: 19.487 eram analfabetos (4%) – abaixo da metade da média nacional de analfabetismo, em 8,3%[532] –; 275.102 possuíam educação fundamental incompleta (56%); 72.216 possuíam o ensino fundamental completo (15%). O número de presos sem acesso ao segundo grau, em percentuais, caiu para 75%. Já o número dos presos com curso superior completo sofreu irrisória mudança, com 2.360 ocorrências (0,5%).

Em 2015, o levantamento periódico registrou 698.618 indivíduos presos no Brasil[533]. Entre os registros de prisão mencionados, 608.991 foram classificados por tipo de crime que motivou a prisão, universo em que se destacaram 445.908 delitos patrimoniais[534]. Nota-se, portanto, que 73% de todas as prisões foram motivadas por delitos que tem como elemento primordial a proteção ou o intento de percepção de patrimônio.

Os registros socioeconômicos dos presos, mais uma vez, foram colhidos, em 453.887 das ocorrências. Os números assim se apresentaram: 17.847 presos analfabetos, representando 4% do total (metade da média nacional do exercício, de 8%); 260.900 presos com educação fundamental incompleta, representando 57%; 61.642 presos com ensino fundamental completo, representando 14%. A soma dos dados resultava em 75% dos presos sem acesso ao segundo grau de educação. O percentual de detentos com curso superior não sofreu alteração com relação ao período anterior, estagnado em 0,5%, com 2.221 registros.

O último levantamento relativo às informações prisionais publicados no Brasil, até a conclusão deste trabalho é o Levantamento Nacional de Informações Penitenciárias do Departamento Penitenciário Nacional, elaborado em junho de

---

532 Fonte: IBGE, Diretoria de Pesquisas, Coordenação de Trabalho e Rendimento, Pesquisa Nacional por Amostra de Domicílios 2007/2015.

533 BRASIL. Departamento Penitenciário Nacional. **Relatório analítico do sistema integrado de informações penitenciárias – INFOPEN, dezembro de 2015**. Brasília: DEPEN, 2015.

534 Números exatos: 149.593 registros de prisão em virtude de roubo e extorsões; 77.035 por furto; 16.090 por latrocínio; 18.461 por receptação; 6.074 por estelionato e outras fraudes; 955 por apropriação indébita; 3.313 classificadas como "outros crimes contra o patrimônio"; 172.338 por tráfico de drogas; 485 por moeda falsa; 428 por peculato; 60 por concussão; 64 por corrupção passiva; 632 por corrupção ativa e 380 por contrabando ou descaminho.

2016[535]. No levantamento, há o registro de um total de 726.712 presos no país[536]. Dentre este contingente carcerário, 620.974 prisões foram classificadas pelos motivos determinantes, das quais 457.815 restaram identificadas como crimes classificados por este trabalho como patrimoniais[537], perfazendo 74% do total classificado.

O documento, pela derradeira vez, não reproduziu a coleta de informações alusivas a presos primários e reincidentes, recorrentes nas avaliações do IBGE, até os anos 1990. Foram mantidos, entretanto, os levantamentos socioeconômicos relativos ao grau de escolaridade dos presos, sendo que 482.882 prisões foram classificadas pelo nível de instrução dos reclusos. Dentro deste espaço amostral, 16.976 detentos eram analfabetos, perfazendo 3,5%, mais uma vez abaixo da média nacional de analfabetismo registrada naquele ano de 7,2%. O número de detentos com educação fundamental incompleta foi calculado em 276.111, representando 57% dos classificados. E o total de reclusos com formação primária completa atingiu 67.963, totalizando 14% das ocorrências. Com isso, na última série o número de presos sem acesso ao segundo grau representou 74,5%, apresentando pouca variação na série estatística produzida pelo Departamento Penitenciário Nacional. O número de presos com curso superior, por sua vez, calculado em 2.323, somou 0,5%, apresentando uma impressionante invariabilidade em todos os levantamentos do DEPEN.

Com estas informações, se encerra a pesquisa estatística acerca da repressão criminal no Brasil, considerados os índices e fontes disponíveis desde o início da vigência do Código Penal de 1830. Cabe agora ao trabalho realizar a análise dos dados, a fim de verificar a confirmação da tendência de proteção patrimonial indicadas nas seções anteriores deste estudo.

---

535 BRASIL. Departamento Penitenciário Nacional. **Relatório analítico do sistema integrado de informações penitenciárias – INFOPEN, junho de 2016**. Brasília: DEPEN, 2016.

536 SANTOS, Thandara *et al.* **Levantamento Nacional de Informações Penitenciárias – INFOPEN: junho de 2016**. Brasília, DF, Ministério da Justiça, 2016, p. 43.

537 Números exatos: 158.722 registros de prisão em virtude de roubo e extorsões; 73.786 por furto; 19.218 por receptação; 15.922 por latrocínio; 6.026 por estelionato e outras fraudes; 638 por apropriação indébita; 4.609 classificadas como "outros crimes contra o patrimônio"; 176.808 por tráfico de drogas; 484 por moeda falsa; 423 por peculato; 77 por concussão; 50 por corrupção passiva; 621 por corrupção ativa e 432 por contrabando ou descaminho.

4.6 Tratamento dos dados coletados

As informações discutidas ao longo deste capítulo apresentam diversas intercorrências e algumas inconsistências, relativas à variabilidade dos dados coletados em exercícios distintos, o que dificulta a interpretação do panorama de repressão criminal no país desde a Independência. Em virtude dessa realidade, torna-se necessário enfeixar os dados de maneira a transmitir de forma mais clara a interpretação dos números que, a despeito do caráter aparentemente esparso de transmissão nos relatórios, são capazes de fornecer bases sólidas para a construção de conclusões sobre a evolução da sistemática jurídico-penal brasileira.

Antes disso, entretanto, é preciso reconhecer algumas das limitações alusivas aos dados transmitidos. A primeira delas, de forma geral, diz respeito ao fato de grande parte das informações contidas em relatórios oficiais fazerem menção a registros de prisão, que não traduzem exatamente o panorama de prática criminosa no país, nem tampouco o de registros criminais.

Considerando a distinção feita por Alessandro Baratta[538] entre criminalização primária – como o processo de elaboração das normas penais[539] –, e a criminalização secundária, representando a aplicação prática dessas disposições previamente definidas, o trabalho se dedica a buscar elementos que confirmem ou refutem, baseando-se em parâmetros estatísticos, uma crescente inclinação patrimonialista no direito penal brasileiro. O trabalho busca, entretanto, comprovar esta inclinação através da investigação dos padrões de repressão, por meio da aplicação da lei penal, e não por meio da exploração dos hábitos de prática criminal, o que se torna impossível em virtude da ausência ou deficiência dos dados relativos a registros de ocorrência ou de levantamentos que apontem os índices de prática criminal em um espectro geral.

Isto porque há que se considerar a afamada "cifra negra da criminalidade"[540], fenômeno em que grande parte dos crimes deixam de ser registrados, em regra por desinteresse das vítimas. Dentre as modalidades de delito comumente previstos no Ocidente, os crimes que mais apresentam casos de

[538] BARATTA, Alessandro. **Criminologia**..., p. 165.

[539] A análise das características deste fenômeno foi feita no capítulo anterior. A discussão das implicações das duas modalidades de incriminação, entretanto, será debatida no capítulo seguinte.

[540] BIDERMAN, Albert D.; REISS JR., Albert J. On exploring the "dark figure" of crime. **The Annals of the American Academy of Political and Social Science**, v. 374, n. 1, p. 1-15, 1967.

desistência de registro têm se mostrados os delitos patrimoniais[541], sobretudo os furtos e os roubos de objetos de pouco valor financeiro[542].

No Brasil, apenas dois levantamentos relevantes sobre vitimização foram realizados por órgãos oficiais, ambos pelo IBGE. O primeiro deles, um relatório sobre participação político-social, que dedicou um de dois volumes ao tema justiça e vitimização, trazia dados de levantamentos no ano de 1988. Nos termos do levantamento[543], 67,5% das vítimas de furtos ou roubos preferiram não fazer registro das ocorrências relativas aos crimes[544]. O estudo analisou, ainda, as motivações para a desistência do registro, constatando maiores índices nas seguintes motivações: descrença ou desinteresse no envolvimento da polícia (37,2%), falta de provas (23,1%), e consideração de que o registro simplesmente não seria importante (22,1%)[545].

O segundo estudo sobre vitimização foi realizado em 2009, também pelo IBGE. Neste levantamento, descobriu-se que 12,7% dos entrevistados havia sido vítima de roubo ou furto, consumado ou tentado, em um período de 365 dias. Considerando apenas as áreas urbanas, este percentual se elevou para 14% dos entrevistados[546] [547]. Com relação ao interesse no registro, apenas 48,4% das vítimas de roubo, e 37,7% das vítimas de furto procuraram a

---

[541] MACDONALD, Ziggy. Revisiting the dark figure: A microeconometric analysis of the underreporting of property crime and its implications. **British Journal of Criminology**, v. 41, n. 1, p. 127-149, 2001.

[542] No Brasil, historicamente os casos de violência doméstica possuíam baixo índice de registro criminal, realidade que foi alterada pela Lei nº 11.340, de 7 de agosto de 2006, popularmente conhecida como "Lei Maria da Penha", que tornou obrigatório o registro dos casos desta natureza, impedindo a desistência da vítima.

[543] IBGE. **Participação Político-Social** – 1988. Volume 1: justiça e vitimização. Rio de Janeiro: IBGE, 1990, p. 39.

[544] Se observou que o índice de desistência dos registro era mais alto nos casos em que o objeto material do crime eram coisas de difícil ou impossível identificação, como dinheiro, joias e outros materiais, hipóteses em que o índice de desistência era superior a 70%. Na hipótese em que os objetos materiais dos delitos eram eletrodomésticos ou veículos, os índices se reduziram a cerca de 50 e 20%, respectivamente. A informação é interessante, pois denota que a insistência no registro se devia menos ao valor das *res furtivas*, e mais à possibilidade de recuperação dos mesmos.

[545] A resposta "não era importante" também pode ser interpretada como direcionada à res furtiva.

[546] IBGE. **Pesquisa Nacional por Amostra de Domicílios**: características da vitimização e do acesso à justiça no Brasil. Rio de Janeiro: IBGE, 2010, p. 49.

[547] A pesquisa constatou, também, que os objetos materiais mais comuns nas subtrações relatadas foram telefones celulares (em 54,2% dos casos), dinheiro, cartões de crédito, débito ou cheques (54%) e documentos e objetos pessoais (30%) (IBGE. **Pesquisa Nacional**..., 2010, p. 52).

polícia. Os motivos preponderantes permaneceram os mesmos: a descrença na polícia (para 36,4% das vítimas de roubo, e 23,1% das vítimas de furto); e o fato de não considerarem importante o registro (para 23,1% das vítimas de roubo, e 24,4% das vítimas de furto). A pesquisa demonstrou, ainda, que grande parte dos cidadãos brasileiros – cerca de 60% dos domicílios particulares –, toma medidas particulares para impedir a vitimização por crimes em suas residências, sobretudo os contra o patrimônio, valendo-se de dispositivos de segurança[548].

Com base nestes estudos, parece evidente a impossibilidade de se estabelecer, com base em registros estatísticos, um panorama de prática criminal no Brasil. Entretanto, os registros de prisão fornecem elementos necessários para a análise do panorama da repressão criminal, indicando os crimes que demandam uma atuação proeminente do aparato de segurança pública, bem como as áreas de atuação em que o Estado é mais efetivo na aplicação da lei penal.

4.6.1 Números relativos à repressão

Considerados todos os dados e indicativos colhidos na análise dos relatórios oficiais disponíveis, poucos se mostraram capazes de permitir uma análise substancial da realidade da repressão criminal desde o Brasil Império. O primeiro exemplo dessa inconsistência são os dados relativos aos registros de ocorrências e processos criminais que, conforme indicado nos tópicos precedentes deste capítulo, constaram apenas nos relatórios alusivos aos anos de 1840, 1870, 1936, 1940 e 1945 – sendo os registros relativos a três desses relatórios, especificamente os de 1840, 1936 e 1940, alusivos exclusivamente às ocorrências registradas na cidade do Rio de Janeiro –, o que impossibilita uma análise comparativa aprofundada, encarados o distanciamento temporal e a divergência de espaço amostral entre os períodos.

O mesmo se observa nos registros alusivos aos processos criminais, disponibilizados apenas nos documentos de 1850, 1860, 1901 e 1940 – dentre os quais, mais uma vez, metade das ocorrências, especificamente nos registros de 1901 e 1940 –, mencionavam exclusivamente os dados colhidos no Distrito Federal.

No que tange às contravenções, os dados colhidos não permitem uma análise aprofundada, dadas as poucas ocasiões em que as prisões por contravenções penais foram registradas, mais especificamente nos anos de 1940,

[548] IBGE. **Pesquisa Nacional...**, 2010, p. 46.

1908, 1936 e 1940, 1980 e 1990. Relevante destacar, apenas, que desde que o Código Penal de 1890 passou a incriminar elementos socioeconômicos como o ganho patrimonial através do jogo, a pobreza, o acesso à moradia e trabalho e a cultura africana como contravenções, os índices relativos a prisões por contravenções patrimoniais se mantiveram altíssimos, atingindo 98,5% em 1908, 91% em 1936 e 97% em 1940, respectivamente. Com o advento da Lei de contravenções penais de 1948, a despeito do considerável refreamento das incriminações de cunho socioeconômico, o número de prisões por contravenção nos poucos registros disponíveis mostra elevados índices de repressão aos mesmos grupos socioculturais, com 71% dos registros em 1980, e 46% dos registros em 1990.

Os primeiros dados capazes de fornecer parâmetros analíticos sobre o panorama de repressão criminal no Brasil, certamente, são os alusivos às prisões, compilados na tabela abaixo:

Tabela 1

Ano	Prisões	Registros patrimoniais	Percentual
1840	115[1]	67	58%
1850	*-*	*-*	*-*
1860	*-*	*-*	*-*
1870	*-*	*-*	*-*
1880	48[2]	35	72%
1889	451[1]	138	31%
1901	96[2]	57	59%
1908	1.449	473	33%
1936	5.322[1]	3.893	73%
1940	1.029[1 e 3]	241	23%
1945	8.326	2.159	26%
1950	9.299[3]	3.593	39%
1960	18.395[3]	7.238	39%
1970	26.460[3]	11.463	43%
1980	68.053	32.195	47%
1990	172.175	96.144	56%
1993	159.071	76.318	48%

LAPSO ESTATÍSTICO			
2008	451.219	276.079	74%[4]
2009	473.600	310.543	74%[4]
2010	496.251	324.526	76%[4]
2011	514.582	368.510	75%[4]
2012	548.003	410.337	75%[4]
2013	574.027	419.338	74%[4]
2014	622.202	394.986	74%[4]
2015	698.618	445.908	73%[4]
2016	726.712	457.815	74%[4]

Notas: [1] os dados referem-se, apenas, aos registros do Distrito Federal.
[2] os dados se referem ao recolhimento de presos em virtude de condenação criminal na Casa de Correção da Corte.
[3] os dados se referem, apenas, às prisões decorrentes de condenações criminais registradas no período.
[4] percentual calculado sobre o número de prisões classificadas por tipo de crime, ainda que genericamente.

A despeito do lapso produzido pela ausência de informações acerca de prisões nas quatro décadas subsequentes ao ano de 1840, bem como no interstício entre os anos de 1993 e 2008, observa-se o crescimento gradativo do número de indivíduos encarcerados desde a independência do Brasil. O único ponto de divergência é a queda registrada entre o período alusivo à década de 1970-1980, e os anos subsequentes à promulgação da Constituição de 1988, evento já justificado no tópico alusivo ao levantamento específico, em virtude do período de exagerada repressão criminal nos anos mais rígidos da ditadura militar no Brasil[549].

No que se refere à análise desses números, dois fenômenos chamam a atenção: um deles é o fato de o registro percentual de prisões relativas a delitos patrimoniais[550] apresentar um refreamento sempre que uma nova

[549] Ainda assim, há que se considerar que o levantamento de 1993 foi publicado com dados residuais, representando a última ocasião em que o IBGE se desincumbiu de lançar as estatísticas referentes a prisões no anuário estatístico brasileiro, motivo pelo qual é possível que haja incongruência no levantamento.

[550] Mais uma vez, cabe recordar que a denominação se refere ao conceito estabelecido no capítulo 3 deste trabalho, sem relação com a antonomásia utilizada no texto legislativo para designar os crimes cujo objeto jurídico primário é o patrimônio. A expressão crimes ou delitos patrimoniais,

codificação penal é publicada, tornando a adotar uma tendência crescente; e o segundo, e mais evidente, o fato desta tendência crescente persistir até atingir o percentual próximo de 75%.

Tais observações conduzem a uma conclusão clara quanto às tendências gerais da sistemática de proteção penal no Brasil: ainda que três diferentes codificações, em momentos históricos e políticos distintos e sob variáveis influências técnico-legislativas apresentem espectros distintos de proteção patrimonial, os resultados da aplicação dessas normas converge no mesmo sentido, qual seja, o de promover o crescente encarceramento dos indivíduos que praticaram delitos patrimoniais. Curioso nesta observação é perceber que ainda que, sob a égide do Código Criminal de 1830, o rol de incriminações patrimoniais tenha sido tímido, passando a se tornar farto e variado no Código Penal republicano, e tornando a um compêndio reduzido de incriminações específicas no Código Penal vigente, os índices de repressão criminal ao final das séries analíticas alusivas à vigência dos mesmos demonstrou um percentual deveras aproximado de prisões em decorrência de delitos patrimoniais, situados em 72%, 73% e 74%, respectivamente.

Acerca da série estatística alusiva ao Código Penal vigente, se observa um aumento gradativo do número de prisões em decorrência de delitos patrimoniais – com a única exceção do período posterior aos "anos de chumbo" do regime militar –, atingindo em algum momento entre o lapso estatístico indicado no trabalho o padrão estacionário de 75% das prisões, considerando as variáveis de erro médio.

Ainda que – quando do debate realizado neste trabalho sobre a incriminação primária –, a tendência patrimonialista pudesse ser tangivelmente notada nas últimas três décadas, de forma que cerca de 40% de todas as incriminações do compêndio denotassem um viés patrimonialista, a realidade de repressão demonstra contornos expressivos, especialmente se considerado o fato de três quartos das prisões realizadas no país guardarem relação com crimes patrimoniais.

Notório que o crescimento do número de indivíduos presos deve ser considerado sob um viés cumulativo, uma vez que muitas dessas prisões resultam em condenações criminais, permanecendo o preso sob custódia em exercícios

no contexto do trabalho, refere-se aos crimes cujo bem jurídico primário ou secundário tem valor patrimonial, bem como aqueles praticados com a finalidade específica de ganho patrimonial, doutrinariamente categorizada como o *animus lucri faciendi*.

posteriores, significando que os levantamentos apontam o número de presos recolhidos no país em determinado período, e não o total de prisões realizadas naquele ano específico. Entretanto, há que se considerar a tendência progressiva do aparato de repressão criminal, sobretudo se comparados os índices de aumento de prisões no país em face dos índices de aumento populacional, como faz a tabela 2, valendo-se dos registros mais acurados, colhidos a partir do ano de 2008:

Tabela 2

ANO	Número prisões	Índice de crescimento	População aproximada	Índice de crescimento
2008	451.219	-	189,6 milhões	-
2009	473.600	5%	191, 4 milhões	0,9%
2010	496.251	5%	190,7 milhões	-0,4%
2011	514.582	4%	192,3 milhões	0,8%
2012	548.003	6%	193,9 milhões	0,8%
2013	574.027	5%	201 milhões	4%
2014	622.202	8%	202,7 milhões	0,8%
2015	698.618	12%	204,4 milhões	0,8%
2016	726.712	4%	206 milhões	0,8%
Crescimento no período		61%		8,65%

Fica evidente que a repressão criminal no Brasil progride em rigor ao longo dos anos, mormente no período em que passa a se revelar a influência panpenalista na legislação. Na última década, as taxas de encarceramento assumiram um índice de crescimento sete vezes maior que a taxa de crescimento demográfico no país. Entretanto, ainda que a sistemática punitiva apresentasse franca expansão, mesmo com o aumento progressivo do número de tipificações distintas, a pluralidade de tipos penais não se evidencia nos índices de repressão apurados. Ao contrário, a repressão parece cada vez mais se direcionar para um grupo reduzido e específico de delitos, como se a promoção da ordem social dependesse do controle destes delitos peculiares.

Notadamente, quanto mais forem praticados os crimes, tanto mais prisões a ele relativas provavelmente ocorrerão. Entretanto, existem indícios de que os registros de crimes aumentaram numa proporção menor que os indicativos de prisão a eles relativos no período dos últimos levantamentos fidedignos trabalhados por este estudo.

A evolução da repressão a crimes específicos, considerando as modalidades de crimes que mantêm projeção de destaque nos levantamentos estatísticos desde os tempos do Império (homicídio e crimes sexuais[551]), os delitos contra o patrimônio mais relevantes nos relatórios estatísticos pesquisados (furto, roubo, latrocínio, estelionato e outras fraudes e receptação), e os delitos alusivos à legislações esparsas com maior registros de prisão (tráfico de drogas e delitos previstos no Estatuto do Desarmamento[552]), ocorreu de acordo com a avaliação bienal proposta por meio da tabela 3:

Tabela 3

Delito	2008	2010	2012	2014	2016	Variação
Homicídio	45.862	49.336	63.066	54.418	68.067	48%
Crimes sexuais	17.167	17.252	21.504	23.587	26.082	52%
Desarmamento	17.715	23.043	30.438	27.106	32.154	82%
Furto	62.050	63.454	77.873	68.771	73.787	19%
Roubo	69.886	121.407	153.577	141.225	158.722	143%
Latrocínio	13.062	13.156	15.415	14.655	15.992	22%
Estelionato/fraudes	4.607	5.315	6.092	4.620	6.026	31%
Receptação	10.973	12.262	14.319	15.382	19.218	75%
Tráfico de drogas	77.371	106.491	139.198	147.475	176.808	129%
Crimes funcionais	504	569	1.479	887	550	9%

Nota-se que os crimes de roubo e tráfico de drogas registram o maior percentual de aumento nos índices repressivos. O crime de homicídio, que imperou em mais de um século desde os levantamentos iniciais, caiu para a

[551] Foi desconsiderado o crime de lesão corporal em virtude de, desde o ano de 1995, a maioria dos casos alusivos ao delito na modalidade simples ter se tornado da competência dos juizados especiais criminais – onde, conforme já apontado neste trabalho, a aplicação de pena não privativa de liberdade impera como objetivo, além da vedação da prisão em flagrante –, o que prejudica um levantamento sobre a repressão por meio dos registros de prisão.

[552] Cabe destacar que este trabalho não considerou nenhum dos crimes previstos no Estatuto do Desarmamento como delitos patrimoniais, nem mesmo os delitos de tráfico internacional ou comércio irregular de armas, em virtude da ausência de informações específicas acerca dos mesmos.

terceira posição entre o total de prisões, figurando atrás de tráfico de drogas e roubo, respectivamente. O crime de furto, que nos anos 1970 e 1980 figurou nos levantamentos estatísticos como o delito com o maior número de prisões, apresentou um dos menores percentuais de expansão na série trabalhada. Quatro modalidades de delitos, roubo, tráfico de drogas, os alusivos ao estatuto do desarmamento e receptação, apresentarem crescimento nos índices de repressão superiores ao índice de crescimento do número de prisões no país. E, em um ponto curioso, os crimes funcionais – apesar do aumento pontual em número de registros nos anos de 2012 e 2013, apresentaram o mais baixo índice de evolução nas prisões, muito aproximado do índice de aumento populacional no período.

Nos poucos dados disponíveis sobre registros criminais, observa-se que não existe proporção direta entre aumento do percentual dos registros e o aumento na repressão criminal. Exemplos são os crimes de homicídio e roubo que – a despeito do aumento do número de registros de ocorrências na faixa dos 23 e 54%[553], respectivamente, isto no mesmo lapso compreendido entre 2008 e 2016 –, apresentaram aumentos nos números de prisão no patamar respectivo de 48 e 143%. A isso soma-se o fato de, conforme já especificado nesta seção do texto, muitos dos delitos patrimoniais não são registrados pelas suas vítimas, caindo na cifra negra da criminalidade.

A análise das informações relativas à repressão criminal por meio de prisões no Brasil, a despeito das três distintas legislações penais vigentes no universo amostral colhido no estudo, comprova duas claras facetas da tendência patrimonialista do direito penal brasileiro: o aumento gradativo dos índices de prisões por delitos patrimoniais, e a manutenção destes índices ao atingir seu aparente patamar máximo, na cada dos 75%.

Ainda que nenhuma das codificações penais erigidas no país desde a sua independência tivesse em seu bojo tão alto índice de incriminações voltadas para a proteção patrimonial direta e indireta, a sistemática de aplicação prática de seu conteúdo mostrou a preponderância na repressão aos delitos patrimoniais, os quais representam três quartos das ações de repressão efetivas no Brasil.

[553] Fonte: IPEA – **Atlas da violência.**

4.6.2 Fatores socioeconômicos

Os relatórios oficiais pesquisados se mostraram particularmente falhos e vagos ao indicar informações de cunho socioeconômico, centrando nos dados relativos à escolaridade dos detentos. As informações acerca da escolaridade dos presos constavam nos levantamentos com maior constância a partir de 1940, ainda que, em um estágio inicial, trouxessem dados acerca do montante de presos analfabetos. No mais, as informações sobre o grau de instrução dos detentos foram compiladas na forma da tabela 4:

Tabela 4

Ano	Total registros	Analfabetos	%	Educação fundamental incompleta	%	Fundamental 1 e 2	%
1940	5.688	263	5%	*-*	*-*	3.031	53%
1945	8.326	3.833	46%	*-*	*-*	*-*	*-*
1950	9.299	4.046	44%	*-*	*-*	*-*	*-*
1960	18.395	6.503	35%	*-*	*-*	*-*	*-*
1970	26.460	9.045	34%	*-*	*-*	17.096	65%
1980	68.053	12.286	15%	*-*	*-*	41.585	51%
1990	152.885[1]	18.308	12%	74.307	49%	51.837	34%
1993	121.037[1]	62.850	49%	16.006	13%	41.451	33%
			LAPSO ESTATÍSTICO				
2008	373.497[1]	28.432	8%	219.930	59%	49.262	13%
2009	401.371[1]	26.091	7%	228.061	57%	67.381	17%
2010	425.580[1]	25.319	6%	257.721	61%	52.826	12%
2011	451.375[1]	26.410	6%	275.040	61%	59.064	13%
2012	489.893[1]	27.813	6%	295.531	60%	62.175	13%
2013	514.591[1]	27.468	6%	302.086	59%	64.879	13%
2014	488.942[1]	19.487	4%	275.102	56%	72.216	15%
2015	453.887[1]	17.847	4%	260.900	57%	61.642	14%
2016	482.882[1]	16.976	3,5%	276.111	57%	67.963	14%

Nota: [1]foram considerados apenas os presos classificados por grau de instrução.

Observando os dados colhidos nota-se que, desde que os dados alusivos à escolaridade foram colhidos de forma mais completa, o percentual de presos analfabetos no sistema prisional apresentou queda, à exceção dos registros colhidos no ano de 1993[554]. Observa-se, ainda, que a partir do início das publicações a cargo do departamento penitenciário nacional, estas mais acuradas, o número de analfabetos presos não só cai progressivamente, como se mantém abaixo do índice nacional de analfabetismo, atingindo menos da metade do índice nacional no último exercício. Ao longo da série, o número geral de analfabetos presos apresenta queda de 40%.

O número de detentos sem acesso à educação de segundo grau, entretanto, se mantém elevadíssimo antes do lapso estatístico apontado no trabalho, acima dos 90%. Após a retomada dos levantamentos estatísticos, desta vez pelo DEPEN, observa-se que, a despeito da queda do percentual de indivíduos analfabetos a diferença estatística se dissipa nas duas demais classes, de forma que o percentual de presos sem acesso ao ensino médio se mantém estático, orbitando na casa dos 75%.

O número de presos com nível superior, contabilizado desde o ano de 1990 nos levantamentos periódicos, não sofre alterações pelo aumento da repressão criminal, crescendo muito abaixo do número de prisões e abaixo, em algumas situações, dos índices de crescimento populacional do país, conforme mostra a tabela 5:

Tabela 5

ANO	Total de registros[1]	Curso superior	Percentual	Variação
1990	152.885	1.247	0,8%	-
1993	*-*	*-*	*-*	-
		LAPSO ESTATÍSTICO		
2008	373.497	1.773	0,5%	-
2009	401.371	1.775	0,4%	0,1%
2010	425.580	1.901	0,4%	7%
2011	451.375	2.058	0,4%	8%
2012	489.893	2.179	0,4%	6%
2013	514.591	2.352	0,4%	8%

554 Mais uma vez, cabe a recordação de que o anuário estatístico de 1993 foi o último em que o IBGE trouxe informações alusivas a prisões, lançando informações fragmentadas, motivo pelo qual é possível que haja incongruência nos números apresentados no relatório.

ANO	Total de registros[1]	Curso superior	Percentual	Variação
2014	488.942	2.360	0,5%	0,3%
2015	453.887	2.221	0,5%	-5%
2016	482.882	2.323	0,5%	5%

Nota: [1]foram considerados apenas os presos classificados por grau de instrução.

Conforme se observa no gráfico, pouco há que se comentar, além do fato de o número de presos com curso superior ser ínfimo em relação ao total de reclusos.

Sobre outras informações socioeconômicas, apenas dois dos relatos, os dois levantamentos de informações penitenciárias mais completos[555], trouxeram informações mais detalhadas sobre a classificação dos detentos por raça, indicando que nos anos de 2014 e 2016, o percentual de indivíduos negros e pardos era de 61,7 e 64%, respectivamente. Os relatórios indicavam, ainda, que o índice respectivo de negros e pardos na população geral era de 45,48 e 46%, indicando uma predisposição do sistema de repressão penal a punir mais indivíduos negros e pardos. Infelizmente, nenhum levantamento nesse sentido foi feito nos períodos em que se incriminava a "capoeiragem", de forma a fornecer parâmetros estatísticos para a análise de um tipo penal com viés intrinsecamente racial.

Nenhum dos relatórios estudados trouxe informações sobre renda média, ocupação profissional e local de residência dos indivíduos presos, de forma que ficou prejudicada a pesquisa de quaisquer informações socioeconômicas que não fossem as derivadas da rápida análise da qualificação resumida dos mesmos.

4.6.3 Síntese da análise

Analisadas as informações colhidas de forma detida nota-se que, apesar da precariedade dos levantamentos estatísticos oficiais acerca da repressão criminal no Brasil, o histórico de informações alusivos às prisões registradas

[555] BRASIL. Departamento Penitenciário Nacional. **Levantamento de informações penitenciárias – INFOPEN, dezembro de 2014**. Brasília: DEPEN, 2014; BRASIL. Departamento Penitenciário Nacional. **Levantamento de informações penitenciárias – INFOPEN, dezembro de 2016**. Brasília: DEPEN, 2016.

desde o período imperial comprovam a tendência patrimonialista da sistemática de aplicação prática do direito penal no Brasil.

Ainda que as alterações legislativas, reordenando o panorama de criminalização primária na sistemática penal pátria, provocassem refreamento nesta tendência, em médio e longo prazo o aparato de criminalização secundária ocupava-se de direcionar o rigor das atividades de repressão para a proteção patrimonial.

Outro ponto interessante é que, a despeito do elevado número de incriminações previstas nas codificações penais, que passaram das duas centenas desde o Código Criminal do império – sem contabilizar as disposições contidas em leis extravagantes –, o número de condutas efetivamente reprimidas se manteve limitado, variando entre uma a três dezenas de delitos cuja prática efetivamente implicou em prisões dignas de cômputo específico. A despeito de parte destes outros crimes ter sido efetivamente praticado e punido, foram considerados irrisórios para fins de análise criminológica.

Ainda que muitos dos delitos patrimoniais escape aos registros públicos, integrando estes os principais delitos contidos no grupo comumente integrante da "cifra negra da criminalidade", apenas integraram esta categoria de delitos irrisórios os tipos cujo reduzido montante de pena os conduzia à competência dos Juizados Especiais Criminais, e os delitos patrimoniais praticáveis por indivíduos de grande poder aquisitivo, a exemplo dos delitos econômicos e fiscais, estes integrantes da categoria delitiva doutrinariamente apelidada de "cifra dourada da criminalidade"[556]. Estes elementos guardariam relação com os "crimes de colarinho branco", definidos por Edwin Sutherland[557] como os delitos praticados socialmente aceitos e até mesmo admirados, sobre os quais a sistemática penal, aparentemente, não se preocupa em abater-se. Considerando os dados colhidos e as inflexões realizadas na pesquisa, tal fenômeno também ocorre claramente na realidade brasileira.

---

556 SANTOS, Juarez Cirino dos. **A Criminologia Radical**. Rio de Janeiro: Forense, 1981, p. 10.

557 SUTHERLAND, Edwin. **Crime de colarinho branco**. Tradução: Clécio Lemos. Rio de Janeiro: Revan, 2015, p. 4.

5

INVESTIGAÇÃO DAS RAZÕES DA CRIMINALIDADE PATRIMONIAL

Nas seções anteriores, o trabalho analisou a inclinação apresentada pela sistemática penal brasileira em efetivar a proteção da propriedade privada, por meio da incriminação progressiva de condutas – aqui chamadas de delitos patrimoniais, atendendo a um critério de conveniência didática –, bem como através da crescente repressão penal observada no país, mormente na última década.

O que se observou de plano foi que, a despeito da avultação de novas tipificações penais e da intensificação das prisões no período estudado, não só os índices de delitos patrimoniais se mantiveram em ascensão até atingir um patamar que representava o domínio absoluto das estatísticas repressivas, como não se pode demonstrar efeitos do aparato coercitivo na redução da criminalidade[558], em especial a patrimonial.

Em virtude de tais observações, cabe inaugurar uma nova etapa da análise acerca do fenômeno criminalidade patrimonial, desta vez por meio da investigação das aparentes razões deste meio de delinquência, construindo o último axioma que irá compor o embasamento para a análise do conflito social imposto pelo direito penal patrimonialista.

Inicialmente, a intenção de ganho econômico emerge como a causa de motivação evidente para a criminalidade patrimonial, de forma que esta ramificação da sistemática penal poderia ser entendida como aquilo que preconizou Adam Smith[559]: o resultado de uma demanda por proteção derivada do interesse na acumulação da propriedade. Esta demanda por proteção seria, por sua vez, traduzida pelos postulados de John Stuart Mill[560], que indicavam

---

[558] O que se ilustra através da afirmação de Georg Rusche e Otto Kirchheimer (**Punição**..., p. 270), no sentido de que a taxa de criminalidade é muito mais afetada pelo desenvolvimento econômico que por questões de política penal.

[559] SMITH, Adam. **The Wealth of nations, 1776**. Reprint, New York: Random House, 1937, p. 670.

[560] MILL, John Stuart. **The Collected Works of John Stuart Mill**, edited by John Robson. Toronto: University of Toronto Press, 1991, p. 888.

que a segurança da propriedade derivaria mais do senso de boas maneiras e da opinião geral da sociedade moderna que propriamente das leis, sugerindo que a tendência patrimonialista do direito penal seria um produto do interesse coletivo, buscando conferir eficácia a uma particular moralidade[561].

Entretanto, essas visões propedêuticas são incapazes de justificar o aumento dos índices relativos aos delitos patrimoniais em contrapartida à multiplicação da repressão e escalonamento do rigor das penas relativas a tais crimes. Assim como torna-se incoerente com o contexto jurídico-social estudado até o momento a máxima trazida pela primeira regra de Jeremy Bentham[562], de que a severidade da punição torna efetiva a expiação ao exceder as vantagens do delito, por meio do refinamento utilitarista da observação anteriormente proposta por Cesare Beccaria[563], que atribuía a correção das penas a um equilíbrio entre o mal do crime e o mal da pena. Isto porque, aparentemente, os axiomas construídos nas seções anteriores deste trabalho comprovam considerável incremento na severidade e regularidade das sanções, sem a pretendida correlação com a redução da prática de delitos patrimoniais.

Não cabe a este texto explicar o crime em si, mesmo porque o estudo se fia a visão de Émile Durkheim[564], de que o delito é um fenômeno não só natural em qualquer sociedade como necessário aos processos de evolução moral que acabarão por formar o senso de boas maneiras e a opinião geral indicadas por Mill. O intento é investigar a possibilidade de se construir uma teorização criminogênica da delinquência patrimonial, de forma a estabelecer parâmetros finalísticos do infrator, posicionando-o corretamente na análise do conflito gerado pela proteção patrimonial através da lei penal.

Ainda que seja aparente a praxe da ciência criminológica brasileira em primar por um enfoque crítico, tendendo a relacionar o aumento da criminalidade ao desdobramento de um processo capitalista pós-industrial[565], tendendo para o viés proposto pela criminologia radical, a criminologia sociológica parece ter obtido maior êxito em estudar as causas da criminalidade econômica.

[561] DEODATO, Felipe Augusto Forte de Negreiros. **Adequação...**, p. 176.

[562] BENTHAM, Jeremy. **Teoria das penas legais e Tratado dos sofismas políticos**. Leme: Edijur, 2002, p. 27.

[563] BECCARIA, Cesare Bonesana. **Dos delitos...**, p. 31.

[564] DURKHEIM, Émile. **As regras...**, p. 72.

[565] FUKUYAMA, Francis. A grande ruptura: uma revolução silenciosa que já começou. **O Estado de São Paulo**. São Paulo, 30 de maio de 1999. Caderno 2/Cultura, d-3 a d-7.

Isto não significa que o trabalho rompe com sua linha metodológica proposta – ao contrário, busca estruturar a investigação das razões criminogênicas sob uma perspectiva multidisciplinar –, uma vez que a criminologia crítica não costuma fazer questionamentos relevantes sobre as causas da criminalidade[566]. O que se pretende é assumir, definitivamente, a recomendação de Lorenzo Morillas Cueva[567], que concebeu a criminologia como uma ciência livre de valores.

O estudo inicial dos propósitos da criminalidade patrimonial foi sugerido por um pensador de influência marxista[568], o sociólogo holandês Willem Bonger[569], que relacionou diretamente os crimes contra a propriedade às condições econômicas de seus autores. A premissa apresentada pelo neerlandês influenciou sociólogos norte-americanos[570], que passaram a estudar os aspectos criminogênicos da delinquência patrimonial sob uma perspectiva econômica.

As mencionadas pesquisas não se iniciaram propriamente pela análise das variáveis econômicas do crime, mas a partir da percepção de Robert Merton[571] de que a sociedade estabelece seus objetos de aspiração através dos objetivos gerais comuns a todos os indivíduos, apontando o sucesso material

566 SMANIO, Gianpaolo Poggio. **Criminologia e Juizado especial criminal**. 2ª ed. São Paulo: Atlas, 1998, p. 20.

567 MORILLAS CUEVA, Lorenzo. **Metodología y ciencia penal**. Granada: Universidad de Granada, 1990, p. 96.

568 A classificação é objeto de dissenso doutrinário, posto que existem fontes que rejeitam a classificação de marxista dada ao pensamento de Bonger, rotulando-o como positivista (TAYLOR, Ian; WALTON, Paul; YOUNG, Jock. **The new criminology**: for a social theory of deviance. Londres: Routledge, 1973, p. 234), enquanto outras reconhecem nitidamente na obra do neerlandês a influência marxista, inclusive, por meio da negação das teorias de matriz positivista (SHECAIRA, Sérgio Salomão. **Criminologia**. 6ª ed., revista e atualizada. São Paulo: Revista dos Tribunais, 2014, p. 128-129). Tal dissenso pode ser atenuado pelas colocações do próprio William Bonger (**Criminality and economic conditions**. Tradução: Henry P. Horton. Londres: William Heinemann, 1916), que reconhece em sua obra a influência do materialismo histórico proposto por Marx – embora adaptado às suas noções particulares –, bem como manifesta concordância com a relevância dada pelo filósofo alemão aos fatores econômicos como geradores de tensões sociais.

569 BONGER, William Adrian. **Criminality**..., p. 66.

570 BERNSDORF, Wilhelm; KNOSPE, Horst. **Internationales Soziologenlexikon, band 1**. 2ª ed. Sttutgart: Enke, 1980, p. 48.

571 MERTON, Robert King. **Social theory and social structure**. Nova York: The Free Press, 1968, p. 171.

como a mais importantes dessas finalidades[572]. Merton, cuja obra guardou uma intrínseca relação com as observações de Bonger[573], trabalhou a hipótese de que a dissociação entre as aspirações do indivíduo e a impossibilidade de atingir seus objetivos sociais – *in casu*, o sucesso monetário –, o conduziriam a um estado de anomia, que Merton desenvolveu como uma variável da teoria da anomia de Émile Durkheim[574], categorizando a inovação criminosa como uma forma alternativa de busca destes objetivos econômicos, representando o propósito primário de tornar mais eficiente a busca pelos objetivos econômicos do indivíduo, colocando em segundo plano os valores morais normativos que pressupõem a sistemática de organização social.

A construção do norte-americano derivou, inicialmente, da consideração de uma dualidade entre as finalidades e propósitos culturalmente definidos e os meios disponíveis ao indivíduo para atingir essas finalidades, observando que o acesso às oportunidades é limitado por normas institucionais[575]. Este conflito, internalizado pelo indivíduo, convergiria para uma análise particular sobre a valoração dos fins e meios sociais, que culminaria na ressignificação das metas em face dos meios lícitos institucionalmente propostos, com a consequente consideração da utilização de meios ilícitos para a consecução dos objetivos primários. Desse processo, derivaria a opção do indivíduo ao enquadrar-se em uma postura de inovação, ou rebelião[576].

Relevante destacar que a inovação não necessariamente conduz os indivíduos a práticas criminosas, representando precipuamente um rompimento com os obstáculos que distanciam ou impossibilitam a satisfação de seus anseios econômicos. Inicialmente, a inovação deve ser entendida como uma reformulação nos ideais de prosperidade sem, contudo, representar renúncia

---

572 Embora Merton tenha indicado que essa realidade é o traço marcante do sistema de valores e objetivos sociais norte-americanos, a presunção pode ser aplicada ao Ocidente de forma geral, posto que o mesmo sistema de valores se observa na grande maioria dos países, ao menos no continente americano.

573 REINER, Robert. Political economy, crime, and criminal justice. *In*: MAGUIRE, Mike; MORGAN, Rod; REINER, Robert. **The Oxford Handbook of Criminology**. 4ª ed. Oxford: Oxford University Press, 2007, p. 341-380, p 7.

574 MERTON, Robert King. **Social structure**..., p. 3.

575 MERTON, Robert King. **Social structure**..., p. 2.

576 A teoria de Merton, assim como o enquadramento científico da criminalidade patrimonial como um elemento determinante da criminalidade patrimonial, será melhor trabalhada no capítulo 6 deste trabalho.

aos anseios gerais socialmente estabelecidos. Um bom exemplo foi o êxodo rural decorrente do processo de industrialização e da abolição da escravatura, em que o campesinato passou a projetar nas metrópoles seu ideal de prosperidade, buscando a migração para estes espaços e provocando a repressão criminal específica de suas condições pessoais, conforme já apontado neste trabalho.

A consideração dos anseios econômicos como elemento criminogênico foi trabalhada pela sociologia. Os estudos sociológicos, ao se debruçarem sobre uma análise motivacional do delito buscaram, inicialmente, estabelecer uma relação entre os anseios individuais e as causas da criminalidade. Ganhou destaque – além da teoria da anomia de Robert Merton, em que as expectativas de realização do indivíduo reclamavam a inovação que poderiam conduzi-lo a prática criminal –, a teoria geral da anomia de Robert Agnew[577], em que o bloqueio de oportunidades ou, mais especificamente, a forma que o indivíduo interpretava seu fracasso em atingir suas aspirações de sucesso monetário, poderiam induzi-lo à criminalidade.

Tais construções foram predominantes para a concepção da teoria da tensão, que reconhecia que as estruturas sociais induziam os indivíduos para a prática de crimes[578], a partir do momento em que o indivíduo atingia a percepção de que o fracasso na satisfação de suas aspirações derivaria de circunstâncias independentes de sua vontade.

Uma vez estabelecida cientificamente a tensão social relacionada às aspirações econômicas do indivíduo em conflito com as limitações impostas pela ordem social[579], resta a busca pela compreensão dos fatores indutores da criminalidade patrimonial.

5.1 Causas indutivas da delinquência patrimonial

O século XX apresenta uma interessante dissociação metodológica no estudo da criminologia: enquanto o ocidente se dedica a aprofundar uma análise

[577] AGNEW, Robert. Foundation for a general strain theory of crime and delinquency. **Criminology**, v. 30, n. 1, p. 47-88, 1992, p. 61.

[578] BURTON JR., Velmer S.; CULLEN, Francis T. The empirical status of strain theory. **Crime and justice**, v. 15, p. 1-30, 1992.

[579] A análise específica das tensões sociais que envolvem a criminalidade patrimonial será analisada no próximo capítulo.

criminológica crítica da repressão criminal e da realidade social a ela relacionada, a criminologia estrutural-funcionalista manifesta interesse na compreensão dos fatores que induzem o indivíduo à criminalidade.

Ainda que os estudos da criminologia sociológica, mormente os realizados nos Estados Unidos e Reino Unido, tenham recebido críticas, reputando-se à corrente um caráter positivista de atuação auxiliar à dogmáticas penais previamente instituídas[580], não se pode olvidar a relevância da análise etiológica do crime. Tal relevância se evidencia sobremaneira na atualidade, em que a expansão generalizada da repressão criminal dá contornos de improficiente à análise consequencialista que a criminologia radical atribui às estruturas de repressão. Isto incitou uma pesquisa voltada para um viés ideológico que se dedicasse a estudar não só o crime, mas também a gênese dos comportamentos desviantes[581].

Foram as análises da criminologia estrutural-funcionalista as mais eficientes em traçar um perfil etiológico da delinquência patrimonial reconhecendo, desde os estágios iniciais, a precedência de um intuito de realização de anseios econômicos através da prática do crime. Deve-se pontuar, desde o início, a relevância da percepção do intento econômico não só nas ações de prevenção e repressão criminal do Estado, como também na motivação dos indivíduos, de forma a afastar a descabida presunção de que os objetivos voltados para a busca do sucesso material não são partilhados pelas parcelas menos abastadas da sociedade.

Na realidade, observa-se o contrário: em virtude da evolução social decorrente dos processos de reformulação das estruturas político-sociais no ocidente, os valores preponderantes são partilhados por todos os substratos sociais, de maneira geral. É o que apontou Albert Cohen[582] ao analisar que os valores sociais – entre eles a noção de que a busca pelo sucesso material reflete o ideal social de realização pessoal –, são difundidos universalmente na sociedade ocidental por meio da educação formal. Os indivíduos são levados a internalizar desde cedo o ideal materialista de realização pessoal por meio da acumulação de riquezas e, ao falharem na busca deste ideal em virtude da impossibilidade de atingi-lo através dos meios que lhe são disponíveis,

580 BARATTA, Alessandro. **Criminologia**..., p. 50.

581 MORILLAS CUEVA, Lorenzo. **Metodología**..., p. 312.

582 COHEN, Albert. **Delinquent boys**. Nova York: The Free Press, v. 84, 1955.

desenvolvem ressentimento por não se sentirem particularmente responsáveis por este fracasso.

Este ressentimento não se volta propriamente para os ideais levantados – posto que estes últimos são internalizados como um valor social absoluto –, mas sim contra os meios disponíveis para alcançá-los, especialmente através da comparação entre oportunidades que se apresentam para as classes sociais mais baixas e as acessíveis aos estratos mais abastados. Ocorre, então, o fenômeno conhecido por dissociação[583], por meio do qual os indivíduos passam a manifestar aversão não contra os objetivos do jogo social, mas contra os seus mecanismos. Esta dissociação provoca a relativização dos valores morais sociais indicada por Merton, atingindo especificamente o respeito à propriedade privada e a autoridade do Estado na regulação de condutas por meio do direito penal.

A identificação deste ambiente de conflito conduziu a criminologia estrutural-funcionalista a considerar o ambiente econômico como o espaço ideal para a análise das causas motivadoras da criminalidade patrimonial. Sendo assim, o estudo das causas da criminalidade patrimonial alinhou-se com a corrente da análise econômica do direito, sob influência da Escola de Chicago, partindo da premissa de que as relações socioeconômicas formulam a realidade dos arranjos institucionais[584].

O primeiro passo para a construção de uma teoria que busca as causas da criminalidade patrimonial por meio da análise das interações econômicas se atribui a Gary Becker[585], que identificou a diferenciação de condutas entre indivíduos criminosos e não criminosos não por meio de suas motivações, mas sim através da percepção dos custos e benefícios dos primeiros ao respeitar as regulamentações jurídicas e os valores morais socialmente estabelecidos. Em síntese, a premissa representou a ruptura com a visão criminológica positivista de que o crime seria, essencialmente, um fenômeno antissocial[586]. Ao

583 DOWNES, David. **The Delinquent Solution (Routledge Revivals):** A Study in Subcultural Theory. Londres: Routledge, 2013.

584 POSNER, Richard. **Fronteiras da Teoria do Direito**. Tradução: Evandro Ferreira e Silva, Jefferson Luiz Camargo, Paulo Salles e Pedro Sette-Câmara. São Paulo: Martins Fontes, 2011, p. 32.

585 BECKER, Gary S. Crime and punishment: An economic approach. *In*: **The economic dimensions of crime**. Londres: Palgrave Macmillan, 1968, p. 14.

586 Por este motivo, a despeito da classificação sistematicamente repetida por Baratta (**Criminologia...**), não se vislumbra uma aproximação intrínseca entre o pensamento criminológico estrutural-funcionalista norte-americano e as escolas criminológicas positivista e clássica, sobretudo no que tange ao determinismo natural ou biológico cultuado pelas últimas.

contrário, a criminalidade patrimonial se posicionaria como uma modalidade de interação social, envolvendo uma série de implicações econômicas que se distinguiam de outras atividades apenas por seu caráter normativo de ilicitude.

A teorização partia da percepção da motivação do indivíduo em sua inclusão na criminalidade patrimonial como derivativo de uma relação de custo-benefício, considerando os custos relativos ao risco da empreitada criminosa e os benefícios ao equivalente monetário da recompensa da conduta. Diante dessa perspectiva, o ato criminoso resultaria de uma escolha do indivíduo, estudada através da teoria econômica da escolha racional[587], refinada por Becker[588] e Ehrlich[589] como o processo pelo qual seriam colocados em contrapeso as eventuais recompensas e os potenciais riscos da empreitada criminosa, constituindo a preponderância das primeiras como a principal determinante do comportamento criminoso.

Um dos pontos principais da teoria é o reconhecimento de uma indústria econômica atrelada às práticas criminais[590], espaço real que legitima a criminalidade patrimonial como modalidade de inserção e interação social. Precisamente, a existência de um "mercado criminal", que engloba não apenas aqueles que praticam crimes e agentes da lei empenhados em reprimi-los, mas também as vítimas em potencial e os consumidores de bens ilícitos, provendo um modelo de oferta e demanda[591]. Esta assimilação é preponderante para a compreensão de que a criminalidade patrimonial não envolve apenas aqueles indivíduos completamente desprovidos de meios de acesso a riquezas ou os despossuídos, como também outras modalidades de práticas delitivas que simplesmente potencializam o acesso ao consumo, consequentemente potencializando as ocorrências criminais e os índices de repressão[592].

587 DOWNS, Anthony. **Uma teoria econômica da democracia**. Tradução: Sandra Guardini Teixeira Vasconcelos. São Paulo: Editora da Universidade de São Paulo, 1999.

588 BECKER, Gary S. **The economic approach to human behavior**. Chicago: University of Chicago press, 2013.

589 EHRLICH, Isaac. Participation in illegitimate activities: a theoritical and empirical investigation. *Journal of political economy*, 1973, 81:3, p. 521-565.

590 EHRLICH, Isaac. Crime, punishment, and the market for offenses. **Journal of Economic Perspectives**, v. 10, n. 1, p. 43-67, 1996, p. 2.

591 EHRLICH, Isaac. **Crime**..., p. 4.

592 Como exemplos, cabe apontar o considerável aumento das prisões por crime de receptação analisado no capítulo 4 deste trabalho, bem como outras modalidades recorrentes de prática criminal que buscam satisfazer as demandas do mercado de bens ilícitos, como as falsificações, o contrabando, o descaminho, etc.

A perspectiva de prática econômica justifica, também, a inocorrência de um distanciamento da prática criminal por boa parte dos indivíduos mesmo com a satisfação de seus anseios primevos, por meio do estabelecimento de um mercado ilícito perene[593].

Essa realidade permitiu a análise das razões do crime sob um enfoque economicista, partindo da disposição teórica de Becker[594], no sentido de que o primeiro motivador para o engajamento na criminalidade patrimonial seria uma escolha por parte do indivíduo, baseada em uma análise de aproveitamento do tempo e dos recursos a ele disponíveis para a busca da realização material. O indivíduo, portanto, utilizaria a lógica aplicável às atividades laborais lícitas, traçando uma análise comparativa dos ganhos potenciais da empreitada criminosa. A observação foi de extrema relevância, pois relacionava a motivação básica do criminoso às mesmas motivações do não criminoso, quais sejam, a busca da realização material, tendo como diferenciação os riscos assumidos na empreitada.

Ehrlich corroborou a tese[595], refletindo que a possibilidade de percepção de ganhos legítimos e a oportunidade de ocupação lícita seriam os principais elementos que distanciariam os indivíduos das atividades criminosas.

De acordo com esses pensamentos, a análise econômica do Direito auxiliaria na definição da pobreza como um elemento criminogênico fundamental para a delinquência patrimonial. Os elementos socioeconômicos desfavoráveis, tais como a exclusão social, o baixo grau de educação, a pouca qualificação profissional e os baixos prospectos salariais seriam identificados como fatores preponderantes na indução do agente à prática de crimes patrimoniais, conforme identificara Richard Freeman[596]. Na mesma esteira, Jeffrey Grogger[597] identificou a baixa oferta de empregos como um elemento fomentador de crimes, dentre os quais se destacavam os delitos patrimoniais. Erick

---

[593] A exemplo do tráfico de drogas e da exploração da prostituição, que não só adquirem característica de permanência, como apresentam tendências expansionistas.

[594] BECKER, Gary S. **Crime...**, p. 9.

[595] EHRLICH, Isaac. **Crime...**, p. 16.

[596] FREEMAN, Richard B. The economics of crime. **Handbook of labor economics**, v. 3, p. 3529-3571, 1999, p. 4.

[597] GROGGER, Jeffrey. Market wages and youth crime. **Journal of labor Economics**, v. 16, n. 4, p. 756-791, 1998.

Gould, Bruce Weinberg e David Mustard[598], e Steven Levitt[599] comprovaram a relação entre crimes e desemprego, observando a preponderância dos delitos patrimoniais.

As observações dos economistas citados foram corroboradas pelas análises sociológicas de seus contemporâneos. A questão foi ainda aprofundada na identificação de que as classes sociais menos privilegiadas partilhavam os ideais de consumo e os objetivos de sucesso material da classe média, o que as tornava mais propensas à criminalidade. Gresham Sykes e David Matza[600] verificaram que a possibilidade de ganho monetário fácil se apresentava como um fator preponderante para a delinquência. A busca pelo sucesso patrimonial através do crime foi vista não só como o aproveitamento de oportunidades de obtenção de ganho fácil, mas sim como um compromisso com o materialismo[601], de forma que a prática criminosa se legitimava como um instrumento de satisfação dos anseios patrimoniais. Isto serviu para que, dentro de um viés sociológico, um posicionamento socioeconômico desprivilegiado se tornasse intrinsecamente ligado à delinquência[602].

Dentre as modalidades criminais comumente derivadas dessa indução por fatores socioeconômicos, os delitos patrimoniais não só ganharam especial destaque, como o processo de legitimação da prática delituosa através do logro dos anseios materiais fez com que a própria prática fosse identificada como trabalho[603], gerando uma confusão entre atividades lícitas e ilícitas e reforçando, mais uma vez, o caráter anômico desta modalidade específica de delinquência. As atividades laborais lícitas também passaram a ser conjugadas com as práticas

---

598 GOULD, Eric D.; WEINBERG, Bruce A.; MUSTARD, David B. Crime rates and local labor market opportunities in the United States: 1979–1997. **Review of Economics and statistics**, v. 84, n. 1, p. 45-61, 2002.

599 LEVITT, Steven D. Optimal incentive schemes when only the agents "best" output matters to the principal. **The RAND Journal of Economics**, p. 744-760, 1995.

600 SYKES, Gresham M.; MATZA, David. Juvenile delinquency and subterranean values. *In*: **Cultural Criminology**. Londres: Routledge, 2017, p. 3.

601 SCHUR, Edwin M. **Our criminal society**: The social and legal sources of crime in America. Nova Jersey: Prentice Hall, 1969.

602 BRAITHWAITE, John; BRAITHWAITE, Valerie; BRAITHWAITE, John. Delinquency and the question of values. **International Journal of Offender Therapy and comparative criminology**, v. 25, n. 3, p. 273-289, 1981, p. 12.

603 MOORE, Joan W. **Institutionalized youth gangs: why white fence and el hoyo maravilla change so slowly**. The ecology of crime and drug use in inner cities. Nova York: Social Science Research Council, 1992.

criminosas, sobretudo o tráfico de drogas[604], conciliando a alienação do tempo destinado a atividades moral e legalmente admissíveis e aquelas outras voltadas para a percepção do ganho fácil. Isto permitiu que dois fenômenos se normalizassem na sociedade ocidental. O primeiro deles, a total integração dos indivíduos envolvidos em atividades criminosas, em especial as patrimoniais, obliterando quaisquer espaços de exclusão ou distanciamento social provocado pela reprovação moral do crime, exceto nos casos de prisão do agente. O segundo, a normalização do crime enquanto atividade econômica, sobretudo nos espaços de agrupamento das classes menos favorecidas, onde não só as atividades criminosas como também as suas vantagens passaram a ser claramente percebidas.

A normalização destas atividades permitiu o distanciamento entre outros indivíduos desfavorecidos e os ideais sociojurídicos, uma vez que o posicionamento voluntário destes elementos na posição de vítimas de um sistema injusto esvaziou as normas de legitimidade[605]. Não só isso, permitiu o estabelecimento de mercados ilícitos em conhecidos espaços de exclusão social – a exemplo das "bocas de fumo" nas comunidades carentes, as "feiras do rolo"[606] e as "cracolândias" –, potencializando os ganhos decorrentes das atividades ilícitas e o acesso ao consumo de produtos de crime.

No Brasil, uma série de economistas também analisaram a criminalidade patrimonial sob um viés etiológico, encontrando padrões comportamentais idênticos aos norte-americanos. Estudos realizados pelo IPEA observaram que a desigualdade social produz efeitos nos índices de criminalidade[607], considerando a projeção de um índice de satisfação do indivíduo traçado de acordo com seus referenciais de consumo e suas perspectivas de renda. O estudo obteve êxito em demonstrar que a desigualdade de renda é um fator relevante na gênese da insatisfação capaz de impulsionar o indivíduo ao crime.

---

[604] FAGAN, Jeffrey. Legal and illegal work: crime, work and unemployment. *In*: **The Urban Crisis**: Linking Research to Action. Evanston: Northwestern University Press, p. 33-80, 1997.

[605] CLOWARD, Richard A.; OHLIN, Lloyd E. **Delinquency and opportunity**: A study of delinquent gangs. Londres: Routledge, 2013.

[606] Epíteto dado a mercados informais em que reconhecidamente se comercializa materiais que são produtos de crime. São nacionalmente famosas as feiras de Acari, na cidade do Rio de Janeiro/RJ; a da Ceilândia, no Distrito Federal; a do Largo do Paissandu, centro de São Paulo/SP; entre outras localidades.

[607] MENDONÇA, Mário Jorge Cardoso de; LOUREIRO, Paulo Roberto Amorim; SACHSIDA, Adolfo. **Criminalidade e desigualdade social no Brasil**. Rio de Janeiro: IPEA, 2003, p. 6.

Reproduzindo os estudos que relacionaram os prospectos de ganho através do trabalho lícito e os ganhos potenciais da atividade criminosa, foi também comprovada a hipótese de que a disparidade entre ganhos lícitos e ilícitos induzem o indivíduo à prática de crimes[608]. Outros estudos comprovaram que as condições econômicas e sociais foram preponderantes para a indução à prática do crime de tráfico de drogas na maioria dos estados brasileiros[609], e que a pobreza afeta diretamente a opção pela prática dos crimes contra o patrimônio[610].

A teoria da escolha racional foi, também, trabalhada por cientistas brasileiros, ratificando as conclusões norte-americanas de que o custo da mão de obra do indivíduo e a projeção de ganhos com a prática criminal são determinantes para a incursão em empreitadas criminosas[611]. Um outro estudo bastante provocativo[612] constatou que o conceito de desigualdade motivadora da criminalidade não se refere apenas à desigualdade de renda, mas também a desigualdade na oferta educacional. Esta conclusão reforça um argumento apontado como marginal na literatura norte-americana, de que a baixa qualificação incapacita o indivíduo para o acesso a posições de trabalho mais lucrativas, de forma a tornar-se um empecilho na busca pela satisfação dos anseios materiais.

A afirmação coaduna com os elementos socioeconômicos colhidos no capítulo 4 deste trabalho, especificamente no que se refere ao acesso à educação. Pertinente rememorar que, a despeito do incremento nos índices de repressão, o percentual médio de indivíduos encarcerados na última década que não tiveram acesso ao ensino médio permaneceu relativamente estático em largo patamar, na casa dos 75 a 80%. A intensa redução no número de analfabetos foi absorvida pelo aumento de indivíduos inseridos no acesso ao

---

608 ANDRADE, Mônica Viegas *et al.* Texto para discussão nº 195 – **Perfil ocupacional das vítimas e criminosos no município de Belo Horizonte**: um estudo exploratório. Belo Horizonte: Cedeplar, UFMG, 2003, p. 22.

609 SOARES, Luís Eduardo; BARBOSA, Alex Pereira; ATHAYDE, Celso. **Cabeça de porco**. Rio de Janeiro: Objetiva, 2005.

610 PEZZIN, Liliana E. **Criminalidade urbana e crise econômica**. São Paulo: Institutos de Pesquisas Econômicas da Universidade de São Paulo, 1986, p. 31.

611 CERQUEIRA, Daniel; LOBÃO, Waldir. **Determinantes da criminalidade**: Uma resenha dos modelos teóricos e resultados empíricos. Rio de Janeiro: IPEA, 2003.

612 FAJNZYLBER, Pablo; ARAUJO JR., Ary de. Texto para discussão nº 167 – **Violência e Criminalidade**. Belo Horizonte: Cedeplar, UFMG, 2003, p. 38.

ensino fundamental, além daqueles que adquiriram educação fundamental incompleta, o que permite a lucubração de que no Brasil também se transmite os valores gerais de satisfação pessoal por meio do sucesso material através da educação formal. O parco acesso às esferas educacionais que efetivamente qualificam o indivíduo para o trabalho – notadamente o ensino médio e, em especial, o superior –, também pode ser interpretado como um tolhimento no acesso a meios efetivos de percepção de ganho patrimonial[613].

O ambiente socioeconômico em que se desenvolve a criminalidade patrimonial parece, realmente, identificar-se mais com aquele que engloba os indivíduos desprovidos das aptidões consideradas ferramentas úteis para a inserção nas esferas mais rentáveis do mercado de trabalho. A estes indivíduos cabe a inserção nos postos menos favorecidos deste mercado e, na ausência de oportunidades regulares de ocupação, a assunção das funções marginais de trabalho lícito existentes na sociedade[614].

Tais atribuições laborais, entretanto, costumam apresentar média de percepção de renda abaixo das expectativas de consumo destes indivíduos. Não só isto, o próprio mercado regular se articula ignorando as expectativas e viabilidade de consumo dos cidadãos mais pobres. Isto faz com que, em um primeiro momento, nos espaços de agregação dos indivíduos menos favorecidos, passem a surgir mercados paralelos, geralmente através da comercialização de produtos de pequeno valor e baixo apelo consumerista[615]. Em sequência, a corrupção que se desenvolve entre agentes de fiscalização e os indivíduos que desempenham o comércio irregular estabelece um outro comércio, o de transmissão de "mercadoria política"[616]. Ato contínuo, a aquisição peremptória da permissividade dos agentes de fiscalização e repressão encoraja aos

[613] O constante e reduzidíssimo percentual de indivíduos portadores de diploma de curso superior encarcerados no período também comprova, indiretamente, esta hipótese.

[614] Entende-se como funções marginais de trabalho lícito o trabalho informal não convencional, como a atuação como "camelô", a comercialização de bens de consumo de pequeno valor em sinais de trânsito, os serviços de vigilância e lavagem de veículos em vias públicas, entre muitos outros.

[615] Um bom exemplo é a comercialização de diversos materiais de valor módico em trens metropolitanos (PIRES, Lênin Santos. "Arreglar" ou pedir arrego – O comércio ambulante e a administração dos conflitos nos trens de Buenos Aires e Rio de Janeiro. **XXVI Reunião Brasileira de Antropologia**, 2008, p. 7) e outros transportes públicos.

[616] MISSE, Michel. O Rio como bazar – A conversão da ilegalidade em mercadoria política. **Revista Insight Inteligência**. Rio de Janeiro: Julho, Agosto e Setembro de 2002, p. 68-79.

comerciantes informais a ampliar a gama de produtos de seu portfólio, abrindo guarida ao comércio ilícito, como a venda de produtos falsificados e contrabandeados, e até mesmo o tráfico de drogas.

Este mercado permite ao indivíduo de baixa renda, ou sem capital laboral que o capacite a entrar no mercado privilegiado de trabalho, estabelecer uma forma de acumulação primitiva[617] fortalecendo não só o mercado clandestino, como também a noção nos seios das comunidades menos abastadas que as práticas ilícitas permitem o acesso aos ideais de sucesso por meio da acumulação material.

O processo que se desenvolve a partir da solidificação destes mercados marginais permite a eclosão de novos domínios econômicos microrregionais, cujo controle passa a ser exercido pelos indivíduos provenientes das classes baixas, que passam a manter o manejo do mercado. Isto traz como resultado não só o estabelecimento de novos padrões ideais de realização material, como também a obliteração das ideias morais que atribuíam a estas modalidades de interação social um caráter de reprovabilidade.

Na realidade histórica brasileira, este fenômeno foi vislumbrado com maior frequência através do domínio dos banqueiros do jogo do bicho, seguidos pelos chefes do tráfico de drogas e, subsequentemente, através da atuação das milícias. Neste aspecto, importante pontuar duas questões: inicialmente, a expansão econômica destes mercados que – saindo de espaços marginais e voltado para um público sem acesso a oportunidades elaboradas de consumo –, acabaram por atingir todos os extratos da sociedade; e, finalmente, a abertura do leque de opções mercantilistas criadas por estes nichos, iniciando pelo comércio de produtos e atividades ilícitas, passando pela complementação de serviços essenciais para os moradores das comunidades carentes, e atingindo atividades típicas de Estado, como a promoção de segurança.

Tudo isto contribuiu para a sedimentação da dissociação entre os anseios dos indivíduos, sobremaneira os mais pobres, e os valores normativos mencionados no início deste capítulo, o que fez da delinquência patrimonial aceitável para os indivíduos dos substratos menos favorecidos da sociedade, sobremaneira a praticada por meio de delitos que não envolvem violência contra a pessoa.

---

[617] MISSE, Michel. As ligações perigosas: mercado informal ilegal, narcotráfico e violência no Rio. Rio de Janeiro: **Contemporaneidade e Educação**, vol. 1, nº 2, 1997.

Desta forma, independentemente do valor axiológico construído em torno da propriedade privada, e do valor normativo transmitido através das incriminações de viés patrimonial na norma penal, é seguro afirmar que a sistematização político-criminal se tornou incapaz de refrear os impulsos criminais daqueles indivíduos ávidos por satisfazer seus anseios de realização material, quando impossibilitados por contingências socioeconômicas.

5.2 Fatores dissuasivos da criminalidade patrimonial

Os mesmos estudos que levantaram dados sobre os fatores capazes de induzir o indivíduo à delinquência patrimonial, listaram os elementos capazes de refrear o impulso do agente diante do ímpeto em dedicar-se a empreitadas criminosas. Inicialmente, registre-se o consenso das fontes ao reconhecer que a mera internalização dos valores normativos morais que se refletem na ordem jurídico-penal não se mostra um desincentivo efetivo no impedimento destes impulsos, uma vez que os ideais de satisfação pessoal por meio do sucesso material são transmitidos pela mesma estrutura, de forma mais intensa.

Isto não quer dizer que as normas penais se tornaram completamente esvaziadas de sentido e poder coercitivo. Mesmo porque a sistemática penal permanece em seu *status* de uma das formas mais significativas de controle social em um Estado Democrático de Direito[618] e, através de seu *status* de "constituição em negativo" que energicamente, sustenta a ordem social, a segurança dos indivíduos e, consequentemente, os *status* das minorias conforme as ordenações sociais antecedentes[619].

Mais uma vez, a análise econômica do direito traz argumentos plausíveis para o estudo da efetividade da sistematização protetiva dos bens jurídicos como a propriedade. Retomando a conceituação criminológica clássica[620], a

[618] MORILLAS CUEVA, Lorenzo. El Derecho penal mínimo –o la expensión del Derecho Penal. **Revista Cubana de Derecho** – nº 25, enero-junior de 2005 (95/116). Ciudad de la Habana: Unión Nacional de Juristas de Cuba, 2005, p. 95.

[619] MORILLAS CUEVA, Lorenzo. **Derecho penal** – Parte general. Fundamentos conceptuales y motodológicos del Derecho Penal. Madrid: Dickinson S.L., 2004, p. 21.

[620] Talvez aqui repouse a crítica dirigida à escola criminológica estrutural-funcionalista, que implica na acusação de sua vinculação aos modelos clássico e positivo, atuando como auxiliar de uma sistemática de repressão institucionalizada. Reputa-se injusta esta fria comparação, uma vez que a criminologia radical também utiliza o rigor e a possibilidade das penas como parâmetro científico para as suas construções.

teoria da escolha racional posiciona o indivíduo no limiar de uma decisão particular, que tem como pontos antagônicos o ganho potencial derivado da atividade criminosa e o custo de eventual revés, no caso, a perspectiva da sanção penal.

Em paralelo, um outro conflito é analisado pelo indivíduo à luz da teoria da escolha racional, a estimativa entre o tempo e esforço despendido para a prática de uma atividade lícita com relação aos ganhos dela decorrentes, em contrapartida ao esforço, tempo e ganho potencial da empreitada criminosa[621]. A análise do tempo dispendido para o trabalho em face do tempo empregado para o crime; dos ganhos decorrentes do trabalho diante do lucro do delito; e do prospecto do gozo da liberdade diante da possibilidade da privação da liberdade irão embasar o dilema vivido pelo potencial infrator, que responderá aos seus ímpetos de acordo com as necessidades que projetar e os eventuais incentivos que receber.

De acordo com esta visão, Ehrlich[622] traça um modelo de mercado, em que o indivíduo, dada a sua humanidade, responde a incentivos e, diante da possibilidade da prática do crime, teria seu ímpeto refreado por duas categorias destes incentivos, os de ordem positiva e os de ordem negativa, sendo os positivos as oportunidades de trabalho legítimo, de ganhos patrimoniais mais expressivos e da redução das disparidades sociais; enquanto os negativos se referiam a probabilidade e a severidade das punições. Na mesma esteira, a demanda relacionada às oportunidades de práticas delitivas patrimoniais sofria influência de outros fatores, como a atuação das vítimas potenciais em tomar cautelas contra os crimes ou adotar medidas de proteção de seu patrimônio[623].

Becker reforça a relevância dos incentivos positivos na redução da criminalidade, apontando o aumento no potencial de ganhos lícitos dos indivíduos e a educação como elementos capazes de promover alterações positivas na redução da criminalidade[624]. É possível atribuir ao avanço da educação a

---

621 BLOCK, Michael K.; HEINEKE, John M. A labor theoretic analysis of the criminal choice. **The American Economic Review**, v. 65, n. 3, 1975, p. 3.

622 EHRLICH, Isaac. **Crime...**, p. 2.

623 BARTEL, Ann. An analysis of firm demand for protection against crime. **Journal of legal studies**, june, 1975, 4:2, p. 443-478; CLOTFELTER, Charles. Public service, private substitutes and demand for protection against crime. **American economic review**, december, 1977, 97:5, p. 867-877.

624 BECKER, Gary S. **Crime...**, p. 10-11.

opção dos jovens em trocar a criminalidade violenta pela patrimonial, atendendo ao modelo de internalização de valores proposto por Albert Cohen[625], bem como atribuir ao êxodo escolar – do qual deriva a absorção dos anseios de acumulação material sem a completa transmissão dos valores normativos da sociedade –, o desvio para a criminalidade patrimonial violenta, sobremaneira através dos crimes de roubo e latrocínio.

Os incentivos negativos também foram trabalhados por Ann Witte[626], Samuel Myers[627], William Trumbull[628] e Jeffrey Grogger[629], que relacionaram diretamente a certeza e severidade das punições à diminuição da criminalidade. Richard Freeman[630] foi mais além, ao afirmar que os incentivos negativos são mais efetivos que os positivos na repressão de crimes[631], pensamento relacionado às conclusões de Isaac Ehrlich[632], que apontaram que o aumento da proteção por meio do poder público, assim como o crescimento econômico e a geração de riquezas, geram mais crimes.

Os índices crescentes de criminalidade, relacionados aos também crescentes índices de repressão, demonstram o equívoco de algumas destas conclusões. O fundamento primevo da falibilidade da crença nos incentivos negativos, curiosamente, provém das mesmas fontes: a consideração de que o indivíduo tem o sucesso material e o interesse de ganho patrimonial como um valor intrínseco, ao tempo que a coerção por meio da sistemática de repressão penal se manifesta de forma extrínseca e, por isso, com menor intensidade.

Além disto, um outro elemento se mostra falho na análise econômica da criminologia: apesar da relação entre demanda e oferta adequar-se ao modelo

[625] COHEN, Albert. **Delinquent...**

[626] WITTE, Ann Dryden. Estimating the economic modelo of crime with individual data. **Quarterly journal of economics**, february, 1980, 94, 57-84.

[627] MYERS, Samuel. Estimating the economic modelo of crime. Employment versus punishment effects. **Quarterly journal of economics**, february, 1983, 98, 157-166.

[628] TRUMBULL, William. Estimation os the economic model os crime using aggregate and individual level data. **Southern economic journal**, october, 1989, 5, 423-439.

[629] GROGGER, Jeffrey. Certainty versus severity of punishment. **Economic enquire**, april, 1991, 29, 297-309.

[630] FREEMAN, Richard B. Crime and unemployment. *In*: WILSON, James Quinn. **Crime and public policy**. São Francisco: Institute for Contemporany Studies, 1983, p. 89-106.

[631] Importante destacar, entretanto, que o próprio Freeman (**The economics**..., p. 1) reconheceu que a análise econômica, a exemplo das outras modalidades de análise criminológica, não é capaz de resolver a questão das razões do crime.

[632] EHRLICH, Isaac. **Crime**..., p. 10.

de estudo criminogênico, a percepção de ganhos patrimoniais por parte do agente infrator não se mostrou efetivamente maior que a decorrente do trabalho lícito. Muitos estudos sobre o ganho real das empreitadas criminosas mostraram que, apesar dos crimes patrimoniais oferecerem um valor maior de recompensa por tempo dedicado à atividade, os levantamentos alusivos aos ganhos anuais decorrentes da prática regular de crimes não se mostraram elevados[633], exceto o tráfico de drogas, que apresentou média maior que os trabalhos legais[634]. A conclusão foi reproduzida no Brasil por Michel Misse[635], que classificou o tráfico de drogas como a empreitada criminal mais lucrativa e menos arriscada. Num espectro geral, foi constatado que a prática criminal, em geral, provê menos recursos financeiros que o trabalho legal[636], e que o crime se mostrou uma atividade mais penosa e arriscada[637].

Inobstante, a concretização do prospecto de prisão reduzia ainda mais os ganhos do eventual criminoso[638], fazendo da atividade criminosa teoricamente contraproducente, exceto nos casos pontuais em que as recompensas pela prática de crimes representam ganhos superiores ao do mercado regular.

Curioso é que nenhum desses fatores pareceu servir como elemento desencorajador efetivo para afastar os indivíduos da prática de crimes. Como já apontado, a despeito da crescente repressão, os índices de criminalidade subiram. A atuação das vítimas potenciais na busca de proteção de seu patrimônio, apesar de implicar em um refreamento no aumento dos índices relativos aos crimes de furto[639], conduziu os delinquentes a alternar

633 FREEMAN, Richard B. **The economics...**, p. 13.

634 REUTER, Peter H. *et al.* **Money from crime**. Santa Monica: Rand Corporation, 1990, p. 8.

635 MISSE, Michel. **Malandros, marginais e vagabundos & a acumulação social da violência no Rio de Janeiro**. Tese (doutorado em Sociologia). Instituto Universitário de Pesquisas do Rio de Janeiro, 2000, p. 314.

636 WILSON, James Q.; ABRAHAMSE, Allan. Does crime pay? **Justice quarterly**, v. 9, n. 3, p. 359-377, 1992.

637 FREEMAN, Richard B. **The economics...**, p. 23.

638 BUSHWAY, Shawn David. **The impact of a criminal history record on access to legitimate employment**. 1997. Tese (Doutorado em Sociologia). Heinz School of Public Policy and Management, Universidade Carnegie Mellon, 1997, p. 35.

639 Coaduna com a afirmação a análise de evolução repressiva dos crimes mais comuns no país realizada no capítulo 4 deste trabalho. O crime de furto foi um dos que registrou menor percentual de aumento na última década – apresentando aumento percentual de 19% –, atrás apenas dos crimes funcionais, com 9%.

sua atuação para a prática de roubos. Outros indivíduos, migraram para a prática do delito de tráfico de drogas.

O crime de roubo, a despeito de maior incidência de repressão – haja vista que, nos termos do levantamento realizado no capítulo 4 deste trabalho, apresentou o maior percentual de aumento de ocorrências de prisão na última década, no patamar de 143% –, continuou a ser praticado independente do aumento do rigor repressivo, com baixa projeção de ganhos patrimoniais, posto que os bens mais subtraídos foram celulares, pequenas quantidades de dinheiro, documentos e objetos pessoais[640]. O mesmo se mostrou nos índices de reincidência[641], em que os crimes de furto e roubo apresentaram os índices mais elevados, com 27,5 e 22,8%, respectivamente.

A falibilidade dos instrumentos dissuasivos se mostra, ainda, nos resultados aparentes da repressão. É possível concluir, a título inicial, que o incremento da repressão criminal no Brasil não foi capaz de reduzir o número de crimes, muito menos a necessidade de repressão. A afirmativa não carece de elementos lógicos; ao contrário, parece confirmar uma afirmação feita por Becker[642], no sentido de que o aumento da repressão criminal geralmente não guarda relação direta com a vinculação dos indivíduos aos riscos da atividade criminosa, sendo geralmente empregada pelo poder público como forma de economizar recursos[643].

Outra visão é a de que a convicção da punição[644] por parte do infrator produz um efeito de incentivo negativo mais sensível que a sua severidade, uma vez que o potencial criminoso reage mais a uma maior probabilidade de

[640] IBGE. **Pesquisa Nacional**..., 2010, p. 52.

[641] IPEA. **Relatório de pesquisa**: reincidência criminal no Brasil. Rio de Janeiro: IPEA, 2015, p. 29.

[642] BECKER, Gary S. **Crime**..., p. 12.

[643] Becker entende que o incremento na severidade das punições seria a medida aplicada pelo poder público como uma maneira de economizar recursos. Embora a tradução não signifique diretamente incremento na repressão criminal – dimensão que envolve outras variáveis como a edição de normas penais inovadoras, bem como a intensificação do policiamento ostensivo e da investigação de crimes –, a afirmação se faz verdadeira no contexto deste trabalho, uma vez que o incremento na severidade das punições influencia o aumento das taxas de encarceramento, elemento utilizado como unidade de mensuração da repressão criminal neste estudo.

[644] A expressão exata seria "certeza da punição", mesma expressão exaustivamente utilizada por Beccaria (**Dos delitos**...). A tradução literal, entretanto, deve ser evitada, a fim de se furtar à presunção de que é possível se pressupor a certeza de uma punição, algo apenas observável quando de sua efetiva aplicação.

ser preso que à ameaça de uma pena extensa, quando as possibilidades de punição são remotas, remetendo a conceitos próprios da criminologia clássica[645]. Esta visão foi afastada por Ehrlich[646], ao tratar como incerta a tese de redução da criminalidade por meio do incremento na severidade da pena. Os dados colhidos no presente estudo confirmam que os delitos patrimoniais foram os que mais sofreram alteração no *quantum* de pena abstrata no decorrer dos anos, bem como correspondem à maior parcela estatística de prisões no Brasil. Ainda assim, não foram encontrados quaisquer registros de redução nos índices criminais, apontando o estudo justamente uma inclinação contrária.

O panorama observado no Brasil muito se assemelha ao apontado por Freeman[647] ao observar o aumento da taxa de encarceramento nos EUA entre os anos 1960 e 1990, indicando que os índices crescentes apontavam para a projeção de que a taxa de criminalidade se aproximaria de zero. O que ocorreu, contudo, foi o inverso, com os índices criminais permanecendo elevados, comprovando que o aprisionamento não é um fator incapacitante para a prática criminal exceto, naturalmente, a prática pelos indivíduos particularmente encarcerados.

O efeito do aumento da criminalidade, sobretudo no tráfico de drogas foi, também, antecipado por Ehrlich[648], ao predispor que a repressão não promove necessariamente a redução da criminalidade, mas sim uma nova demanda criminal, suprida pelos criminosos ainda ativos, bem como pelos novos indivíduos encorajados não só pelo prospecto da prática do delito, mas pela oportunidade decorrente da vacância na posição do encarcerado. Mais uma vez, este fenômeno foi observado neste trabalho, por meio do expressivo aumento nos índices relativos aos crimes de roubo, tráfico de drogas e receptação, a despeito de serem estes os delitos com a maior variação percentual nos índices de prisão ao longo da última década.

As aprofundadas reflexões feitas por meio da análise econômica da criminologia permitiram o mapeamento dos fatores preponderantes para a escolha racional do indivíduo pela prática criminal. Os principais fatores persuasivos para a prática do crime podem ser traduzidos pelo interesse na satisfação de

---

645 ROMILLY, Samuel. **The speeches of Sir Samuel Romilly in the House of Commons**. Vol. I. Londres: James Ridgway and sons, 1820, p. 39.

646 EHRLICH, Isaac. **Crime**..., p. 20.

647 FREEMAN, Richard B. **The economics**..., p. 12.

648 EHRLICH, Isaac. **Crime**..., p. 12.

um ideal de sucesso por meio da realização material, e a dissociação com os ideais normativos propostos pela ordem social, notadamente pelo arquétipo de proteção da propriedade privada reforçado pelo conjunto de normas penais. Os fatores dissuasivos, por sua vez, podem ser aglutinados de acordo com a disposição de Michael Block e John Heineke[649], nas seguintes variáveis: a) patrimônio já possuído pelo agente; b) ganhos potenciais da atividade ilegal; c) estruturação estatal de repressão penal; d) punição prevista para o crime; e) grau de convicção na punição em contrapartida à prática do crime[650].

A análise destes elementos, por meio das fontes pesquisadas e, principalmente, pela informações colhidas neste trabalho, demonstram que três dos elementos – notadamente as variáveis "estrutura de repressão criminal", "punição prevista abstratamente para os crimes" e "grau de convicção da punição" –, não foram capazes de provocar o refreamento da expansão criminal no Brasil. Da mesma forma, as fontes até então pesquisadas apontam para a inocuidade da variável "ganhos potenciais da atividade ilegal", uma vez que crimes com menor potencial lucrativo permanecem sendo praticados. Além disso, nada indica que os ganhos relativos aos crimes mais lucrativos, a exemplo do tráfico de drogas e da receptação, que apresentam ganhos potenciais avantajados ou evidentes, tenham se otimizado[651].

Embora os levantamentos realizados neste trabalho não tenham perpassado informações socioeconômicas relevantes sobre a situação patrimonial dos indivíduos[652], existe um consenso construído no sentido de que a maioria dos infratores patrimoniais, possuem um arcabouço patrimonial que lhes parece insatisfatório, posto que o *animus lucri faciendi* aflora como o principal. É cediço que, dentre o universo de infratores patrimoniais, haverá aqueles que praticarão os delitos em busca de outro interesse que não seja precipuamente

649 BLOCK, Michael K.; HEINEKE, John M. **A labor...**, p. 11.

650 À exceção da variável "ganho potencial da atividade ilegal", que opera em sentido oposto, todas as demais variáveis tendem a representar um incentivo negativo mais incisivo à medida que se intensificam.

651 O preço das drogas ilícitas, por exemplo, a despeito de representarem a atividade criminosa mais lucrativa, apresentou queda no início do século XXI, mantendo a tendência de diminuição (MOREIRA, Luís Fernando. Drugs, economy, taxation and liberal ethics. **Anál. Social**, Lisboa, n. 204, p. 632-654, jul. 2012; ONU. UNODC no Brasil. **Perfil do País: Brasil.** Brasília: ONU, 2005).

652 Cabe ressaltar que a omissão decorre da ausência de levantamentos fidedignos acerca deste tipo de informação, mormente por meio dos organismos oficiais.

o ganho material, a exemplo da busca por emoção, ou o mero interesse de desafiar a autoridade pública e a ordem social. Estes, no entanto, compõem a *exceptio probat regulam in casibus non exceptis*[653], não alterando a essência da motivação primeva para a prática de crimes patrimoniais.

Uma vez que os principais incentivos negativos se encontram presentes no universo criminológico objeto de análise, sem promover qualquer redução efetiva nos índices de criminalidade, resta analisar as razões pelas quais o desejo na obtenção de ganhos patrimoniais predomina entre todas as demais razões criminogênicas.

5.3 Delinquência patrimonial como elemento de inclusão social

A conclusão de que a prática de crimes patrimoniais derivaria meramente de um ressentimento do indivíduo com o seu fracasso em ocupar vagas no mercado de trabalho, ou ainda de um anseio em participar da parcela economicamente ativa da sociedade, mostra-se falha em situar a problemática em uma dicotomia entre a satisfação dos interesses egoísticos do indivíduo e o respeito aos valores normativos transcritos pelas leis, notadamente as normas penais que incriminam os delitos patrimoniais. Não pela inexistência desta dicotomia que, aliás, é inequívoca; mas sim por desconsiderar outras influências capazes de induzir o cidadão à criminalidade patrimonial.

Os estudos realizados neste trabalho não lograram êxito em estabelecer uma proporção inversa entre criminalidade patrimonial e repressão penal, contrariando alguns prognósticos derivativos da análise econômica do direito penal. Resta, portanto, buscar quais variáveis determinam a contrariedade à projeção.

5.3.1 Consumo como fim social e a "Sociedade de consumo"

A mais relevante dessas variáveis provavelmente deriva da consideração de um enfoque distinto da análise criminológica tradicional: a percepção do delito patrimonial não como um fenômeno puramente antissocial, mas como um fenômeno que – a despeito de sua postura contrária aos fundamentos de

[653] Tradução livre: "a exceção confirma a regra nos casos não excecionados" (CICERO, Marco Túlio. **Select letters**. Oxford: Clarendon Press, 1891).

uma ordem social positivamente instituída –, denota o intento de inclusão e participação em ambientes relevantes de interação sociocultural.

Isto porque a civilização ocidental conduziu o seu desenvolvimento sob forte influência capitalista, atingindo um modelo de interação que a particularizou como sociedade de consumo, sedimentando a visão proposta por Zygmunt Bauman[654] no sentido de substituição das tradicionais formas de interações sociais por infinitos encontros transacionais, reduzindo boa parte das relações sociais a processos de compra a venda. Isto fez com que a demanda por valores morais prescritivos fosse substituída pela satisfação de condições básicas de existência distintas, pautadas na força produtiva e na capacidade de participação em atividades de oferta e aquisição de bens e serviços.

Desta forma, houve uma alteração no sistema de valores sociais, substituindo uma ordem cultural por uma "ordem de bens"[655], reconfigurando os valores culturais, de forma que uma razão mercantil provocasse a redefinição de uma estética dos bens[656] como o elemento central da nova etapa da vivência capitalista.

De acordo com este novo padrão cultural – popularmente conhecido como o "ser por meio do ter", em que o dinheiro se tornou o símbolo dos símbolos, minando os demais simbolismos[657] –, os principais ideais sociais tomaram contornos consumistas, reduzindo-se a ideais de consumo e acumulação de bens materiais[658]. Gradativamente, outros valores elementares da ordem social, como respeito e admiração, passaram a se relacionar também a produtos de consumo, por meio de objetos que assumem a destinação de produzir satisfação espontânea, dispensando outros laços elaborados de vinculação[659]. Este fenômeno fez com que, a despeito da pulverização de composições consuetudinárias de estratificação, um novo modelo de dissemelhança social fosse imposto, desta vez, com base no acesso a meios de participação econômica e acumulação de bens de consumo.

654 BAUMAN, Zygmunt. **Vida de consumo**. Tradução: Mirta Rosemberg y Jaime Arrambide. México: Fondo de cultura económica, 2012, p. 19.

655 SAHLINS, Marshall David. **Culture and Practical Reason**. Chicago: University of Chicago Press, 1976, p. 178.

656 LIPOVETSKY, Gilles; SERROY, Jean. **A estetização do mundo**: viver na era do capitalismo artista. São Paulo: Companhia das Letras, 2015, p. 35.

657 GAULEJAC, Vicent de. **Gestão como doença social**: ideologia, poder gerencialista e fragmentação social. São Paulo: Ideias e Letras. 2007, p. 319.

658 BAUMAN, Zygmunt. **Vida de consumo**..., p. 57.

659 BAUMAN, Zygmunt. **Vida de consumo**..., p. 165.

A tendência concretizou o que fora observado por Robert Merton[660], que estabeleceu como o modelo principal de fim social a ênfase extrema na acumulação de riqueza como símbolo de sucesso, demonstrando como essa visão enfraquecia a estrutura institucional de controle da utilização dos meios disponíveis ao indivíduo para a busca deste fim. Como resultado, o conflito e a frustração decorrentes da busca dos fins através dos meios disponíveis induziria o indivíduo à inovação[661], fazendo com que a busca pelas suas aspirações de sucesso o levasse a considerar o crime como um meio viável para a satisfação dos seus anseios.

O resultado destas construções foi a sedimentação de uma noção geral de que a acumulação de bens de consumo representaria incremento na qualidade de vida dos indivíduos. Isto fez com que uma cultura de consumo de massa se instituísse por meio de um conjunto de práticas capazes de ocultar as relações de alteridade ou antagonismo, fazendo com que os seres humanos buscassem um "mais-de-gozar" como objetivo homogêneo[662], caracterizando o modelo de interação social do capitalismo contemporâneo.

Estabelecido o novo modelo de projeção de desejos, de forma a reordenar o sistema de anseios sociais que impulsionam as interações na sociedade de consumo, definiu-se um novo padrão ideal de sucesso e realização, simploriamente traduzido na possibilidade de possuir ou consumir certos objetos e ascender a determinado padrão de vida, tornando-se condição necessária para a dignidade e autoestima humana[663]. Tal visão tornou-se a projeção central do sucesso pessoal, concretizando os ideais de prosperidade socialmente difundidos e permitindo, ainda, uma revalorização dos objetos e padrões de vida conforme eram atingidos ou generalizados[664].

---

660 MERTON, Robert King. **Social structure**..., p. 4.

661 MERTON, Robert King. **Social structure**..., p. 6.

662 LACAN, Jacques-Marie Émile. **Seminario XVII: El reverso del psicoanálisis**. Buenos Aires: Paidós, 2006. A expressão "mais-de-gozar" foi utilizada por Lacan para descrever o "aparelho regulador da existência do sujeito do inconsciente", em que o sujeito compensa uma perda provocada pela desordem peculiar das combinações significantes (ou entropia). Em apertada síntese, o "mais-de-gozar" representaria um ideal de satisfação das pulsões do indivíduo na sociedade de consumo.

663 BAUMAN, Zygmunt. **Vida de consumo**..., p. 175.

664 Não sem motivo Lacan (**Seminario XVII**...) relacionou o seu conceito de "mais-de-gozar" à mais-valia marxista, apontando a semelhança na abstração de valores tocantes à satisfação através do consumo.

Por meio deste sistema de valores, a procura por oportunidades de consumo e acumulação material passa a se tornar o centro das tensões nas sociedades ocidentais. Thorstein Veblen[665] defendeu a tese de que a busca de acumulação material, e o efetivo acesso a bens de consumo, tornaram-se o principal instrumento de emulação social no Ocidente; Pierre Bourdieu[666], em contrapartida, observou que o universo do consumo se apresentava predominantemente como uma reprodução do sistema de relações assimétricas de poder e dominação consolidado sob uma forma simbólica. Curiosamente, a ambos assiste relativa razão: se a observação de Bourdieu se mostra óbvia, uma vez que a conversão de poder econômico em poder político[667] reforçou por meio do simbolismo a estrutura de dominação socioeconômica, protegendo consequentemente as vantagens previamente adquiridas, não se pode negar a viabilidade proposta por Veblen, no sentido de que a estratificação social consuetudinária perdeu espaço pela ascensão de indivíduos que, ainda que desprovidos de vantagens sociais tradicionais, obtiveram acesso a riquezas materiais. A observação é comprovada na sociedade contemporânea, em que indivíduos de origem modesta atingem posições sociais privilegiadas, mesmo diante da percepção de riquezas por meio de atividades tradicionalmente consideradas marginais – como as artes, a música, e o esporte –, ou até mesmo ilícitas, como atividades criminosas[668].

A nova realidade imposta pela sociedade de consumo não faz mais distinções baseadas em condições familiares, por profissão, ou outros elementos: a ela importa a posição no sistema de consumo[669]. Diante destas

---

[665] VEBLEN, Thorstein Bunde. Teoria da classe ociosa. *In*: VEBLEN, Thorstein Bunde. **A Alemanha imperial e a Revolução Industrial**: A teoria da classe ociosa. São Paulo: Victor Civita, 1985.

[666] BOURDIEU, Pierre. **La distinction**. Paris: Les Éditions de Minuit, 1979.

[667] Fenômeno exposto no capítulo 3 deste trabalho como um dos fundamentos do incremento da proteção patrimonial por meio do direito penal no Brasil.

[668] No Brasil houve indivíduos que, mesmo dedicados regularmente a atividades criminosas, não apenas se inseriram como foram aceitos na alta sociedade. Alguns exemplos foram Lúcio Flávio Villar Lírio – que, inclusive, teve a biografia romantizada e, em partes, justificada no cinema por meio do filme "Lúcio Flávio, o passageiro da agonia", de Hector Babenco; Hosmany Ramos, um cirurgião plástico preso por diversos crimes, em especial o tráfico internacional de drogas, que viveu na alta sociedade antes da prisão, publicando 8 livros após seu encarceramento, com grande aceitação de público; e Ronald Biggs, o autor do infame assalto ao trem pagador inglês em 1963, que se homiziou no Brasil nos anos 1970, tornando-se uma celebridade e notório *bon vivant*.

[669] BAUDRILLARD, Jean. **El sistema de los objetos**. Tradução: Francisco González Aramburo. Madrid: Siglo XXI, 2004, p. 219.

novas diferenciações criadas nos modelos de adequação e ascensão social, a atividade criminal não assume uma posição particularmente prejudicial. Aliás, como observou Bauman[670], o aumento da criminalidade surge como um produto próprio e legítimo da sociedade de consumo, atendendo unicamente ao apelo de que quanto mais elevada a demanda dos consumidores, mais segura e próspera se torna a sociedade de consumo. Neste panorama, aqueles que são capazes de satisfazer seus desejos de consumo estão naturalmente inseridos no panorama de interação social, enquanto aqueles que foram seduzidos pelo modelo consumerista – porém são incapazes de atuar no sistema de trocas e acumulação que envolvem a satisfação dos interesses individuais neste sistema social –, sentem-se legitimados a buscar alternativas viáveis para a satisfação destes anseios. Destaque-se que as alternativas serão consideradas de acordo com sua viabilidade, e não especificamente por seu grau de licitude ou reprovabilidade, o que sedimenta o conceito de inovação traçado por Merton[671].

Desta forma, as condutas criminais não se tornam um obstáculo para o estabelecimento de uma sociedade de consumo plena e estabilizada, mas sim um requisito natural de sua construção, permitindo aos indivíduos excluídos a participação na cultura de consumo[672]. O resultado dessas interações demonstra a função orgânica da delinquência patrimonial, que não apenas se insere na sociedade de consumo como uma alternativa para a percepção de ganho patrimonial posteriormente utilizado na aquisição e acumulação de bens e serviços, como é capaz de criar mercados paralelos. Estes mercados atuam tanto na difusão de oportunidades viáveis de consumo para indivíduos sem condições de atender às demandas do mercado regular – por meio do comércio ilícito de materiais subtraídos ou contrabandeados, fomentando a receptação –; quanto na oferta de produtos e serviços ilícitos em sua essência, a exemplo do tráfico de drogas e da exploração da prostituição.

Curiosamente, essas atividades não enfraquecem o mercado consumerista e o sistema de valores construído em torno da circulação e acumulação de bens, uma vez que os vínculos sociais são estabelecidos a partir do consumo. A teia de interdependências e balanças de poder, o potencial de *status* e

[670] BAUMAN, Zygmunt. **Vida de consumo...**, p. 174.
[671] MERTON, Robert King. **Social structure...**, p. 6.
[672] BAUMAN, Zygmunt. **Vida de consumo...**, p. 178.

prestígio social e a satisfação dos sonhos e anseios construídos no imaginário cultural serão extraídos do comportamento e dos padrões de consumo dos indivíduos[673], e não dos caminhos percorridos para a aquisição de meios econômicos que viabilizam o consumo.

Como resultado, as projeções externas ao ambiente de trocas que se torna o ponto central da sociedade de consumo perdem relevância social. Os interesses individuais tomam relevância crescente, quando os valores normativos coletivos – dentre os quais se situam os valores morais que demandam o respeito às leis e, especificamente, à propriedade e aos demais bens jurídicos de terceiros –, passam a tomar uma amplitude irrisória. O indivíduo torna-se o centro de sua própria atuação, enquanto o entorno social toma um papel secundário, quiçá inexistente[674]. A valoração concreta e a percepção tangível da satisfação obtida por meio da acumulação material enfraquecem valores individuais abstratos, tais como honestidade, honradez, generosidade e dignidade.

O posicionamento do indivíduo como sujeito ativo na sociedade de consumo supera as forças macroestruturais assentadas no decorrer do século XX, irrompendo em uma hipertrofia do indivíduo, motivada pelas mudanças estruturais no plano econômico[675]. Por meio desta hipertrofia, o indivíduo assume definitivamente um posicionamento inclusivo de interação social, criando a sua própria identificação social por intermédio de seus "atos de escolha"[676]. Estes atos de escolha passam, paulatinamente, a suplantar a escolha racional, uma vez que esta última diz respeito a uma opção de forma de interação dentre as possíveis em uma sociedade, e a primeira se refere à opção de participação na sociedade de consumo ou a de viver à sua margem.

A construção dos princípios culturais, e a própria construção de mundo, passa a se materializar por meio do consumo, de forma que os bens de consumo se tornam tanto o objeto quanto a objetificação do mundo[677]. A partir desta construção,

---

673 FEATHERSTONE, Mike. **Cultura de consumo e pós-modernismo**. São Paulo: Studio Nobel, 1995, p. 31.

674 HABERMAS, Jürgen. **Agir comunicativo e razão destranscendentalizada**. Rio de Janeiro: Tempo Brasileiro, 2002, p. 437.

675 HARVEY, David. **Condição pós-moderna**. São Paulo: Loyola, 1992.

676 RETONDAR, Anderson Moebus. A (re)construção do indivíduo: a sociedade de consumo como "contexto social" de produção de subjetividades. Brasília: UnB, **Sociedade e Estado**, v. 23, n. 1, 2008.

677 MCCRACKEN, Grant. Cultura e consumo: uma explicação teórica da estrutura e do movimento do significado cultural dos bens de consumo. São Paulo: FGV, **Revista de Administração de Empresas**, v. 47, n. 1, p. 99-115, 2007.

não apenas os ideais de sucesso ou realização individual, como também os ideais pessoais de satisfação, recompensa e felicidade passam a ser definidos pela inserção e pela participação na sociedade de consumo. A integração do indivíduo na sociedade de consumo estabelece uma relação direta entre o aumento dos ganhos e a satisfação pessoal[678], além de proporcionar o sentimento de segurança e felicidade. A felicidade, inclusive, foi diretamente relacionada com o aumento dos ganhos patrimoniais[679], fornecendo uma nova e mais rígida representação do que seria o sucesso pessoal incutido na cultura ocidental.

A junção desses fatores fornece uma interessante variação de valores. Se, inicialmente, os valores abstratos coletivos da sociedade perderam o apelo diante da concreção oferecida pelo sistema social de consumo, fazendo com que houvesse uma associação direta entre o consumo e o prazer derivado da aquisição de bens e serviços, *a posteriori* surge uma abstração valorativa, desta vez de espectro individual. O consumo regular e acumulativo passa a se tornar um ideal não apenas de satisfação de interesses direcionados ao gozo material de bens e serviços, mas uma medida de felicidade, realização e segurança pessoal.

Tal construção amplia o espectro de avaliação individual na escolha racional, de forma a induzir o indivíduo a uma escolha ainda mais dissonante, entre os seus valores prescritivos e os valores normativos da sociedade, em que projeta a escolha pela atividade criminosa patrimonial em três aspectos: a) a necessidade de satisfação de seus anseios de consumo; b) a retaliação contra o ressentimento produzido pelos os obstáculos impostos às viabilidades de consumo do indivíduo por circunstâncias alheias à sua vontade; e c) a busca da felicidade e realização pessoal do indivíduo traduzindo o sucesso, em sentido amplo, pela sua inserção na sociedade de consumo.

5.3.2 Projeções particulares da delinquência patrimonial

Estabelecida a observação de que a sociedade moderna se constrói como uma sociedade de consumo, torna-se necessário analisar como o indivíduo

[678] DIENER, Edward *et al.* Wealth and happiness across the world: Material prosperity predicts life evaluation, whereas psychosocial prosperity predicts positive feeling. **Journal of Personality and Social Psychology**, 99(1), 52-61, 2010.

[679] TEVENSON, Betsey; WOLFERS, Justin. Economic Growth and Subjective Well-Being: Reassessing the Easterlin Paradox. Washington: **Brookings Papers on Economic Activity**, 2008, p. 1-87.

projeta a decisão pela empreitada criminosa patrimonial em seu sistema particular de valores. A premissa de que os indivíduos despossuídos tornam-se marginalizados em uma sociedade consumerista, representando o posicionamento dos pobres em uma situação incômoda, pode ser entendida como um dos fatores elementares da escolha racional para a prática de delitos patrimoniais.

A delinquência emerge não só como uma alternativa, mas como uma oportunidade real de inserção na sociedade de consumo e, consequentemente, no espaço de busca da satisfação por meio da aquisição e acumulação de bens materiais. Em paralelo, existem pressões por interação social que agem sobre o indivíduo, uma vez que a cultura representa uma unidade integrada que exige uma contribuição funcional do indivíduo[680]. Ainda que não se considere este funcionalismo social do indivíduo, é necessário admitir que um elemento cultural pode representar a manutenção da continuidade estrutural de determinada sociedade[681]. Estes pilares denotam a necessidade de participação na unidade social pelo indivíduo o que em uma sociedade capitalista ocorre, predominantemente, pelo consumo ou acumulação de riquezas

Embora não seja correto afirmar que os indivíduos, em virtude destes interesses e pressões, são induzidos ou até mesmo compelidos à criminalidade, não parece absurdo que os elementos indutivos à escolha de envolvimento na prática de delitos patrimoniais tenham grande apelo, enquanto os elementos dissuasivos não aparentam guardar grande relevância. Em virtude dessa percepção, o trabalho cuidou de analisar situações em que foram consultados indivíduos que enveredaram na prática criminosa no Brasil, obtendo considerável projeção na sociedade de consumo, através do acúmulo de meios de aquisição de bens e serviços. O intuito foi extrair as razões determinantes para a escolha racional destes elementos e, sempre que possível, observar a percepção particular de cada um a respeito dos elementos dissuasivos. Foram pesquisados documentários, entrevistas e até mesmo livros publicados por indivíduos que obtiveram consideráveis ganhos econômicos por meio de atividades criminosas, todos eles predominantemente envolvidos em delitos patrimoniais.

---

680 MALINOWSKI, Bronislaw. **Uma Teoria Científica da Cultura**. Rio de Janeiro: Zahar, 1962.

681 RADCLIFFE-BROWN, Alfred Reginald. **Structure and function in primitive society**. London, Cohen and West, 1959.

Inicialmente, através do documentário "Notícias de uma guerra particular"[682], um assaltante de bancos que não foi identificado deu declarações no interior de uma unidade prisional do estado do Rio de Janeiro. Indagado sobre as razões de enveredar-se na prática de roubos a instituições financeiras, alegou que adentrou na vida do crime por ter se cansado de ser "massacrado pela sociedade"; que não quis seguir os exemplos de seus avós, que trabalharam por toda vida sem acumular nenhum patrimônio; que encontrou no crime a única forma de conseguir comprar os bens que desejava, algo que o salário mínimo nacional tornava impossível[683]. Curiosamente, demonstrou ainda cultuar os valores normativos sociais, ao afirmar que realizava seus assaltos sem humilhar suas vítimas, nem as submeter a um grau desnecessário de ameaça, sob a afirmação de que "a (profissão) dele não era tirar a de ninguém"[684].

Dois pontos intrigantes derivam deste discurso: o primeiro deles, a forma como a opção pelo crime parece ultrapassar o panorama da escolha racional, extrapolando a opção por uma ação proscrita, e atingindo um *status* de opção de vida; o segundo, a maneira como o entrevistado deu às suas atividades criminosas um sentido axiológico de labor, reproduzindo um discurso quase dignificante, não demonstrando remorso, reservas em assumir publicamente empreitadas criminosas, nem mesmo um reconhecimento implícito de que as suas ações eram nocivas à sociedade.

Um segundo documentário "Dançando com o diabo"[685], bastante provocativo, entrevistou alguns traficantes da Zona Oeste da cidade do Rio de

[682] NOTÍCIAS de uma guerra particular. Direção: João Moreira Salles e Kátia Lund. Produção: Raquel Freire Zangrandi. Rio de Janeiro: VideoFilmes, 14 de abril de 1999. DVD (56 min), son., color.

[683] O detento em questão demonstrou uma visão particular da teoria até então discutida neste capítulo, ao usar como exemplo o fato hipotético de, caso desejasse comprar um tênis da marca Mizuno – que custava mais que um salário mínimo da época –, apenas através do crime alguém com suas origens e qualificações conseguiria lograr o intento (NOTÍCIAS..., 1999). É curioso como um objetivo aparentemente tão banal, a propriedade de um par de calçados, tenha ganhado relevância na mente de um indivíduo de origens humildes e envolvido em atividades criminosas de alto risco, a ponto de servir de exemplo de satisfação pessoal considerando, a princípio, a marca e o valor do bem de consumo.

[684] Documentário: NOTÍCIAS.... Conforme se exprimiu, o entrevistado utilizou a expressão "tirar a de ninguém". De acordo com a léxica do dialeto carcerário, o sentido dado é o mesmo de desrespeitar, diminuir ou menosprezar.

[685] Nome atribuído no Brasil ao documentário **Dancing with the devil**, produzido por uma equipe britânica que investigou a realidade dos traficantes e dos agentes de polícia da cidade do Rio de Janeiro/RJ, sob a ótica de um pastor evangélico e ex-traficante que exerce seu ministério na Zona Oeste da cidade (**DANCING with the devil**. Direção: Jon Blair. Produção: Jon Blair Film Company. Londres: Jon Blair Film Company, Channel 4 e Arte France, 04 de dezembro de 2009. DVD (200 min), son., color).

Janeiro/RJ, enquanto os mesmos ainda exerciam atividades criminais, notadamente o tráfico de drogas. O primeiro dos entrevistados, Leonardo "Vascão" Fragoso da Silva[686], declarou ter entrado para o universo do crime em busca de um meio de vida e que o tráfico de drogas, na sua visão, não passava de um meio de lutar pela sobrevivência.

O segundo entrevistado, Juarez Mendes da Silva, o "Homem Aranha"[687], afirmou ter conhecimento de que o tráfico de drogas não é uma conduta correta argumentando que, entretanto, todos têm o sonho de ser felizes, e que exercia o tráfico de drogas em busca deste sonho. Juarez afirmou orgulhosamente que tinha diversos empregados, a quem pagava um total de 94 mil reais por quinzena. Manifestou, ainda, orgulho por criar projetos sociais[688] visando incentivar a consciência ecológica, a frequência escolar e o enriquecimento cultural das crianças da região, argumentando que o "seu trabalho" era importante para o bem-estar da comunidade.

Marcos Paulo Teixeira da Silva, o "Nike"[689], foi o terceiro entrevistado[690], afirmando que o seu envolvimento com o tráfico de drogas era uma luta pela comunidade, não só pelo dinheiro. Afirmou ter conhecimento de que algum dia "pagaria pelo que fez, seja por um ano, dez anos ou trinta anos" e, ainda assim, não se arrependia por ter se engajado no tráfico de drogas.

O quarto entrevistado, Márcio "Tola" da Silva Lima[691], vangloriou-se de conseguir grandes quantidades de dinheiro mesmo sem saber ler ou fazer contas. Alegou que entrou para o tráfico de drogas porque "nunca teve nada", e que não tinha pretensões de abandonar o crime, reconhecendo ser esta a sua vida, e que era preciso cuidar de seu filho e de sua esposa. Também discorreu

686 À época, segundo homem na hierarquia do tráfico de drogas na comunidade da Vila Aliança, Zona Oeste do Rio de Janeiro/RJ.

687 Documentário: **DANCING**... Então Chefe do tráfico de drogas em 15 comunidades do complexo da Coreia, Zona Oeste do Rio de Janeiro/RJ.

688 Segundo registra o documentário (DANÇANDO..., 2009), o traficante realizou uma competição entre crianças de quatro a nove anos, que premiaria com uma moto miniatura no valor de 3 mil reais aquele que apresentasse a melhor obra de arte produzida com material reciclado.

689 À época, chefe do tráfico de drogas na comunidade da Vila Kennedy, Zona Oeste do Rio de Janeiro/RJ.

690 Documentário: DANCING...

691 Documentário: DANCING... À época, chefe do tráfico de drogas na comunidade da Vila Aliança, Zona oeste do Rio de Janeiro/RJ.

sobre como sua atuação era relevante para a comunidade que controlava, pois auxiliava os moradores que passavam necessidade assumindo uma função que o governo não desempenhava.

Wagner do Nascimento Silva, o "Jack Matador"[692], afirmou ter buscado o tráfico de drogas como atividade por ter diversos irmãos que passavam fome. Informou, ainda, que o tráfico de drogas era a atividade mais rentável para aqueles que não possuíam nenhum estudo ou recurso. Outra entrevistada no documentário, Ana Lúcia "Chinesinha" do Carmo[693], afirmou ter optado pelo tráfico de drogas por não conseguir emprego regular, em virtude de possuir maus antecedentes criminais. Quanto aos antecedentes, esclareceu ter vivido de roubos a turistas na região da praia de Copacabana, como meio de subsistência até ser encarcerada aos dezenove anos. Apesar de informar ter abandonado a "vida do crime" para se dedicar a atividades de evangelização, destacou suas qualidades quando atuava como traficante, em especial a firmeza com que lidava com as situações[694].

O último entrevistado do documentário "Dançando com o diabo" foi o traficante Rafael "Nariz de Chumbo" Alves[695], afirmando que o tráfico de drogas sustentava tudo o que tinha. Rafael se mostrou orgulhoso de fazer parte de uma "firma", que empregava várias pessoas, pagando salários justos em dia.

Analisando as informações prestadas pelos indivíduos entrevistados no aludido documentário, que se revestem de sinceridade por terem sido passadas de forma voluntária, sem quaisquer pressões nem situação de vulnerabilidade, constata-se que um sentimento de brio permeia o discurso de todos os entrevistados, mesmo daqueles que haviam abandonado a atividade criminal quando da ocasião das entrevistas, como Ana Lúcia do Carmo, que fez questão de exaltar suas qualidades como criminosa.

---

[692] Documentário: DANCING... Quando da entrevista, era o chefe do tráfico de drogas na comunidade do Beira-rio, Zona Oeste do Rio de Janeiro/RJ.

[693] Ex-traficante na comunidade do Jardim Catarina, em São Gonçalo, RJ.

[694] "Chinesinha" informou, ainda, que sua saída do tráfico de drogas não foi voluntária, e que teria abandonado a comunidade onde exercia o tráfico de drogas após ter sobrevivido a uma tentativa de homicídio praticada por integrantes do Comando Vermelho, permanecendo desde então em uma comunidade evangélica que a acolheu.

[695] Na ocasião, era o segurança pessoal de Juarez "Homem Aranha". Com a morte do segundo em 2009, assumiu o controle do tráfico de drogas no complexo da Coreia, Zona Oeste do Rio de Janeiro/RJ.

Todos os entrevistados demonstraram ter plena consciência do caráter ilícito das atividades que desempenhavam denotando, ainda, conhecimento das consequências de eventual prisão, bem como da severidade das punições em caso de condenação criminal, além do risco de morte iminente em confrontos com a polícia ou rivais. A despeito desta realidade, nenhum deles mostrou arrependimento pela opção de enveredar-se em empreitadas criminosas, nem tampouco remorso pelas condutas praticadas desde que tal opção foi feita, ficando bem estabelecido o senso de consciência dos ônus e das consequências da atividade criminal.

Isto não impediu, contudo, que todos eles demonstrassem satisfação por ter conseguido, por meio das práticas criminosas, o acesso aos meios de sobrevivência e especificamente de consumo exigidos como requisito de prática das interações sociais que, na visão unânime de todos, excluem os indivíduos pobres. Alguns se mostraram particularmente orgulhosos por ter logrado sucesso econômico a despeito de educação deficiente e da ausência de oportunidades no ambiente de que são oriundos.

Finalmente, aqueles que exerciam a função de chefes do tráfico de drogas em suas respectivas comunidades buscaram dignificar sua atuação por meio da exaltação de condutas supostamente assistencialistas empreendidas em prol das comunidades em que desempenhavam suas atividades, sobretudo por suprir a deficiência do Estado diante das necessidades básicas. Demonstraram particular ufania no fato de conseguirem estender a viabilidade de satisfação dos desejos de participação consumerista daqueles que eram empregados nas empreitadas, sobretudo diante do contentamento com o fato de pagarem salários que consideravam justos, de forma regular.

O ponto comum e interessante nos depoimentos foi a afirmação da consciência acerca da reprovação social atribuída às condutas praticadas, convertidas em normas proibitivas por meio da lei penal. Nenhum dos entrevistados demonstrou desconsiderar o caráter ilícito da sua atividade, embora não tenha transparecido nenhum traço de reserva que os pudesse ter impedido em ingressar nas práticas criminosas que desempenharam.

Outra entrevista interessante, esta em outra ocasião e realizada pela mídia jornalística, foi a de Luiz Fernando da Costa, o "Fernandinho Beira-Mar"[696],

[696] COSTA, Luiz Fernando da. "Fernandinho Beira-Mar": depoimento [ago. 2016]. Entrevistador: Roberto Cabrini. São Paulo: Sistema Brasileiro de Televisão. Entrevista concedida ao Programa

que já foi considerado o maior traficante de drogas do Brasil. Em longa entrevista concedida ao repórter Roberto Cabrini na penitenciária federal em que se encontrava recolhido, "Fernandinho" afirmou que enveredou-se em empreitadas criminosas aos 13 anos, por meio da prática de assaltos, utilizando o crime como uma forma de sair da pobreza. Informou que, tendo sido criado em uma comunidade carente, o fato de não ter opções de progresso pessoal e a influência de indivíduos que demonstram ter sucesso acabam por envolver os jovens no tráfico de drogas, o que foi o seu caso. Sobre suas ambições ao envolver-se com o crime, disse que suas aspirações iniciais, de conseguir dinheiro, passaram a evoluir para ambições cada vez maiores, motivo pelo qual tornou-se difícil abandonar a vida criminosa. Afirmou não ter orgulho de ser reconhecido como um dos maiores traficantes do país e que, ao contrário, sentia vergonha. Entretanto, ao ser indagado sobre como atingiu esta projeção comentou, de forma briosa, que um homem deve buscar ser o melhor naquilo que faz, independente da atividade que desempenha.

A narrativa de "Fernandinho Beira-Mar" demonstra as mesmas características predominantes nos depoimentos dos demais indivíduos apontados neste trabalho. A aparente dissonância ao demonstrar arrependimento deve ser recebida com reservas, considerando que o entrevistado cumpre extensas condenações pela prática de crimes considerados graves pela legislação penal, respondia a diversos outros processos no momento da entrevista, e ainda se encontrava recolhido em presídio federal de segurança máxima na ocasião da interlocução.

A despeito das contingências, mais uma vez um indivíduo que conseguiu obter sucesso econômico na sociedade de consumo por meio da prática de delitos patrimoniais demonstrou plena consciência do caráter ilícito e contrário aos valores normativos sociais de suas condutas, sem apresentar qualquer indicativo de que tais fatores pesaram como elementos dissuasivos na escolha para prática de crimes.

Outro famoso traficante carioca, Alexandre Mendes da Silva, o "Polegar"[697], foi entrevistado no cárcere, alegando que a sua principal motivação para a opção pelo crime foi o interesse em viver como um rei, cercado

Conexão Repórter. Luiz Fernando da Costa foi chefe do tráfico de drogas na região de Duque de Caxias/RJ, e ainda é considerado um dos principais líderes do Comando Vermelho. Foi também considerado um dos maiores traficantes de armas e drogas de toda a América Latina

697 Foi chefe do tráfico de drogas no Morro da Mangueira, situado na região central do Rio de Janeiro/RJ.

de mulheres que o procuravam[698]. "Polegar" foi entrevistado após concluir o cumprimento de uma pena de dezessete anos de prisão, já em liberdade. Apesar de afirmar ter abandonado definitivamente a carreira criminosa, não demonstrou remorso ou arrependimento por ter escolhido o caminho da criminalidade patrimonial.

Mais um insigne traficante brasileiro que forneceu entrevista relatando suas experiências criminais foi Márcio dos Santos Nepomuceno, o "Marcinho VP"[699]. Na ocasião, relatou que adotou o crime como meio de sustento, especificamente os assaltos, iniciando por meio da prática de roubos em vias públicas, evoluindo para roubos a carros-fortes e bancos. O curioso é que "Marcinho VP" também publicou um livro[700], no qual esclareceu suas razões particulares para tornar-se um criminoso. Dentre elas, apontou como a principal a percepção de que não conseguiria o dinheiro que aspirava "sentado em banco de escola". Alegou, ainda, que o dinheiro adquirido do roubo e da venda de carros para "desmanches", no início de sua carreira criminal, não só sustentava suas despesas pessoais como, também, sua autoestima. Por fim, alegou que muitas pessoas de comunidades carentes, na sua visão, buscam o crime por não conseguirem posições no mercado regular de trabalho, em virtude da falta de oportunidade e do preconceito.

"Marcinho VP", a exemplo de "Fernandinho Beira-Mar", apresentou alegações aparentemente motivadas pelo fato de estar recolhido em uma penitenciária federal de segurança máxima, com processos criminais ainda em andamento. Tanto que negou, na entrevista dada ao repórter Domingos Meireles que tenha praticado qualquer atividade relacionada ao tráfico de drogas, mesmo condenado a cerca de 36 anos de prisão por crimes desta natureza.

Outro exemplo que segue esta linha é o de Antônio Francisco Bonfim Lopes, conhecido como "Nem da Rocinha"[701]. "Nem", ao contrário dos demais

---

698 SILVA, Alexander Mendes da. "Polegar": depoimento [jun. 2016]. Entrevistadora: Carolina Novais. São Paulo: Rede Record. Entrevista concedida ao Programa Domingo Espetacular.

699 NEPOMUCENO, Márcio dos Santos. "Marcinho VP": depoimento [mar. 2018]. Entrevistador: Domingos Meireles. São Paulo: Rede Record. Entrevista concedida ao Programa Domingo Espetacular. "Marcinho VP" foi um dos mais afamados chefes do tráfico de drogas no Complexo do Alemão, situado na Zona Norte do Rio de Janeiro/RJ.

700 NEPOMUCENO, Márcio dos Santos; HOMEM, Renato. **Marcinho VP**: Verdades e Posições – O Direito Penal do Inimigo. Rio de Janeiro: Gramma, 2017.

701 Último grande líder do tráfico de drogas na favela da Rocinha, situada na cidade do Rio de Janeiro, considerada a maior favela do Brasil.

exemplos indicados, não buscou a delinquência visando satisfazer desejos de consumo. Era um homem honesto e trabalhador, inclusive iniciando uma carreira em uma empresa privada do Rio de Janeiro, alcançando algumas promoções. Adentrou no crime por necessidade, em virtude de um problema de saúde sofrido por sua filha, motivo pelo qual fez um empréstimo com o chefe do tráfico de drogas na favela e ofereceu seus serviços como meio de pagar a dívida[702]. Entretanto, uma vez envolvido com o tráfico de drogas, não mais deixou as práticas criminosas, até sua prisão, em 2011[703].

O que se observa das parcas informações coletadas de indivíduos que não só buscaram a satisfação de seus anseios de consumo através de atividades criminosas – como também atingiram sucesso em suas empreitadas criminosas obtendo consideráveis ganhos patrimoniais –, é o contundente apelo oferecido pela criminalidade patrimonial enquanto oportunidade para aqueles indivíduos que, em virtude da falta de aptidões e outras variáveis, não conseguem acesso aos meios de inserção na sociedade de consumo.

Considerando, ainda, a criminalidade patrimonial como um meio de inserção em uma sociedade de consumo, não se pode negar a prática criminosa como um meio de inserção social, sobretudo consideradas as conclusões de Bauman, no sentido de que a criminalidade não contraria os interesses da sociedade de consumo, ao contrário, realizando-os. Esta consideração confere um caráter ambíguo à criminalidade patrimonial, ao fazer dela antissocial sob uma ótica normativa comunitária, e inclusiva sob uma a ótica particular de interesse de interação sociável.

Sendo assim, torna-se necessária uma análise mais ampla da escolha racional, admitindo outros elementos além daqueles dispostos pelas teorias de análise econômica do direito penal, mormente a necessidade de interação em uma sociedade de consumo, a identificação social do indivíduo através do consumo, e a significação envolvida na construção da personalidade socioeconômica do agente.

702 GLENNY, Misha. **O dono do morro**: um homem e a batalha pelo Rio. Tradução: Denise Bottman. Rio de Janeiro: Companhia das letras, 2016, p. 63.

703 Um ponto curioso é que, de acordo com o autor da biografia de "Nem" (GLENNY, Misha. **O dono**..., p. 109) o traficante tentou abandonar o tráfico de drogas, sendo impedido por indivíduos interessados em sua permanência no controle do tráfico da favela da Rocinha, indivíduos estes que buscavam manter uma já estabelecida cadeia de subornos: policiais que ameaçaram sua mãe em virtude de uma dívida de propina. "Nem" havia fugido do Rio de Janeiro, visando trabalhar como taxista em Alagoas.

Como consequência, a escolha racional – no que se refere à opção pelas empreitadas criminosas –, parece repousar numa nova modalidade de dicotomia: a estabelecida entre os interesses egoísticos do indivíduo e os interesses sociais dos estamentos que podem ou não o excluir com base em seu arcabouço patrimonial. Para aqueles que detêm alguma parcela de patrimônio ou a possibilidade de aquisição peremptória numa posição de interação na sociedade de consumo por meios lícitos, o dilema parece se operar entre a projeção de ganhos potenciais com a atividade ilícita e o risco de privação do patrimônio e oportunidades já adquiridos. Para os que são desprovidos de patrimônio, bem como de oportunidades de ocupação das posições mais favorecidas no mercado de trabalho, quiçá alguma posição no mercado de trabalho, o dilema se opera numa esfera mais simples: a opção de participar ativamente de um contexto social de consumo, ou a resignação de vivência à sua margem. Em ambas as situações, pouco apelo tem o senso coletivo ou a absorção dos valores normativos, uma vez que os mesmos são cultuados e impostos por aqueles que vivem ao abrigo da zona de inclusão de consumo, ao menos que tenha o agente internalizado instrumentos de controle social que reforce esses valores sob outras premissas[704].

A repressão criminal, na mesma esteira, se mostra inócua a reforçar um apelo de abdicação do impulso criminoso, uma vez que a ameaça proposta pela pena contra a liberdade limita, apenas, a liberdade para existir discutida no capítulo 2 deste trabalho, posto que o exercício de muitas das variáveis de liberdade depende do acesso a meios de participação na sociedade de consumo.

A despeito da apontada inadequação, a repressão permanece o recurso adotado pelo Estado brasileiro, gerando uma insistente tensão, que representa o verdadeiro impacto social da delinquência como forma de inserção na sociedade de consumo.

[704] Como exemplo pode ser apontada a religião, que se vale de justificativas metafísicas para pregar o afastamento dos ideais compartilhados de consumo, sugerindo o sacrifício dos desejos em detrimento de seus anseios de satisfação.

6
FUNÇÃO ORGÂNICA DA DELINQUÊNCIA PATRIMONIAL NA SOCIEDADE DE CONSUMO

Em conformidade com a proposta metodológica do trabalho, as informações discutidas nos capítulos anteriores constroem quatro axiomas, que servem de base para a análise crítica da delinquência patrimonial, mormente o fenômeno moderno da inclusão na sociedade de consumo através do crime.

Os axiomas estruturados refletem facetas do aparato de repressão e das motivações para as práticas criminosas – que, embora distintas, se relacionam –, viabilizando a análise da função da delinquência patrimonial na sociedade de consumo, com base em quatro postulados: 1) o processo de desenvolvimento dos valores normativos na sociedade ocidental manteve a proteção da propriedade como um de seus pressupostos fundamentais, sublevando a propriedade privada como um valor jurídico transcendental; 2) a estruturação da sistemática penal material brasileira apresenta um intenso viés patrimonialista, que extrapola o mero intento de proteção da propriedade, escudando privilégios e sugerindo uma aplicação segregatória do *jus puniendi* estatal; 3) a realidade da repressão criminal no Brasil atende ao sugestionamento da sistemática penal, denotando evidente propensão a punir a criminalidade patrimonial, buscando promover o desencorajamento desta modalidade de delinquência por meio da pena privativa de liberdade; e 4) a despeito de uma exarcebação axiológica, normativa e repressiva da proteção da propriedade privada, o arcabouço protetivo construído é improfícuo para produzir os efeitos sociais pretendidos, haja vista que a prevenção geral demanda do indivíduo uma abstenção de participação na sociedade de consumo, quando a inovação criminosa se apresenta como alternativa mais proveitosa à satisfação dos anseios do indivíduo.

Considerados os quatro pilares construídos pelo trabalho, percebe-se a nítida existência de uma tensão social que se projeta nas relações transacionais e de acumulação patrimonial, tendo de um lado o interesse na proteção dos privilégios dos indivíduos que participam das interações de posse e consumo através de meios lícitos, e do lado antagônico indivíduos que buscam participar desses espaços transacionais obtendo recursos financeiros através de práticas criminosas. Estes opostos representam o antagonismo que justifica a maximização penal vivenciada na atualidade, e que o presente trabalho visa esmiuçar.

6.1 Direito penal segregatório como espaço de exclusão

Considerando os axiomas apresentados no segundo e terceiro capítulo deste trabalho é possível estabelecer, com certa segurança, que a proteção patrimonial e a manutenção dos privilégios das elites econômicas figuraram como um dos pressupostos elementares do direito penal brasileiro desde as Ordenações portuguesas que definiram os parâmetros jurídicos do Brasil colonial.

O estabelecimento dessa sistemática concretizou o parâmetro tão observado pela criminologia crítica, reproduzindo a visão marxista de que o arcabouço penal se apresenta como um mecanismo de opressão de classes sociais dominadas por classes dominantes[705]. Com efeito, está presente na sistemática jurídico-penal brasileira a maior parte dos elementos apontados na percepção marxista do aparato penal como um mecanismo de preservação do homem egoísta ou, no mínimo, como uma estrutura de segurança incapaz de elevar a sociedade acima de seu próprio egoísmo[706]. Encontra-se parcialmente sedimentado o modelo de justiça criminal que reforça a liberdade em um sentido materialista, baseada nas categorias do "ter" ou "não ter", valendo-se de um aparato de reafirmação de virtudes cristãs no sistema de penas e recompensas, sob uma perspectiva benthaniana[707].

Diante desta realidade, sobretudo através da análise dos índices de repressão criminal apontados no quarto capítulo deste texto, mostra-se patente que o aparato punitivo enfatiza a repressão de condutas comumente praticadas pelos despossuídos, o que reforça o caráter segregatório do Direito Penal, sobretudo em sua estrutura de aplicação[708]. Não seria exagerado reconhecer

705 MARX, Karl; ENGELS, Friedrich. **Obras...**, p. 114.

706 MARX, Karl. **A questão judaica**. 2ª ed. São Paulo: Moraes, 2016, p. 25.

707 MARX, Karl; ENGELS, Friedrich. **A sagrada família**: ou a crítica da Crítica crítica contra Bruno Bauer e consortes. São Paulo: Boitempo, 2011, p. 54.

708 Neste sentido: ZAFFARONI, Eugênio Raúl. **Em busca das penas perdidas**. 3ª ed. Tradução: Vânia Romano Pedrosa e Amir Lopes da Conceição. Rio de Janeiro: Revan, 1998; ROXIN,

na sistemática de repressão penal brasileira o fenômeno que Elena Larrauri[709] chamou de "populismo punitivo"[710], que busca reidentificar teorias de defesa social, geralmente valendo-se do encarceramento como um instrumento de manutenção da integridade social. A política de encarceramento, indo de encontro aos anseios sociais de segurança e desesperança ante os pleitos de impunidade, acaba por reforçar o apelo positivo de um sistema repressivo, dissimulando a segregação como um dos principais atributos deste sistema.

Evidente que o emprego deste punitivismo populista falha em atingir as finalidades a que se propõe. Ao revés, emerge como uma sistemática de proteção legal com fundamentos falaciosos, na forma de ilusão falsamente baseada na razão[711]. Tal ilusão se sustenta, entretanto, como estrutura de justificação, que tem como objetivo preservar padrões sociais segregatórios[712], moldando a realidade social e estabelecendo os padrões de legalidade e liberdade. Resta, portanto, o questionamento a respeito de como a sociedade tolera uma sistemática penal que se mostra falha tanto em atingir seus objetivos quanto em dissimular suas reais razões. Esta indagação se mostra como o ponto que este trabalho mais facilmente se desincumbe de esclarecer: não se trata de uma ilusão imposta por um poder político como um imperativo de ordem social; mas sim de uma demanda dos detentores de poder socioeconômico, no sentido de proteger seu arcabouço de patrimônio e regalias sem, contudo, relegar aqueles menos favorecidos a uma posição de completa exclusão social. Em suma,

---

Claus. **Política criminal e sistema jurídico penal**. Tradução: Luiz Greco. Rio de Janeiro: Renovar, 2000; CERVINI, Raúl. **Os processos de descriminalização**. São Paulo: Revista dos Tribunais, 1995; FOUCAULT, Michel. **Vigiar e punir**. A história da violência nas prisões. Petrópolis: Vozes, 2008.

709 LARRAURI, Elena. Populismo punitivo... y como resistirlo. **Revista de Estudos Criminais**, Sapucaia do Sul, Notadez n.25, abr./jun, 2007, p. 5.

710 O termo, originalmente, foi cunhado por Anthony Bottoms [The Philosophy and Politics of Punishment and Sentencing. *In*: CLARKSON, Chris; MORGAN, Rod (Org.). **The Politics of Sentencing Reform**. Oxford: Clarendon Press, 1995, p. 39], ao descrever uma modalidade de atuação político-administrativa que se valia do direito penal buscando três finalidades: reduzir os índices de criminalidade por meio de penas mais rígidas; reforçar o consenso moral da sociedade por meio da repressão penal; e angariar votos através do logro das primeiras duas finalidades.

711 FEITOSA, Enoque. Forma jurídica e método dialético: a crítica marxista ao direito. **Marxismo, realismo e direitos humanos**. João Pessoa: Editora Universitária da UFPB, p. 96-106, 2012, p. 154.

712 FREITAS, Lorena. Uma análise pragmática dos direitos humanos. *In*: FREITAS, Lorena; FEITOSA, Enoque. **Marxismo, realismo e direitos humanos**. João Pessoa: Editora Universitária da UFPB, p. 226-240, 2012, p. 229.

cria-se uma sistemática repressiva instituída como mecanismo de exclusão e controle dos despossuídos do "jogo do mercado", que tem a prisão como o seu principal elemento[713].

Como resultado deste processo, observa-se a transição do estado de bem-estar social para o estado policial, modelo excludente embasado na justiça criminal e no controle do crime, retratando um determinismo da ordem socioeconômica sobre o aparato punitivo[714]. O modelo conjuga duas relativas incapacidades dos desfavorecidos: a de inclusão no universo transacional e de acumulação de bens através de meios lícitos, salvo raríssimas exceções; e a de manutenção do arcabouço patrimonial obtido por meios ilícitos, além da própria liberdade do agente.

Percebe-se, portanto, que a sistemática de repressão penal adota um modelo prático maniqueísta no sentido da proteção da propriedade privada e dos privilégios dela derivados – punindo, inclusive, o enriquecimento por meio dos mercados ilícitos de bens de consumo –, reproduzindo o modelo de "projeção das sombras"[715], através do qual a sociedade transfere suas próprias tendências criminosas para os seus modelos de incriminação e repressão[716]. Curiosamente, não se questiona a intensidade com que os delitos patrimoniais se repetem, nem tampouco a própria existência de mercados ilícitos de bens de consumo, fatores que contradizem o ideal de legalidade imposto pela ordem abstrata de um estado policial.

Essa contradição, todavia, não torna obscura a compreensão das finalidades da ordenação jurídico-penal. Ao contrário, notabiliza que a motivação

---

713 BAUMAN, Zygmunt. **Vidas desperdiçadas**. Rio de Janeiro: Jorge Zahar, 2005, p. 107.

714 ÁVILA, Gustavo Noronha de. Política não-criminal e Processo Penal: A intersecção a partir das Falsas Memórias da Testemunha e seu possível impacto carcerário. **Revista Eletrônica de Direito Penal e Política Criminal**, v. 2, n. 1, 2014, p.9.

715 Modelo crítico derivado da "teoria do bode expiatório", trabalhada por Edward Naegeli (**Die Gesellshaft und die Kriminellen**, Zurique: Flamberg, 1972) e Helmut Ostermeyer (**Strafrecht und psychoanalyse.** Munique: Wilhelm Goldmann Verlag, 1972), através da qual se analisa a projeção que a sociedade lança sobre a figura do criminoso, diante da ciência de que o crime praticado envolve anseios que compõem os desejos partilhados por grande maioria dos membros do corpo social. Em apertada síntese, um processo de barganha psíquica, em que o indivíduo projeta a sua culpa para o apenado, e introjeta a punição recebida por terceiro como um reforço para o seu próprio superego.

716 Neste sentido: NAEGELI, Edward. **Die Gesellshaft und die Kriminellen**, Zurique: Flamberg, 1972, p. 13; OSTERMEYER, Helmut. **Strafrecht...**, p. 51.

premente da incriminação e punição dos delitos patrimoniais decorre da intrínseca relação entre a delinquência patrimonial e as interações mais comuns na vivência social – o que reafirma a utilidade social dessa modalidade de delito –, reforçando a tese criminológica psicanalista[717] de que a sociedade busca incriminar e punir com mais rigor as condutas para as quais possui a maior propensão de prática[718]. Esta visão reafirma a compreensão de normalidade do crime proposta por Durkheim, indicando que a delinquência é um fenômeno ineliminável da sociedade[719]. Em análise mais aprofundada, relevante a visão de Georg Rusche e Otto Kirchheimer[720], que relacionaram diretamente o rigor das sistemáticas de repressão penal às relações sociais de dominação, reafirmando o direcionamento do *jus puniendi* de acordo com os interesses dos grupos que detêm o controle dos meios de ordenação social, notadamente o poder econômico nas sociedades capitalistas pós-industriais. De fato, não se pode negar que o sistema penal de determinada comunidade não se desenvolve autonomamente, mas sim completamente atrelado às peculiaridades daquela sociedade, compartilhando suas aspirações e vicissitudes[721].

Resta, então, estabelecer uma concepção sobre as razões para a manutenção da deturpada noção de promoção de ordem e paz social por meio de um sistema penal segregatório e patrimonialista. Inicialmente percebe-se que uma característica marcante dessa sistemática é a reafirmação de um conjunto de valores patrimonialistas, em que a acumulação material e a autoafirmação através do consumo apropria-se do simbolismo atribuído à ideia de bem-estar[722]. A junção do valor transcendental da propriedade ao sentido axiológico

---

[717] Cumpre ressaltar que este trabalho não pretende se valer das teorias criminológicas psicanalistas como referencial teórico para a análise aprofundada da tensão social, na qual a intensificação do rigor punitivo dos crimes patrimoniais representa um relevante elemento do conflito. A referência busca pontuar uma das razões pela qual o legislador amplificou o rigor das reprimendas relativas aos crimes patrimoniais sem, contudo, estender a tendência a outros crimes relevantes e graves, a exemplo do homicídio, crime em que o país se tornou o recordista mundial em números absolutos (UNODC. United Nation Office on Drugs and Crime. **Global Study on homicide**. United Nations publication, 2013).

[718] FREUD, Sigmund. **Totem e tabu e outros trabalhos**. Rio de Janeiro: Imago, 1974, p. 90.

[719] BARATTA, Alessandro. **Criminologia Crítica e Crítica do Direito Penal**. Tradução: Juarez Cirino dos Santos. 3ª ed. Rio de Janeiro: Freitas Bastos, 2002, p. 50.

[720] RUSCHE, Georg; KIRCHHEIMER, Otto. **Punição**...

[721] RUSCHE, Georg; KIRCHHEIMER, Otto. **Punição**..., p. 282.

[722] GAULEJAC, Vicent de. **Gestão**..., p. 319.

que a modernidade deu às relações transacionais resulta na percepção da participação na sociedade de consumo como uma assimilação do próprio ideal de realização humana. Diante desta realidade, o indivíduo despossuído de bens materiais de consumo é relegado a uma incômoda conjuntura, assumindo uma posição marginal na sociedade dividida em classes[723].

Uma vez marginalizado, e que se ressalte, por meio de um processo extremamente elaborado – que envolve não só o incremento no rigor das penas, mas também a intensificação do policiamento ostensivo nos espaços de aglomeração dos indivíduos marginalizados e nos espaços interacionais entre estes e os estratos mais abastados; a ampliação da polícia de costumes; e a rotulação[724], entre outros fenômenos –, o indivíduo experimenta a angústia de internalizar os valores sociais comuns, que reforçam a relevância da interação no espaço transacional de consumo e arrecadação de riquezas, em contrapartida à impossibilidade de se inserir nestes espaços, por carência de meios lícitos de percepção de recursos financeiros suficientes. Isto intensifica o sentimento de segregação pelos despossuídos, conduzindo-os ao estado de anomia, por meio dos processos de exclusão social[725]. Como resultado, estabelece-se um estágio de dissociação entre a realidade social e as peculiaridades dos excluídos, fazendo com que o modelo penal fracasse ao produzir efeitos no intento de recuperar eventuais delinquentes[726]. Naturalmente, a sistemática posta fracassa, também, em coibir potenciais delinquentes, haja vista que a pragmatização dos objetivos sociais simplifica o processo de assimilação da importância da participação na sociedade de consumo.

Como resultado, fracassa o próprio ideal de justiça penal, mormente do discurso pacificador a ela atrelado[727], o que provoca o rompimento com a ideia

---

[723] BLOCK, Michael K.; HEINEKE, John M. A labor theoretic analysis of the criminal choice. **The American Economic Review**, v. 65, n. 3, p. 314-325, 1975, p. 318.

[724] Expressão utilizada no contexto da teoria do *labelling approach* (BECKER, Howard Saul. **Outsiders** – Estudos de sociologia do desvio. Rio de Janeiro: Jorge Zahar, 2008), construída com base no interacionismo simbólico. Grosso modo, a teoria, surgida em decorrência da crise do estado de bem-estar social nos países capitalistas, dedicava-se a compreender a forma como os desvios de comportamento – sob o prisma dos comportamentos consideráveis normais pela sociedade –, eram sistematicamente relacionados a atividades criminosas.

[725] BARATTA, Alessandro. **Criminologia**...

[726] WACQUANT, Loïc. **As prisões da miséria**. Tradução: André Telles. Rio de Janeiro: Jorge Zahar, 2001.

[727] FOUCAULT, Michel. **Vigiar e punir**...

de paz social derivada da manutenção da ordem, fazendo da delinquência um comodismo para o indivíduo cujo anseio é participar da sociedade consumerista. Esse panorama encerra o cerne das tensões sociais erigidas em torno da delinquência patrimonial.

6.2 Análise da tensão social decorrente da criminalidade patrimonial

Os axiomas construídos por meio dos quatro capítulos anteriores fornecem, também, parâmetros para a análise das tensões sociais que derivam do fenômeno da criminalidade patrimonial e da inclusão na sociedade do consumo por meio de atividades ilícitas. Sua análise demanda a consideração de tais axiomas em dois grupos: o primeiro, envolvendo a relação entre os valores normativos da sociedade e sua reprodução pelo modelo penal repressivo abstrato adotado pelo Brasil; o segundo, na análise da tensão reproduzida pela aplicação prática deste aparato repressivo em confronto com o interesse de participação na sociedade de consumo por meio de práticas criminosas, que se destaca como o que mais interessa a este trabalho.

A fim de descrever o primeiro grupo destacado, vale considerar a definição utilizada por Augusto Comte – ao tomar emprestadas grandezas da mecânica física newtoniana[728], como a estática e a dinâmica –, para identificar os elementos fundamentais de construção de um sistema de controle social. O positivista conceituava como estática as condições constantes da sociedade, e como dinâmica as manifestações do progresso intelectual da mesma sociedade[729]. Seguindo a alegoria, seria possível definir como a projeção estática o valor transcendental que a propriedade privada adquiriu no processo evolutivo ocidental, e como projeção dinâmica a construção e evolução do modelo penal abstrato que tratou de garantir a proteção deste valor jurídico.

A dinâmica construída pela sistemática penal brasileira, como advertiu Felipe Negreiros Deodato[730], fez o papel de catapultar um valor preexistente ao ordenamento jurídico-penal, refletindo o ambiente social e valorativo da comunidade. Indiscutível que o estabelecimento desta dinâmica, conforme determinam as verdades físicas, vincula o movimento do "corpo" em questão

[728] NEWTON, Isaac. **The Principia.** Translation by I.B. Cohen and A. Whitman. Berkeley: University of California Press, 1999.

[729] COMTE, Auguste. **Curso de filosofia**...

[730] DEODATO, Felipe Augusto Forte de Negreiros. **Adequação**..., p. 188.

– *in casu*, a atividade legislativa e o arcabouço legal produto desta atividade –, às resultantes das forças empreendidas sobre o objeto estático. Como consequência, o determinismo político dos grupos que mantém o poder econômico, através das relações esmiuçadas em seções pregressas deste trabalho, torna-se o vetor de direcionamento do arcabouço penal, vinculando o desenvolvimento das atividades de repressão aos interesses dos estratos sociais privilegiados.

O que se constrói como resultado deste processo é justamente aquilo que Loïc Wacquant[731] convencionou chamar de "estado centauro", que se apresenta como liberal para os estratos sociais privilegiados e paternalista, quiçá demasiadamente repressivo, para os indivíduos que compõem a base da pirâmide social. Conforme apontou o francês, o "estado centauro" é um derivativo do fundamentalismo de mercado e da desregulação da economia, que gera um forte senso de insegurança social, demandando a repressão dos desfavorecidos no jogo econômico.

Uma vez colocada em marcha esta relação dinâmica, o que se espera como resultado é o controle das atividades consideradas nocivas pela sistemática legal. Em primeiro lugar, porque o que se constrói de acordo com a dinâmica apresentada é um reflexo da sistemática axiológica pacificada na sociedade. Em segundo, conforme aponta Deodato[732], porque o estabelecimento de determinadas condutas como socialmente inadequadas deriva de uma combinação que envolve tanto os valores sociais previamente postos quanto as reações da sociedade a tais condutas.

Aprofundando a analogia com o campo da física se espera, em um ambiente ideal, que o "atrito" produzido pelo resultado da ação da dinâmica construída reduza a intensidade de forças contrárias ao que se estabelece como ordem social, com objetivo de devolver este ideal de ordem social a padrões estáticos, aqui compreendidos como a preservação dos valores historicamente construídos pela comunidade. O que ocorre, contudo, é que o interesse das classes dominantes não é o único vetor de atuação a exercer forças na mecânica social, existindo uma clara dissociação entre a dinâmica de aplicação das normas penais e as dinâmicas interacionais na sociedade de consumo.

Este conflito se torna patente no segundo grupo discriminado nesta seção, o que se dedica à análise da tensão entre a atuação do aparato de repressão

---

731 WACQUANT, Loïc. Apêndice teórico: um esboço do Estado neoliberal. *In*: **Discursos sediciosos**. Rio de Janeiro, 1º e 2º sem. 2010, ano 15, n. 17/18, p. 155.

732 DEODATO, Felipe Augusto Forte de Negreiros. **Adequação**..., p. 190.

criminal e as pulsões de inserção na sociedade de consumo sofridas pelo indivíduo, ainda que sob a ameaça de submissão aos mecanismos repressivos.

Retomando as alegorias físicas[733], a exemplo de Comte, o segundo grupo de fenômenos estudados neste trabalho pode ser analisado sob a ótica das tensões de cisalhamento e ruptura. Adotando, mais uma vez, os pressupostos da mecânica – e entendendo a tensão de cisalhamento como a tensão originada por forças distintas agindo ao longo de um mesmo eixo, bem como a tensão de ruptura como como a resultante de forças que provoca o desgaste ou destruição parcial deste eixo[734] –, é possível separar o espaço interacional transacional, já identificado como o principal espaço de vivência social na atualidade, como o "eixo" em que se produzem as forças contrárias da delinquência patrimonial e da repressão criminal como as variáveis da tensão.

Percebendo que a tensão social se opera entre a repressão para a proteção do arcabouço patrimonial daqueles indivíduos que possuem patrimônio satisfatório, e os impulsos criminosos daqueles que pretendem participar da sociedade de consumo e acumulação material sem, contudo, possuir meios lícitos para fazê-lo, é possível identificar o ponto em que se opera a "tensão de cisalhamento". Os elementos analisados nos capítulos 4 e 5 deste trabalho indicam que os maiores índices de repressão criminal (e, consequentemente, de prática das condutas aparentemente mais reprovadas pela sociedade que, afinal, confere a elas atenção especial) se encontram entre os indivíduos que tiveram acesso à educação fundamental, mas não estão devidamente inseridos no mercado de trabalho, muitas vezes por internalizar valores que os impelem ao intento de participação na sociedade de consumo sem, contudo, adquirirem as ferramentas intelectuais necessárias a ingressar no mercado regular de trabalho. Seria, portanto, o ponto de "tensão de cisalhamento" – considerando

733 As comparações embasadas em grandezas físicas não constituem veleidade da redação, mas sim uma necessidade didática. Fundamentam-se na carência de identificar e ilustrar conflitos de ordem social, sem permitir inferência a outras variáveis que desconstruam o objeto de pesquisa. Neste contexto, o exemplo de Comte em relacionar conceitos científicos de análise de forças no campo da mecânica para ilustrar direcionamentos ou conflitos no campo social se mostra preceptoral. Na ocasião, cumpre mais uma vez ressaltar que o trabalho não se dedica a explicar a criminalidade patrimonial em todas as suas causas, mas sim a analisar a tensão social que deriva da relação entre a sistemática de repressão e o interesse de indivíduos em integrar-se em uma sociedade de consumo.

734 PILKEY, Walter D.; PILKEY, Orrin H. **Mechanics of solids**. New York: Quantum Publishers, 1974.

o "eixo" sociedade de consumo, ou espaço de relações transacionais na sociedade –, o espaço de conflito entre as ações da parcela da população que envida esforços para participar da sociedade de consumo por meio de atividades ilícitas, e os esforços de repressão do aparato estatal, que visa identificar e punir esses infratores.

Ocorre que, em termos gerais, parece impossível que a sistemática de repressão seja capaz de manter contidos os impulsos dos indivíduos menos abastados que manifestem interesse em participar da sociedade de consumo. Segundo dados do IBGE[735], cerca de 25% da população brasileira vive abaixo da linha da pobreza. O mesmo IBGE apontou que apenas 60,5% da população brasileira percebia rendimentos de trabalho, e que 15 das 27 unidades da Federação apresentavam população com renda *per capita* inferior a um salário mínimo[736]. Neste panorama, o resultado lógico é que a "tensão de cisalhamento" se convertesse em "tensão de ruptura", produzindo uma dissociação da maioria da população brasileira com um modelo legal que claramente impede sua participação no mercado de consumo, bem como a estigmatiza e persegue por meio da sistemática de repressão.

Por mais que a ruptura da estrutura de repressão criminal seja um prognóstico bastante provável, resultando em uma situação em que a maior parte da população – descontente com sua exclusão dos espaços transacionais que a sociedade de consumo oferece –, questionasse a ordem jurídico-penal estabelecida, exigindo sua reformulação, não é este o resultado que se observa na atualidade. Ao contrário, a sociedade parece exigir maior rigor na aplicação da lei penal[737].

Partindo dessa observação, emerge um questionamento relevante: se a "tensão de cisalhamento" observada se torna crescente com a evolução dos anos, mormente na última década, por qual motivo não se converte em "tensão de ruptura", com o consequente esgotamento do modelo penal proposto pela sistemática brasileira? Afinal, é cristalino que o necessário arrefecimento dessa tensão não provém de um abrandamento da sistemática de repressão

[735] IBGE. **Síntese de indicadores sociais**: uma análise das condições de vida da população brasileira. Rio de Janeiro: IBGE, 2018.

[736] Todas as UF eram situadas nas regiões Norte e Nordeste, que não possuem os maiores índices de registros de crimes patrimoniais, nem tampouco as maiores taxas de encarceramento do país.

[737] ADORNO, Sérgio. Insegurança versus Direitos Humanos: entre a lei e a ordem. **Revista Tempo Social**, vol. 11, nº 2. São Paulo, 2000, p. 149.

criminal, nem do incremento das condições de acesso dos menos favorecidos à sociedade de consumo, nem tampouco da redução dos impulsos criminosos dos indivíduos à margem das relações transacionais.

O que se observa, em contrário, é que as desigualdades sociais se intensificaram no Brasil nos últimos anos[738]. O mesmo pode ser dito do exclusivismo dos espaços transacionais de interação social, uma vez que a concentração de renda nos estratos mais privilegiados aumentou no período de expansão da repressão criminal[739], fazendo do Brasil um dos países com maior índice de desigualdade de renda no planeta. Estes indicativos, em tese, potencializariam a demanda de proteção, com a conseguinte intensificação da repressão criminal, bem como o aumento de delitos patrimoniais o que, provavelmente, agravaria a tensão.

De fato, todos os elementos previstos se observaram no período pesquisado, conforme demonstrado nas seções anteriores deste trabalho, à exceção do aumento da tensão, sobretudo de forma a provocar a alteração da "tensão de cisalhamento" em "tensão de ruptura". De todos os indicativos analisados que poderiam ser considerados para o agravamento destas tensões, apenas um não encontra indicativos de acentuação: a percepção do caráter antissocial e reprovável dos delitos patrimoniais.

A bem da verdade, parece que as empreitadas criminosas, apesar de moral e juridicamente reprovadas, não tem impedido a inserção de seus autores nos espaços interacionais de consumo, muito menos limitado as oportunidades de consumo da sociedade em geral. A dinâmica transacional ilícita, ao contrário, aparenta expandir nichos marginais de consumo, além de criar novos espaços transacionais.

A realidade brasileira denota a real existência de uma indústria econômica atrelada às práticas criminais, tal como havia antecipado Isaac Ehrlich[740], compondo um mercado criminal não só de perpetradores de crimes, como também de consumidores de produtos e serviços em situação de ilicitude.

---

738 NERI, Marcelo Cortes. **Desigualdades sociais e balanço da crise**. Rio de Janeiro: FGV Social–Vídeos, 14 de setembro de 2017 (30 min).

739 SOUZA, Pedro Herculano Guimarães Ferreira de; MEDEIROS, Marcelo. A concentração de renda no topo no Brasil, 2006-2014. **One Pager Portuguese 370, International Policy Centre for Inclusive Growth**. 2017.

740 EHRLICH, Isaac. **Crime...**, p. 4.

O mercado do crime não é uma inovação recente da humanidade. Algumas atividades consideradas ilícitas pela legislação vigente no Brasil ocorrem desde tempos imemoriais, como a exploração da prostituição. Outras, conforme já esmiuçado neste trabalho, há décadas são proscritas pela lei penal, a exemplo da exploração do tráfico de drogas e dos jogos de azar. Estas atividades têm em comum não só os altos percentuais de ganho, como também o interesse de considerável parcela da população, principalmente da população não envolvida na prática de crimes[741]. Em rápida reflexão, é possível observar que todas as atividades mencionadas são totalmente dependentes da demanda de indivíduos não envolvidos em sua exploração, interessados em nela dispender recursos a maioria das vezes percebidos através de atividades lícitas.

Sobre a tendência expansionista desses mercados, existem diversos exemplos que merecem ser trabalhados, a fim de analisar o fenômeno do aumento das atividades criminosas como um elemento de arrefecimento das tensões de cisalhamento que ocorrem no "eixo" de conflitos que encerram os espaços de interação transacional na sociedade de consumo.

Inicialmente, cabe tratar do tráfico de drogas, que tem peculiaridades bastante distintivas. Primeiramente, em virtude de sua característica mais marcante: a de configurar um espaço transacional em que um produto é, em regra, oferecido por mercadores das classes sociais menos favorecidas para as classes sociais mais abastadas, criando uma modalidade *sui generis* de mercado[742]. Em sequência, pela abrangência deste mercado consumerista marginal, que atinge todas as faixas etárias e substratos sociais. Por último pela capacidade do mercado de drogas ilícitas traçar suas próprias projeções capitalistas, a exemplo da utilização do *crack*, que surgiu nos anos 1980[743]

---

741 Aqui se toma a liberdade de desconsiderar o crime de porte para uso de entorpecentes, previsto no Art. 28 da Lei nº 11.343/2006, uma vez que a tipificação incrimina a posse ilícita dos entorpecentes, e não propriamente o seu uso. Inobstante, o intenso debate que tem se desenvolvido acerca da descriminalização do porte de drogas ilícitas com a finalidade de uso – e até mesmo da legalização da comercialização de determinadas drogas –, evidencia que não existe um consenso social sobre a reprovação ao comércio e, sobremaneira, a utilização de drogas ilícitas.

742 Ainda que a distribuição em larga escala seja obviamente controlada por indivíduos de alto poder econômico, não se pode negar que a maioria das relações transacionais ocorrem no ambiente de varejo, notadamente, em espaços de mercancia marginal, a exemplo das "bocas de fumo".

743 O *crack*, ou cristalização de cloridrato de cocaína em "base livre", é o rejeito do processo de refino da pasta base de cocaína. Inicialmente descartado após a preparação, passou a ser utilizado por traficantes de drogas dos EUA nos anos 1980 como um produto acessível aos indivíduos pobres, que não possuíam recursos para o consumo de cocaína. O consumo tornou-se epidêmico,

como uma variação das possibilidades de percepção de ganhos pecuniários através da comercialização do rejeito da cocaína[744]; além da existência de desenvolvimento de novos produtos de consumo, como drogas customizadas e sintéticas.

Nota-se, portanto, que a despeito de sua classificação como conduta criminosa, inclusive equiparada a crime hediondo[745], o tráfico de drogas se destaca como uma atividade criminosa que se desmembra num complexo mercado de oferta e procura. Claramente, esta estrutura não poderia manter-se se não houvesse uma profunda integração com as relações transacionais da sociedade de consumo. Fato é que poucas atividades ilustram tão bem a inserção do indivíduo na sociedade de consumo e a projeção de mercados paralelos de interação transacional como o tráfico de drogas: como já apontado em outras passagens deste trabalho, a mercancia ilícita de entorpecentes permite a circulação de bens de consumo e serviços nas comunidades onde se opera o comércio – sobremaneira as carentes, onde os chefes do comércio de drogas ilícitas, por vezes, assumem a promoção de pequenas vantagens aos moradores, quando não atividades típicas de Estado –, permite aos traficantes a inserção nos espaços mais seletivos de consumo, e ainda oferece aos indivíduos que já se encontram satisfatoriamente inseridos na sociedade de consumo novas modalidades de interação transacional.

Não cabe a este trabalho fazer uma defesa do tráfico de drogas, até mesmo pelo contrário, haja vista que todos os indicativos até então estudados denotam que a legalização do comércio de drogas naturalmente levaria a sistemática penal a buscar novas modalidades de segregação, se mantidos os vetores sociais que coordenam a atividade legislativa. O que se faz é, apenas,

chegando ao Brasil nos anos 1990. Atualmente, é uma das drogas ilícitas mais consumidas no Brasil (KESSLER, Felix Henrique Paim; PECHANSKY, Flavio. Uma visão psiquiátrica sobre o fenômeno do *crack* na atualidade. **Revista de psiquiatria do Rio Grande do Sul**. Porto Alegre. Vol. 30, n. 2 (maio/ago. 2008), p. 96-98, 2008). Reputa-se o Brasil como maior país consumidor de *crack* do planeta.

744 REINARMAN, Craig; LEVINE, Harry Gene. **Crack in America**: Demon Drugs and Social Justice. Berkeley: University of California Press, 1997.

745 O tráfico de drogas foi equiparado aos crimes hediondos por força do Art. 2º da Lei nº 8.072, de 25 de julho de 1990. Curiosamente, os únicos crimes hediondos ou equiparados que não envolvem violência real ou presumida são o tráfico de drogas e a falsificação, corrupção, adulteração ou alteração de produto destinado a fins terapêuticos ou medicinais (previsto no Art. 273 do CPB), ambos delitos patrimoniais conforme apontado por este trabalho em seções anteriores.

demonstrar como a mercancia de drogas ilícitas aflora como um elemento refreador das tensões sociais decorrentes da repressão criminal e dos impulsos de participação dos indivíduos menos favorecidos na sociedade de consumo.

Outro fenômeno facilmente observado como um modelo de mercado de bens ilícitos em expansão é o da receptação. Conforme especificado no capítulo 5 deste trabalho, o afã de participação dos indivíduos menos favorecidos economicamente na sociedade de consumo acaba por criar mercados paralelos em espaços de exclusão social, como as "feiras de rolo". Entretanto, este nicho de atividade econômica parece ter entrado em franca expansão na última década. Não só nas "feiras de rolo", como também nos populares "camelôs", mercado em dilatação nos grandes centros urbanos, em que produtos de valor mais baixo que os de mercado formal são oferecidos, geralmente, à população de baixa renda[746]. O progresso do comércio informal não só garantiu às pessoas relativamente excluídas do espaço de interação consumerista novas oportunidades transacionais, como também permitiu que um grande número de excluídos do mercado formal de trabalho desempenhasse atividade econômica remunerada. A partir da década de 1990, a economia informal apresentou considerável crescimento, englobando não só um conjunto heterogêneo de trabalhadores[747], como uma gama crescente de produtos à disposição das mais variadas camadas da sociedade.

O fato de grande parte desses produtos derivarem de atividade de contrabando, descaminho ou falsificação – alguns dos delitos patrimoniais indicados neste estudo – aparenta ter pouca importância para o público consumidor. Há pesquisas, inclusive, que apontam que tanto os comerciantes quanto os consumidores desses produtos entendem que as desigualdades sociais observadas no Brasil justificam a existência desses nichos de mercado[748].

No que se refere especificamente ao delito de descaminho, a discussão ultrapassa as barreiras da *praxis* social. Discute-se até mesmo o cabimento

---

[746] KITAMURA, Camila Kazumi; MIRANDA, Mariana; RIBEIRO FILHO, Vitor. O comércio e serviços ambulantes: uma discussão. **Caminhos de Geografia**, v. 8, n. 23, 2007.

[747] ALVES, Maria Aparecida; TAVARES, Maria Augusta. A dupla face da informalidade do trabalho: "autonomia" ou precarização. *In*: **Riquezas e miséria do trabalho no Brasil**. São Paulo: Boitempo, 2006, p. 428.

[748] SOILO, Andressa Nunes. "Economia moral, agência criativa? Uma etnografia dos códigos de conduta dos comerciantes do camelódromo de Porto Alegre/RS". **RBSE – Revista Brasileira de Sociologia da Emoção**, v. 15, n. 43, p. 96-105, abril de 2016.

da capitulação penal, haja vista que a incriminação coloca o interesse arrecadatório da administração em sobreposição às necessidades de integração econômica entre países em bloco comercial, especificamente o Mercosul[749]. Promovendo a transigência entre este pensamento e o argumento anteriormente exposto, em consonância com alguns dos fatores indutores de comportamentos ilícitos elucidados no capítulo anterior, seria possível considerar a existência de uma ponderação por parte dos indivíduos engajados na compra e venda de produtos ilícitos em comércio informal, de que a atividade que desempenham garante o seu direito de participação na sociedade de consumo legitimando, ao menos no foro íntimo, suas condutas.

Essas lucubrações são capazes de afastar um incauto observador da análise fria dos fatos. Fatos estes que apontam que grande parte dos produtos comercializados em atividades comerciais informais são, de fato, produtos de atividades delituosas patrimoniais, especialmente os delitos de contrabando, descaminho e falsificação[750]. Ainda que a repressão aos crimes de receptação tenha atingido impressionante crescimento na última década, o mesmo não se pode dizer dos crimes de contrabando, descaminho e falsificação, que pouco oscilaram[751]. Independente das variações, o que se observa é que as atividades de repressão, mais uma vez, foram incapazes de conter a expansão do mercado informal de materiais ilícitos.

Em contrário, o que se produziu foram novos nichos mercantis. Um bom exemplo é o comércio informal de aparelhos celulares, a maioria deles produtos de descaminho, ou de delitos como furto ou roubo. Conforme o IBGE[752], o bem mais subtraído no Brasil são os telefones celulares, em 54,2% das ocorrências relativas a crimes contra o patrimônio. Naturalmente, o autor do crime

[749] UMPIERRE, Camila Machado. **O crime de descaminho**: um desafio para a cooperação internacional, no âmbito da integração latino-americana ou uma prática passível de descriminalização? Dissertação (Mestrado) – Universidade Federal de Santa Maria. Programa de Pós-Graduação em Integração Latino-americana, 2007, p. 106.

[750] Como exemplo da afirmação pode ser apontado o comércio da rua 25 de Março, região central da cidade de São Paulo, onde se reputa que a esmagadora maioria dos produtos comercializados, sobretudos nos *shoppings* de "camelôs", sejam produto destes crimes (MEDEIROS, Luiz Antônio de. **A CPI da pirataria**: os segredos do contrabando e da falsificação no Brasil. São Paulo: Geração Editorial, 2005, p. 107).

[751] O número de prisões pela prática específica desse delito aumentou 75% entre 2008 e 2016, conforme indicado no capítulo 4 deste texto. Já os dados relativos à prisão por crime de contrabando e descaminho apresentavam reduzidos e descontinuados registros.

[752] IBGE. **Pesquisa Nacional**..., 2010, p. 52.

não subtrai o aparelho celular pelo prazer de privar do bem seu legítimo proprietário e, raramente, tem a pretensão de permanecer na posse do aparelho, temendo que o equipamento seja localizado por aplicativos ou sistemas de vigilância remota. A maioria dos aparelhos subtraídos são comercializados no mercado informal[753], sobretudo suas peças, como reposição para aparelhos lícitos de outros consumidores. É notório, entretanto, que esses mercados apenas se sustentam em virtude da demanda de potenciais consumidores que manifestam interesse na aquisição de aparelhos celulares e componentes em situação suspeita. Muitas das vezes esses consumidores são as próprias vítimas de crimes antecedentes, desencorajados a comprar um novo produto pelos valores de mercado regular temendo, mais uma vez, perdê-lo em decorrência de um novo crime. Isto gera um mercado cíclico, em que a demanda para a prática de crimes é criada pelas próprias empreitadas criminosas, com todos os efeitos de uma atividade econômica formal, como a queda dos preços (e, consequentemente, dos ganhos potenciais da subtração) pela oferta de produtos ilícitos, busca de modelos específicos, entre outras variáveis.

Outro mercado ilícito em ascensão nos últimos anos é o de comercialização dos produtos de roubo de cargas. Os roubos de carga no Brasil apresentaram aumento de 220% no número de ocorrências entre 2011 e 2016, causando prejuízos na ordem de 6,1 bilhões de reais[754]. Notadamente, o aumento no número de roubos de cargas implica no escoamento de nova gama de produtos ilícitos no mercado informal, denotando grande demanda consumidora para este tipo de produto. Os consumidores, dadas as características e os preços exigidos pelas mercadorias, são capazes de construir convicção de que as mesmas são ilícitas, mas, mesmo assim, insistem na compra[755]. Como resultado, se estabelece um mercado paralelo também expansivo, em que os impactos sociais são produzidos até mesmo fora da cadeia de subtração e

[753] Matéria jornalística realizada pelo portal G1 em Teresina/PI colheu a estimativa de que 90% dos celulares roubados na região voltavam a ser comercializados nos *shoppings* da cidade (NOVENTA por cento dos celulares roubados vão parar no Shopping da Cidade, diz polícia. **Portal G1**, 27 de maio de 2013).

[754] COELHO, Jorge Lúcio Santos; LEISMANN, Edison Luiz. Efetividade das Políticas Públicas na Mitigação dos Riscos de Roubo de Carga no Oeste do Paraná. **Revista de Direitos Sociais e Políticas Públicas** (UNIFAFIBE), [S.l.], v. 5, n. 2, pp. 725-744, out. 2017.

[755] CINELLI, Juliane S. M.; FELÍCIO, José Luis C. Investigando o roubo de carga nas rodovias brasileiras a partir da percepção dos atores envolvidos com o problema. **Gestão & Regionalidade**, [S.l.], v. 27, n. 79, pp. 32-45, jan./abr. 2011, p. 10.

comercialização dos produtos[756], gerando uma interferência multifacetada no espaço transacional da sociedade de consumo.

A ponderação sobre as informações trazidas nesta seção fornece uma tangível dimensão da tensão social que ocorre entre as atividades de repressão criminal do Estado e os esforços dos indivíduos que buscam se inserir na sociedade de consumo por meio de práticas criminosas. Curiosamente, observa-se que aqueles crimes mais reprimidos nos últimos anos, apresentando o maior aumento do índice de prisões – a saber, o tráfico de drogas, o roubo e a receptação –, são também os que mais provocam a expansão dos mercados ilícitos marginais que justamente funcionam como modalidades de arrefecimento das tensões sociais envolvidas na criminalidade patrimonial.

Naturalmente, existe uma relação direta entre a expansão dos mercados paralelos e a repressão criminal, uma vez que os crimes mais praticados têm uma tendência a ser mais reprimidos. O que se observa, entretanto, é um inusitado fenômeno em que tanto práticas criminosas quanto atividades de repressão apresentam aumento desmesurado, sem que ocorra um enfraquecimento de uma dessas vertentes de interação social, ou o esgotamento do próprio espaço de conflito. Ao contrário, os dados sugerem uma interação entre estes indicadores, que se relacionam viabilizando o aumento tanto da repressão quanto dos mercados paralelos. Em breves linhas, nota-se que a demanda por produtos ilícitos influencia no aumento do número de crimes, e o aumento da ocorrência de práticas criminosas provoca a intensificação da repressão.

Com bases nessas considerações, percebe-se que a posicionamento jurídico e a justificativa axiológica para a implantação de uma sistemática de

---

[756] Como exemplo de consequência imediata no mercado formal de produtos e serviços relacionados à atividade atingida pelas empreitadas criminosas, pode ser apontado o aumento dos seguros de carga. Os seguros de carga aumentaram no Brasil entre 30 a 50% nos últimos anos. A Associação Nacional do Transporte de Cargas e Logística (NTC) chegou a criar uma "taxa de emergência" de R$10,00 por cada fração de 100kg de carga – mais um percentual entre 0,3 a 1% do valor da carga –, exclusivamente para transportes na região da Baixada Fluminense, no Estado do Rio de Janeiro (CARVALHO, Alessandra *et al.* Roubo de carga e os impactos diretos na economia do Estado do Rio de Janeiro. **Sustainable Business International Journal**, n. 79, 2018). A Empresa Brasileira de Correios e Telégrafos também instituiu taxa extra, a Taxa de Emergência Excepcional (Emex) sobre encomendas destinadas à cidade do Rio de Janeiro. O Estado do Rio de Janeiro tem se destacado pelos crescentes índices de roubos de carga sofrendo, apenas no ano de 2017, prejuízos na ordem de 607 milhões de reais (RUEDIGER, Marco Aurelio *et al.* Roubo de carga: panorama no estado do Rio de Janeiro. **Policy paper Segurança e Cidadania**. Diretoria de Análise de Políticas Públicas da Fundação Getulio Vargas. Rio de Janeiro: FGV, 2018, p. 23).

repressão penal, embora encontre justificativas sociais, não se legitima de plano. A legitimidade das atividades de repressão dependerá, também, de seu posicionamento junto às referências axiológicas, jurídicas e culturais que permearem a consciência social conforme opera a sistemática penal[757].

No caso do tráfico de drogas, a crescente demanda por drogas ilícitas tem fomentado a expansão do mercado ilícito fornecedor. A abertura de novos nichos mercadológicos, como a das drogas sintéticas, customizadas e de alto valor comercial – a exemplo da heroína que, em virtude do elevado custo, pouco era comercializada no Brasil –, bem como a venda clandestina de substâncias de uso controlado comercializadas no mercado lícito, a exemplo dos ansiolíticos[758], aumentou as oportunidades mercadológicas dos criminosos, bem como o interesse do público consumidor. Até mesmo no comércio ilícito pela *internet* o tráfico de drogas tem ganhado destaque: segundo o Escritório das Nações Unidas para drogas e crime[759], a comercialização de drogas ilícitas soma 62% de todas as negociações na *darknet*.

As atividades de repressão, por sua vez, acabaram por confluir numa política de guerra às drogas que consumiu vultosos recursos públicos; potencializou os conflitos violentos nas chamadas regiões de risco, notadamente comunidades carentes conhecidas como redutos de organizações criminosas de tráfico de drogas; e pouco produziu em resultados palpáveis na pretendida diminuição do comércio ilícito de entorpecentes. A política de repressão antidrogas, ao inverso, pareceu fomentar um amplo debate sobre a efetividade do combate ao tráfico, resultando em pleitos de legalização do comércio de determinadas substâncias até então consideradas ilícitas por boa parte da sociedade. Grosso modo, a resposta da opinião pública pode ser entendida como uma reação de parcela da sociedade à repressão criminal destas condutas, como se o enfrentamento a esta modalidade de atuação produzisse prejuízos no espaço interacional transacional já estabelecido.

---

757 DEODATO, Felipe Augusto Forte de Negreiros. **Adequação**.., p. 227.

758 O Brasil já é reconhecido como o maior consumidor mundial de clorazepan, princípio ativo de medicamentos como o popularmente conhecido como Rivotril (VERSOLATO, Bruno. Nação Rivotril. **Revista Super interessante**, 2016). Hoje se sabe que parte considerável deste medicamente é comercializado de forma clandestina, inclusive, por meio de atividades de comércio informal.

759 UNODC. United Nation Office on Drugs and Crime. **Analysis of drug markets**. United Nations Publication, 2018.

Necessário tomar o cuidado, mais uma vez, de não apresentar estes pleitos populares de legalização ou de abrandamento da política antidrogas como um movimento social unânime e direcionado para a legalização das drogas ilícitas. O propósito do texto é, apenas, demonstrar como existem reações de variados substratos da sociedade em defesa de nichos mercadológicos construídos sob o prisma da ilicitude, o que denota a legitimação popular destes mercados. Notadamente, tal legitimação se apresenta de forma parcial. Entretanto, não se pode olvidar que o mercado de drogas ilícitas não opera em situações esparsas, nem tampouco movimenta quantidade modesta de produtos e recursos. O tráfico ilícito de drogas movimenta, anualmente, quase 2 trilhões de reais em todo globo[760], figurando o Brasil na lista tanto dos principais países consumidores de drogas ilícitas, quanto na de principais rotas de tráfico internacional.

O que se observa é a existência de movimentos sociais organizados, imbuídos em defender a existência destes mercados atualmente considerados clandestinos. E se engana quem julga que estes pleitos advêm, exclusivamente, dos indivíduos diretamente envolvidos no comércio de drogas ilícitas, sobretudo os mercadores varejistas[761]. Uma grande gama de políticos, estudiosos, sociólogos, artistas e profissionais de diversas áreas, grande parte destes integrantes das parcelas mais privilegiadas da sociedade capitaneiam este debate defendendo, inclusive, as diversas benesses econômicas da regularização deste mercado.

Através destas interações e debates envolvendo a realidade socioeconômica em que se desenvolve a atividade do tráfico de drogas e seu mercado consumidor, é possível observar a existência de uma função orgânica da criminalidade patrimonial na sociedade transacional. Ainda que a atividade, em virtude de seu viés ilícito, contrarie o sistema de normas e valores instituído para a salvaguarda dos interesses sociais em sentido amplo, alguns fatores, como a criação de novas oportunidades de transações, a viabilização da participação de indivíduos inicialmente excluídos nos espaços de consumo, e a

---

760 MAVRELLIS, Channing. **Transnational crime in the developing world**. March 2017. London: Global financial integrity, 2017, p. 13.

761 Nem mesmo estariam os mercadores clandestinos legitimados a tentar produzir mudanças legislativas com base em seus interesses de inserção na sociedade de consumo por meio da legalização de sua atividade. Afinal, cabe rememorar que, na maioria dos casos, a impossibilidade dos mesmos em encontrar uma forma de interação na sociedade de consumo foi justamente o que os impeliu às atividades ilícitas.

circulação de recursos na economia, denotam um diálogo bastante possível entre a sociedade de consumo e as práticas criminais patrimoniais.

Essa interação orgânica é vista de forma ainda mais clara no que se refere ao crime de roubo. Tratando-se de um mercado muito menos sofisticado que o de drogas, as relações de oferta e demanda se mostram de forma mais cristalina nesta modalidade de interação. Os índices relativos aos crimes de roubo refletem constantemente o interesse dos assaltantes em produtos de elevado valor pecuniário, a exemplo de joias; produtos de grande liquidez no mercado de consumo clandestino, como os já mencionados aparelhos celulares; e até mesmo objetos de consumo relacionados a novos modismos urbanos, como bicicletas[762] e roupas de grife.

Os indivíduos envolvidos na prática desses crimes contra o patrimônio buscam subtrair produtos de fácil liquidez, no claro intento de obter recursos financeiros para participar da sociedade de consumo. A liquidez dos produtos subtraídos, naturalmente, se relaciona à demanda de produtos nos mercados clandestinos, demanda esta que é suprida não necessariamente pela oferta destes produtos, mas sim pela procura dos potenciais consumidores. Em regra, observa-se que indivíduos de diversas classes sociais, impossibilitados de adquirir determinados bens de consumo – seja pela ausência de recursos financeiros seja pela resistência aos preços elevados de algumas dessas mercadorias –, procuram por tais produtos no mercado clandestino. O curioso é que se trata de um público indistinto, envolvendo tanto indivíduos inicialmente excluídos do espaço tradicional de consumo, quanto as próprias vítimas efetivas ou potenciais dos crimes que fomentam a oferta deste mercado, passando também pelos indivíduos que cometem os crimes por meio dos quais as mercadorias são obtidas, os comerciantes irregulares, entre outros.

O roubo de cargas, já discutido nesta seção, manifesta uma nova projeção das atividades mercantis ilícitas. Aparentemente, a demanda por determinados produtos ou, no mínimo, o interesse do público consumidor na abertura de novas possibilidades transacionais, motiva os envolvidos em empreitadas

[762] Segundo matéria publicada pelo portal Exame, o número de furtos e roubos de bicicletas cresceu vertiginosamente no Brasil, sobretudos nos grandes centros urbanos (SEGUNDO dados, furtos e roubos de bicicleta aumentam no Brasil: seguradora é alternativa. **Exame**, 02 de fevereiro de 2018). A reportagem aponta que as bicicletas se tornaram alvo tanto por representarem um meio de transporte de utilização crescente, quanto pelos elevados valores que passaram a atingir nos últimos anos.

criminosas a promover a subtração de mercadorias em grande quantidade. Em termos grosseiros, é possível inferir que os "atravessadores" de mercadorias ilícitas se organizaram – ou expandiram seus negócios – de forma a atuar, também, como atacadistas.

As cargas mais visadas pelos criminosos são as que envolvem produtos de grande interesse e/ou rotatividade no mercado varejista, tais como bebidas, cigarros, cosméticos e eletrônicos[763]. Recentemente, as quadrilhas envolvidas em roubos de carga se aproximaram um pouco mais das intenções do mercado consumidor potencial, subtraindo as cargas de veículos que fazem entregas de *e-commerce*, sobremaneira os dos correios. Afinal, produtos que foram comprados e se destinam à entrega refletem fielmente o comportamento do público consumidor, bem como a gama de produtos de maior circulação no mercado interno.

Isto significa que o mercado marginal de produtos ilícitos, ainda que atrelado a atividades proscritas pela sistematização penal e pelos valores morais da sociedade, assumiu uma projeção expansionista capaz de posicioná-lo como atividade econômica complexa e organizada. Ressalte-se que o vocábulo "organizado" não se refere à rubrica penal de crime organizado[764], mas sim ao conceito semântico a que o vocábulo se vincula, uma vez que é seguro afirmar que o mercado marginal de materiais ilícitos possui todas as características de um nicho mercadológico na atualidade, tais como espaços predeterminados de interações transacionais, público fornecedor e consumidor atuando com regularidade[765], e até mesmo sistema de precificação e concorrência. Trata-se, portanto, de um mercado perene, com todas as características de demais atividades mercantis, à exceção da licitude.

Apenas este argumento seria capaz de demonstrar a interação orgânica da delinquência patrimonial na sociedade de consumo. Entretanto, a relação entre os crimes patrimoniais e o espaço transacional vai um pouco mais adiante. Isto porque as interações narradas são capazes de produzir efeitos consequenciais que extrapolam o espectro das transações iniciais, como a alteração

763 COELHO, Jorge Lúcio Santos; LEISMANN, Edison Luiz. **Efetividade...**

764 Nos termos de regulamentações vigentes que estabelecem o conceito jurídico-penal de crime organizado, em especial a Lei nº 12.850, de 02 de agosto de 2013.

765 Em alguns casos atuando, até mesmo, em ambiente virtual, geralmente por meio de *sites* de leilões e ofertas que intermedeiam o contato entre vendedor e comprador. O comércio de produtos ilícitos também é feito por meio virtual, em maior escala, através da *darknet* ou *deepweb*.

nos preços do mercado regular – uma vez que uma concorrência de fato é estabelecida –, e até o surgimento de diversos nichos de mercado paralelo, como a oferta de seguros para os materiais comumente subtraídos, aquisição de dispositivos de segurança para lojas e residências, e contratação de pessoal de segurança para estabelecimentos comerciais.

É possível afirmar que as empreitadas criminosas influenciam diretamente as interações capitalistas atuais. Prova dessa influência é o surgimento de nichos de mercado lícito e regular que vem se expandindo no país, como os já indicados serviços de contratação de seguros contra furto e roubo e contratação de segurança privada. Até mesmo a indústria tecnológica investe em alternativas fomentadas pelo aumento da delinquência patrimonial, como dispositivos de vigilância, ofendículos, dispositivos de rastreamento e localização de produtos, blindagem de veículos, entre muitos outros. Tais inovações estimulam, também, uma indústria paralela de serviços, que vão desde a instalação de novas tecnologias a prestação de serviços de consultoria[766].

Infelizmente, não existem estudos que tracem uma dimensão dessa influência na economia nacional. Entretanto, não seria absurdo afirmar que a criminalidade patrimonial fomenta a economia, a indústria, e até mesmo a geração de empregos no território nacional. É necessário evitar a leviandade de classificar essa interação como benéfica, haja vista que a mesma criminalidade patrimonial fomenta desmesurados custos, como o derivativo da demanda por novas modalidades de repressão criminal, aprimoramento dos mecanismos já estabelecidos, acautelamento dos novos presos, entre diversas outras variáveis, fazendo com que o Brasil empregue atualmente 3,78% de seu PIB em combate ao crime[767]. Curiosamente, estas atividades também geram inovações tecnológicas e geração de empregos, entretanto esta demanda é custeada pelos recursos dos contribuintes, impedindo investimentos de recursos públicos em áreas economicamente mais profícuas.

Compulsando as informações trazidas, torna-se palpável a função orgânica da delinquência patrimonial na sociedade de consumo. Aparentemente, a

[766] Até mesmo a mídia vem sofrendo influência indireta da delinquência em suas atividades econômicas. Nos últimos anos, transformou-se em fenômeno nacional a proliferação de programas policiais na programação vespertina de rádio e televisão.

[767] BANCO INTERAMERICANO DE DESENVOLVIMENTO. **Os custos do crime e da violência**. Novas evidência e constatações na América Latina e Caribe. Washington: Ed. Laura Jaitman, 2015, p. 30-31.

proposta dos indivíduos que buscam interação na sociedade transacional por meio do crime, ainda que inicialmente rejeitada pelo corpo social através da repressão criminal e pela reafirmação dos valores transcendentais que constroem o ideal de ordem social, alcança penetração no espaço de troca de bens e serviços que configura o núcleo da sociedade capitalista, através de nichos de mercado ilícito ou clandestino que insere (ou reinsere) *res* delitivas à circulação comercial. Entretanto, é preciso analisar a viabilidade desta função sob um outro prisma, o da probabilidade de seu enquadramento social, de forma a compreender sua legitimação pela sociedade.

6.3 Teoria da inovação de Merton e a legitimação da inclusão social por meio de práticas criminosas

O primeiro desafio em se estabelecer cientificamente a aceitação das interações sociais por meio de circulação de mercadorias ilícitas ou produtos diretos e indiretos de crimes nos espaços transacionais repousa em se definir um referencial teórico adequado para o tema. Esta tarefa, contudo, não se mostrou demasiadamente complexa haja vista que o fenômeno, a despeito das distintas particularidades, comunga com o conceito de inovação constante na teoria da anomia de Robert Merton[768].

Partindo do pressuposto de que um indivíduo incorpora metas e interesses sociais livremente difundidos como propósitos comuns por meio do sistema de valores de determinada comunidade, Merton[769] aponta que a limitação das oportunidades pelas normas institucionais induz o indivíduo à inovação tratada no quinto capítulo deste trabalho. Oportunamente, foi destacada a característica inclusiva da delinquência patrimonial, como uma modalidade de oportunizar ao indivíduo inicialmente excluído formas de participação nos espaços transacionais da sociedade.

Resta, portanto, a discussão sobre a legitimação desta modalidade de inclusão, haja vista o aparente contrassenso derivado da consideração de uma atividade antissocial – a exemplo do crime –, como um elemento de integração na mesma sociedade que a reprova. Robert Merton também antecipa essa questão, ao explicar que a inovação segue, primordialmente, um pressuposto

768 MERTON, Robert King. **Social structure...**.

769 MERTON, Robert King. **Social structure...**, p. 2.

elementar: a insistência do indivíduo em atingir as metas sociais culturalmente estabelecidas, motivada pelo fato do indivíduo não renunciar o ideal de busca pelo sucesso[770]. De fato, este é o primeiro ponto a ser considerado ao se analisar a inclusão social na sociedade de consumo por meio de delinquência patrimonial. A inovação não se apresenta nos valores sociais internalizados pelos indivíduos, nem tampouco nas metas e objetivos sociais que estes mesmos indivíduos buscam alcançar, mas, tão somente, nos meios empregados pelos mesmos ao empenhar-se em atingir seus fins sociais.

Neste ponto, importante destacar o primeiro alerta feito por Merton[771] ao apresentar sua teoria da anomia, que se enquadra perfeitamente ao objeto deste estudo: a atenção ao equívoco derivado das tentativas de analisar as estruturas sociais, isoladamente, sob o prisma dos impulsos que regem os comportamentos dos agentes sociais, crítica que o sociólogo norte-americano estende, ainda, à percepção da ordem pública como um mero mecanismo de controle de tensões sociais.

Afinal, se há algo que esta investigação apontou, é que a delinquência patrimonial se insere em um ambiente de múltiplas interações sociais que se desenvolvem de forma orgânica, com intercorrência de fatores que modulam o desenrolar de sucessivas implicações, o que vem a descaracterizar análises derivadas de relações causalistas singulares. Sobretudo quando tais análises derivam de percepções ordinárias como, por exemplo, da noção de que o comportamento criminoso é uma manifestação isolada da psique do indivíduo, sem qualquer interferência de fatores socioculturais[772].

Sendo assim, a análise tanto do fenômeno delinquência patrimonial quanto da inclusão na sociedade de consumo por meio dessa modalidade de ação deve ser feita através da consideração da estrutura social, em que os comportamentos criminosos podem ser vistos como respostas normais às circunstâncias motivadoras das tensões. Esta visão se relaciona à teorização de Émile Durkheim[773], no sentido de que o crime é um fenômeno normal na sociedade. A análise do fenômeno também aponta uma inclinação da delinquência patrimonial a identificar-se com o conceito de solidariedade orgânica

[770] MERTON, Robert King. **Social structure**..., p. 6.

[771] MERTON, Robert King. **Social structure**..., p. 1.

[772] Esta visão, inclusive, foi alvo de críticas por parte de Merton (**Social structure**..., p. 1), que censurou a visão freudiana de que o comportamento antissocial é um derivativo da natureza do indivíduo.

[773] DURKHEIM, Émile. **As regras**..., p. 66.

do próprio Durkheim[774], uma vez que os nichos de mercado paralelos que se abrem por meio da delinquência patrimonial também denotam esforços dos indivíduos inicialmente excluídos dos espaços transacionais em buscar interações de serviços e possibilidades de serviços, atendendo assim às suas necessidades de participação na sociedade.

As modalidades de interação pretendidas não só por aqueles que vêm a perpetrar delitos patrimoniais, mas também por aqueles que voluntariamente participam das interações transacionais envolvendo os produtos e serviços comercializados em situação de ilicitude[775], encontram seu primeiro indicativo de legitimação em sua utilidade. Este primeiro indicativo dissipa o contrassenso inicialmente indicado, orientado no sentido de que uma atividade reprovada pela sociedade não poderia tornar-se um mecanismo de inclusão na mesma sociedade. A aceitação, ainda que paralela, destes nichos de mercado, afasta a visão simplista de que seria inconcebível que algo repugnante à sociedade não lhe possa ser útil, comprovando que a normalidade de determinadas condutas e a aversão que estas infundem podem ser solidários[776].

A solidariedade entre delitos patrimoniais e as práticas interacionais da sociedade de consumo se apresenta de forma mais clara em dois vieses: o primeiro deles, na ampliação do espectro interacional, através do fomento de novas oportunidades consumeristas, seja por parte de renovadas ofertas de produtos e serviços, seja pelos novos indivíduos – anteriormente excluídos do universo transacional –, que ascendem à condição de consumidores; o segundo viés, nas demandas renovadas pelas diversas práticas criminais, exigindo

[774] DURKHEIM, Émile. **Da divisão**..., p. 91.

[775] Cumpre destacar a aquisição, recebimento, transporte, condução ou ocultação de coisa reconhecidamente produto de crime; as mesmas condutas, somadas às de manter em depósito, desmontar, montar, vender, expor à venda ou utilizar no exercício de atividade comercial ou industrial; e adquirir ou receber coisa que – pela natureza, condição de quem oferece ou desproporção de preço –, deveria ser presumida como ilícita, configuram crime de receptação, nos termos do Art. 180, *caput* do CPB e, respectivamente, seus parágrafos 1º e 3º representando, portanto, também um delito patrimonial. O trabalho se furta de classificar todos os envolvidos nas modalidades interacionais do mercado marginal de consumo como receptadores, haja vista que a presunção poderia excluir indivíduos que participam ativamente das atividades desses nichos mercadológicos induzidos por erro de tipo ou proibição, uma possibilidade bastante plausível, haja vista a trivialidade de parte dessas atividades.

[776] DURKHEIM, Émile. **As regras**..., p. XII.

de outros potenciais consumidores a busca pela reposição de bens subtraídos ou consumidos[777].

Isto não implica na conclusão de que a relação solidária entre delitos patrimoniais e os objetivos primevos das sociedades consumeristas induz a permissividade estatal aos delitos patrimoniais. As atividades de repressão permanecem em posto, provavelmente com maior intensidade, sob a justificativa de que o combate à criminalidade se faz imprescindível para a manutenção da prosperidade e desenvolvimento da sociedade ordeira[778]. Conforme já debatido em passagens anteriores deste capítulo, a repressão também influencia positivamente na função orgânica da criminalidade patrimonial na sociedade de consumo, fomentando novas demandas, sobretudo as de serviços e tecnologias.

A repressão criminal também é capaz de promover a intensificação da delinquência patrimonial, por meio de suas consequências, como a segregação e a estigmatização, posicionando indivíduos na condição de excluídos dos espaços interacionais, ou relegados aos espaços transacionais marginais em caráter permanente. Em um país em que as desigualdades sociais são latentes, fazendo com que boa parte dos indivíduos não tenha acesso a meios lícitos de participação na sociedade de consumo, a neutralização dos atritos envolvidos nos processos de aquisição e proteção da propriedade torna-se inviável. Ocorre, então, o que Durkheim[779] apontou como enfraquecimento da consciência coletiva, em que desvanecem os valores transcendentais traduzidos no histórico de organização social, permitindo que estes valores sejam mais facilmente atacados.

[777] A subtração ou destruição de bens através de crimes induz os sujeitos passivos dos delitos a buscar a reaquisição de produtos semelhantes em um prazo nitidamente menor que o da obsolescência da mercadoria. Da mesma forma, os produtos e serviços relacionados a vícios, tais como uso de drogas ilícitas e a compulsão por jogos de azar, tendem a projetar no indivíduo consumidor uma demanda crescente.

[778] EGÍDIO, Paulo. **Estudos de sociologia criminal**: do conceito geral do crime segundo o método contemporâneo (a propósito da teoria de E. Durkheim). São Paulo: Tipografia e Edição da Casa Eclética, 1900, p. 7. Neste ponto, o trabalho leva a termo a grata tarefa de, contingentemente, promover uma conciliação entre o pensamento de Durkheim e o do sociólogo paulistano. Isto porque Paulo Egídio considerava inadmissível a consideração de normalidade do crime enquanto fenômeno social, advogando sua repressão enquanto conduta nociva ao desenvolvimento social. Com efeito, as considerações trazidas nesta pesquisa conferem razão a ambos os pensadores.

[779] DURKHEIM, Émile. **Da divisão...**, p. 399.

Passam a existir, paralelamente, dois ideais de ordem social: o que mantém os valores transcendentais instituídos pela sociedade; e o que reproduz as práticas e a vivência social que, projetando o primeiro ideal em relações modernas, o trivializa. Como consequência, o respeito à propriedade privada e à ordem jurídico-penal estabelecida se enfraquece diante da necessidade de participação em um modelo social transacional que, ao supervalorizar as relações de consumo, mitiga o valor axiológico da propriedade, transformando-a de estática em transmissível[780]. Isto faz com que os indivíduos excluídos dos espaços transacionais possam vislumbrar a possibilidade de se inserir em uma sociedade interacional mais dinâmica de forma a converter seu comportamento, abandonando um modelo conformista.

O modelo social moderno, centrado na atividade econômica, volta-se para a produção, distribuição e transação de produtos e serviços, potencializando o valor simbólico da acumulação de riquezas[781]. Isto permite a dissociação entre os interesses internalizados pelo indivíduo e os meios previamente dispostos em seu posicionamento social para atingir suas finalidades de consumo.

Neste ambiente, aflora a ideia de inovação de Merton[782] que trabalha o conflito derivado da internalização de valores compartilhados pela sociedade – tais como a realização pessoal e social por meio da acumulação de riquezas –, em face da impossibilidade de atingir tais fins sociais pelos meios lícitos à disposição do agente. O conflito interno individual é gradativamente mitigado pelas sucessivas frustrações no emprego dos meios legítimos, porém inefetivos, até que a opção pela delinquência pontua a vitória amoral sobre o fracasso previsto. Isto converte o conflito individual, quando externalizado por meio da atividade criminosa, em conflito social[783].

[780] O que não diminui o valor axiológico da propriedade privada no Ocidente ou no Brasil, que compõe o primeiro axioma construído neste trabalho. Aqui, cabe a colocação de Matias Aires (**Reflexões**..., p. 183), ao refletir que o extremo grau de perfeição tende a ser o primeiro estágio de corrupção.

[781] MERTON, Robert King. **Social structure**..., p. 5.

[782] MERTON, Robert King. **Social structure**..., p. 7.

[783] Embora não seja o propósito deste trabalho analisar os pormenores dessa modalidade de conflito, parece provável a hipótese de que a sociedade – sobretudo os indivíduos que detêm meios para ascender às posições sociais mais privilegiadas valendo-se de meios lícitos –, internalize um ressentimento contra os indivíduos que atingiram o sucesso patrimonial por meio da prática de crimes. Isto justificaria a tendência atualmente demonstrada pela sociedade ocidental em conceber, também, a sua "vitória amoral" nas atividades de repressão criminal, por meio da flexibilização das garantias individuais e da pragmatização do processo penal.

Para que o fenômeno inovação ocorra devem ser observados, contudo, alguns pressupostos. O primeiro deles é que se estabeleça um sistema de valores sociais em que a finalidade absorvida pelo agente represente valores culturais substanciais, a exemplo do ideal de realização e sucesso pessoal através da acumulação de riquezas, próprio da cultura capitalista ocidental. O segundo, que se observe uma realidade em que a estrutura social circunscreva com rigor os meios de realização dos ideais culturais, tornando-os distantes ou completamente inacessíveis para os indivíduos desprovidos de condições de participação nos processos de busca por sucesso pecuniário[784]. Por último, que o indivíduo, em um processo particular de valoração, aquilate dentre dois caminhos axiológicos distintos – a busca pela satisfação pessoal através do consumo, ou a salvaguarda dos valores morais que alicerçam a ordem social –, o que melhor se adequa às suas conjunturas.

Merton[785] descrevia, além da inovação, duas outras possibilidades de ação para o indivíduo incapaz de integrar completamente o jogo social[786]: o ritualismo, em que o indivíduo prescinde das metas de sucesso pessoal sem, contudo, abandonar as praxes sociais que já lhe estão arraigadas; e a rebelião, em que o indivíduo rompe tanto com o sistema de metas quanto com o de práticas, buscando impor novos valores, em um modelo particular de auto-ordenação.

Quanto ao ritualismo, resta claro que sua ocorrência não produz resultados relevantes para o objeto desta pesquisa, pois os indivíduos que adotam comportamentos ritualistas, por abandonar os objetivos sociais culturalmente estabelecidos, não participam do principal espaço interacional da sociedade moderna[787]. Isto não quer dizer que os espaços interacionais clandestinos não contem com a presença de indivíduos que internalizaram um modelo ritualista. Um exemplo disto são os indivíduos que têm sua força produtiva explorada

[784] MERTON, Robert King. **Social structure**..., p. 7.

[785] MERTON, Robert King. **Social structure**..., p. 6.

[786] Foram excluídas da apreciação duas variáveis também propostas por Merton: a conformidade, modalidade em que o indivíduo internaliza os fins sociais e tem acesso aos meios para realizá-los; e o isolamento ou apatia, modalidade em que o indivíduo permanece indiferente tanto aos meios quanto aos fins sociais. Nenhuma delas interessa ao trabalho, posto que não possuem relação com os conflitos que envolvem as tensões sociais estudadas neste capítulo.

[787] A estes cabe, com propriedade, o adjetivo marginalizados, uma vez que compõem as cadeias de produção e exploração de serviços da sociedade moderna sem, contudo, possuírem participação ativa nos espaços primordiais de vivência social.

nos espaços em que se desenvolve o mercado ilícito de produtos e serviços sem, contudo, possuírem recursos suficientes para participar efetivamente deste mercado, tais como pessoas que desempenham serviços braçais nos centros em que se desenvolve o comércio ilícito, porteiros e funcionários de prostíbulos, os *croupiers* de cassinos ilegais, entre outros exemplos.

Naturalmente, a presunção de impossibilidade de participação não é absoluta. Trata-se da consideração de um pressuposto elementar da lógica capitalista: indivíduos que assumem posições subalternas em determinados mercados, geralmente não percebem rendimentos suficientes para acessar os mesmos mercados na condição de consumidores, não ao menos com regularidade. Embora a dedução não se mostre como uma regra no mercado geral de trabalho, parece ser bastante recorrente no mercado clandestino de materiais ilícitos, em que a precarização da exploração do trabalho é uma constante. Afinal, empreitadas criminosas conglobam altos riscos e uma mão de obra desprovida de uma vasta gama de alternativas de inserção no mercado de trabalho, realidade que se agrava quando o trabalhador explorado não se envolve nas atividades criminosas em si[788].

Cabe destacar, no caso proposto, que existe uma linha tênue de diferenciação entre ritualismo e inovação, que se distingue pelo fato de o indivíduo tomar parte ou não em atividades criminosas uma vez que, a partir do momento em que o agente pratica ação típica, rompe com o sistema de meios sociais permitidos pela ordem jurídica subjetiva, deixando o estado ritualista e adotando um perfil inovador. A vantagem econômica decorrente da atividade é indiferente à classificação, posto que o modelo sugerido por Merton se concentra nas condutas e posturas do agente, sem grandes preocupações com as consequências. Permanece em estado ritualista, contudo, aquele que busca colocação profissional desempenhando atividades lícitas em ambientes voltados para a prática de atividades ilícitas, haja vista que a inserção em trabalho informal não configura, *de per si*, uma ilegalidade[789].

---

[788] A título de exemplo, e tomando a liberdade para fazer ilações, cabe apontar o fato de ser improvável que um funcionário subalterno de um estabelecimento comercial que atua na ilicitude – como serventes, porteiros ou indivíduos que prestem serviços gerais –, perceba remuneração na média do mercado lícito, bem como tenha garantidos todos os seus direitos trabalhistas. Até mesmo em ilícitos altamente lucrativos, como o tráfico de drogas, pouco se observa do mito que romantiza os traficantes como indivíduos altruístas, que pagam vultosos numerários aos seus empregados de baixo escalão.

[789] Exceto quando a conduta configura o delito de *casa de prostituição*, previsto no Art. 229 do CPB, crime que prevê como conduta típica a manutenção de estabelecimento em que ocorra

No que se refere à rebelião, esta se mostra incondizente com a prática da delinquência patrimonial como meio de inserção na sociedade de consumo, posto que sua ocorrência reclama a revolução, também, dos fins cultivados pelo indivíduo. Sendo assim, é possível que um indivíduo em estado de rebelião apresente inclinação à violência ou à prática de crimes. Entretanto, suas finalidades seriam diametralmente distintas daqueles que buscam empreitadas criminosas visando a percepção de recursos que lhes permitam participar da sociedade transacional. A título de esclarecimento, caberia destacar que a delinquência patrimonial, quando observado o *animus lucri faciendi*, configura um comportamento antissocial decorrente de uma opção de sistematização jurídico-penal de determinada sociedade, ou seja, uma conduta considerada contrária aos interesses sociais em virtude de uma liberalidade legislativa ou peculiaridade cultural da comunidade. Outras modalidades de delinquência, em especial a violenta, quando motivadas exclusivamente por um *animus nocendi*[790], representa um comportamento antissocial em sua essência, cuja reprovabilidade independe da proscrição por meios de norma penal abstrata.

Por este motivo, ainda que inexista qualquer classificação distintiva na seara penal que difira os delitos patrimoniais tratados neste trabalho das demais modalidades criminais resta cristalino, por meio da análise dos axiomas construídos e das informações debatidas no texto, que a delinquência patrimonial se apresenta como uma modalidade de inovação, distinguindo-se de outras modalidades criminais que configurariam, em essência, uma forma de rebelião. Embora seja provável que parte considerável da sociedade perceba também a delinquência patrimonial como uma modalidade de rebelião, construindo uma relação semântica entre o ato de contrariar normas cogentes e o ideal de insurreição contra o poder do Estado, epistemologicamente a delinquência patrimonial se apresenta como uma negação da rebelião, haja vista que não traz em sua motivação uma rejeição dos fins sociais, e sim a sua reafirmação.

A delinquência patrimonial se mostra como alternativa para os indivíduos que não se dispõem a abstrair o sistema de valores sociais, nem tampouco

a exploração sexual. Entende-se a conduta nuclear "manter", de acordo com a doutrina penal, como a prática de qualquer atividade que viabilize o funcionamento da casa de prostituição, desde que o agente dela tenha conhecimento e atue dolosamente no sentido de concretizar o tipo abstrato.

790 Tradução livre: "intenção de prejudicar, lesar".

abdicar dos fins sociais universalmente difundidos. Desta forma, se apresenta como uma modalidade dinâmica de interação social, contrariando diametralmente a suposição de que as práticas criminosas perpetradas sob o intuito de participação na sociedade transacional seriam condutas antissociais.

Outra observação de fundamental relevância é a impossibilidade de uma distinção pela gravidade abstrata dos delitos praticados com o intuito de inserção na sociedade de consumo. Isto porque a finalidade de integração à sociedade transacional – notadamente realizada por meio da percepção de recursos econômicos –, não se confunde com a projeção psicológica que configura o elemento subjetivo do ilícito[791], de forma que crimes semelhantes podem ou não ser considerados patrimoniais.

De fato, o grau de reprovação jurídica ou social das condutas não interfere na configuração do intento social de seu agente perpetrador. A título de exemplo, pode-se apontar o crime de homicídio simples, nitidamente desprovido de intuito de percepção patrimonial em oposição a um homicídio qualificado pela paga de recompensa que pode denotar – a despeito de seu caráter hediondo –, o intento primordial de percepção de ganhos pecuniários. No caso, a primeira hipótese emerge como um nítido paradigma de rebelião, enquanto a segunda hipótese, apesar de mais reprovável e gravosa, representar um parâmetro de inovação[792].

Um outro exemplo que trata de delitos do mesmo título do Código Penal brasileiro pode ser visto entre os crimes de estupro e exploração sexual de crianças e adolescentes. O primeiro, abjeto e hediondo, não denota nenhum intento de adequação a modelos e fins sociais; o segundo, por sua vez, mantendo a ignomínia do primeiro em todos os seus elementos e, inclusive, partilhando da mesma pena máxima, pode englobar o intento de percepção de vantagens financeiras, retratando um viés patrimonial.

Em conformidade com essas considerações seria possível identificar, em determinadas formas de delinquência patrimonial, uma conjunção entre

[791] Ainda que existam delitos tipificados no arcabouço penal que tenham como circunstância elementar, agravantes genéricas, causa de aumento de pena ou qualificadoras disposições relacionadas à percepção de ganhos pecuniários ou patrimoniais, não se pode reduzir o fenômeno da delinquência patrimonial a estes arquétipos. Nem tampouco se pode predefinir que a prática de uma destas condutas tem como objetivo principal a inserção na sociedade de consumo.

[792] Por mais penoso que possa parecer a absorção do exemplo cabe rememorar que existem, também, nichos de mercado ilícitos que envolvem o delito de homicídio, tal como a "pistolagem".

inovação e rebelião. Entretanto, é indispensável a fiúza aos apontamentos de Merton[793], que exigiam para a configuração de um comportamento rebelde a emancipação pelo agente dos interesses socialmente partilhados o que, claramente, não ocorre nas hipóteses em que a acumulação material emerge como intento preponderante do agente.

Sendo assim, percebe-se que a delinquência patrimonial se mostra uma modalidade nítida de inovação diante do estado de anomia dos indivíduos excluídos dos ambientes transacionais da comunidade, constituindo comportamento antissocial sob um viés unicamente formal, posto que reflete contrariedade a uma sistemática de valores jurídicos construídos pela ordem penal, que refletem princípios basilares da sociedade. Do ponto de vista concreto, a referida modalidade de inovação acaba por legitimar-se, uma vez que reflete um sistema interacional solidariamente englobado pelo sistema de práticas e costumes consumeristas da sociedade, que não só admite a sua continuidade como se permite transformar por meio de suas relações e tendências.

6.4 Inclusão na sociedade transacional por meio do crime

Uma vez identificada a função orgânica da criminalidade patrimonial na sociedade de consumo, torna-se inegável o argumento de que as práticas criminais voltadas para a percepção do patrimônio, sobremaneira aquelas que envolvem a obtenção, distribuição e/ou comercialização de produtos ilícitos, além do oferecimento de serviços ilícitos, são capazes de garantir aos indivíduos nela imbuídos meios de participação na sociedade interacional.

Retomando a reflexão de Zygmunt Bauman[794], no sentido de que os ideais sociais foram reduzidos a uma ideologia de consumo e acumulação de bens materiais, bem como a percepção construída nos capítulos iniciais do texto, de que a aquisição, acúmulo e proteção da propriedade privada – e das posições sociais derivadas destes processos –, tornaram-se os pressupostos elementares de ordem social não só no Brasil como em praticamente todo mundo ocidental, é possível considerar o acesso ao capital como um fator definitivo de inclusão social.

793 MERTON, Robert King. **Social structure...**, p. 6.

794 BAUMAN, Zygmunt. **Vida de consumo...**, p. 57.

A projeção criminológica deste fenômeno parece se traduzir em considerações de Jorge de Figueiredo Dias e Manuel da Costa Andrade[795], que sustentaram o triunfo do hedonismo sobre a racionalidade, reconhecendo que a motivação primeva do homem é a busca do prazer. Os ínclitos criminologistas lusitanos constroem sua argumentação orientando-se na percepção de que a intensidade e proximidade das relações sociais urbanas permitem a todos os indivíduos, indistintamente, partilhar dos mesmos desejos, atribuindo sua felicidade ou infortúnio à possibilidade de acessar meios que lhe garantam a satisfação de tais desejos[796].

Esta linha de argumentação, conforme indicado pelos portugueses, embasa-se nas reflexões de Gabriel Tarde[797] no sentido de que, em processos de dominação ou hierarquização social, os desejos e costumes das classes precedentes acabam por ser absorvidos pelas classes mais baixas. No que se refere aos hábitos de consumo, observa-se na modernidade que essa influência se estabelece com grande rapidez, haja vista que os meios de imposição e massificação dos desejos de consumo, tais como a mídia, a propaganda e o *marketing*, são difundidos a todos os públicos[798], atingindo indivíduos capazes e incapazes de participar das atividades de mercado por meios lícitos.

Com efeito, observa-se que a criminalidade patrimonial apresenta maiores índices em grandes centros urbanos, sobremaneira nos polos concentradores de migração, cidades industriais ou municípios com grande densidade demográfica, em que a vivência aproximada entre indivíduos detentores de grande arcabouço patrimonial em atrito com indivíduos sem acesso a consideráveis parcelas de patrimônio torna os segundos conscientes das desigualdades econômicas que os exclui do jogo do mercado[799].

---

[795] FIGUEIREDO DIAS, Jorge de; COSTA ANDRADE, Manuel da. **Criminologia**: o homem delinquente e a sociedade criminógena. 1ª ed. (reimp.). Coimbra: Coimbra Editora, 2013, p. 8.

[796] FIGUEIREDO DIAS, Jorge de; COSTA ANDRADE, Manuel da. **Criminologia**..., p. 25.

[797] TARDE, Gabriel. **Laws of imitation**..., p. 217.

[798] Tal situação é muito bem ilustrada pelo exemplo tratado ao fim do quinto capítulo deste trabalho, em que um presidiário condenado pela prática de roubo a bancos – que alegou ser oriundo dos substratos mais modestos da sociedade –, justificou sua atuação criminal com uma hipótese: a de desejar comprar um tênis de uma marca conceituada, cujo valor ultrapassaria o do salário mínimo vigente à época no país, e não possuir projeção de conseguir adquirir o assessório de vestimenta através do trabalho lícito. Os recursos midiáticos que consolidaram o produto como uma marca de referência, a princípio, não se destinavam a este indivíduo, mas, ainda assim, o atingiram.

[799] SOUZA, Artur de Brito Gueiros. **Presos estrangeiros no Brasil**. Aspectos jurídicos e criminológicos. Rio de Janeiro: Lumen Juris, 2007, p. 27. A conclusão de Arthur de Brito Souza toma

A concepção da consciência das desigualdades sociais que afastam o indivíduo dos espaços transacionais, conjugada ao apelo midiático que indistintamente induz as pessoas ao consumo, leva os cidadãos de uma sociedade consumerista a um processo de "neutralização da culpa", transpondo eventuais barreiras morais anteriormente internalizadas, em busca da satisfação de interesses egoísticos absorvidos como necessidades prementes[800]. Diante desta realidade, reveste-se de sentido a observação extraída das análises estatísticas esmiuçadas no quarto capítulo deste trabalho, que indicava que o maior número de infratores atingidos pelas atividades de repressão criminal estatais se concentra dentre os indivíduos de parca formação intelectual, entretanto minimamente educados por vias formais. Este fator denota a inserção dos indivíduos no sistema de troca de informações, tornando-os aptos a interagir socialmente e a internalizar demandas consumeristas sugeridas – quiçá impostas –, pelo vasto aparato de *marketing* e propaganda. A partir da construção do desejo de consumo, o indivíduo considera as suas possibilidades de acesso ao espaço transacional, fazendo sobre elas um juízo particular de valor, considerando justas ou injustas as suas limitações. Naturalmente o cidadão, consciente de que nem todas as desvantagens que o acometem são derivadas das suas escolhas e, muitas das vezes, independem de seu esforço de participação na ordem solidária social, tende a reputar como injustas boa parte das razões pelas quais se encontra em situação de inferioridade.

Como resultado, observa-se um complexo sistema de justificações, que confere plasticidade ou flexibilidade ao sistema legal[801], fazendo da imperatividade das normas penais um conceito fluido e mensurável, também, pelas projeções particulares do agente. Esta flexibilização se agrava quando se consideram as condutas de grupo, sobretudo no estabelecimento dos mercados marginais perenes já esmiuçados nesta seção, tornando certas modalidades de condutas criminosas aceitáveis para grandes parcelas do corpo social.

Diante desta realidade a sistemática de repressão criminal, a despeito de sua ostensível atuação e crescente relevância social, torna-se nada mais

como base a "teoria da privação relativa" de Adolf Quetelet (**Sur l'homme et le développement de ses facultés, essai d'une physique sociale**. 2 vols. Paris: Bachelier Trans Knox, 1835), desenvolvida através da análise do êxodo rural na França, indicando que as regiões mais pobres não eram as que apresentavam maiores índices criminais, mas sim aquelas em que ocorria a interação de indivíduos economicamente desfavorecidos com as classes dominantes.

800 FIGUEIREDO DIAS, Jorge de; COSTA ANDRADE, Manuel da. **Criminologia**..., p. 235.

801 FIGUEIREDO DIAS, Jorge de; COSTA ANDRADE, Manuel da. **Criminologia**..., p. 237.

que uma modalidade de engodo, uma vez que não produz resultados efetivos em eliminar os focos de ilegalidade que se propõe a combater. Além disso, a seletividade com que é aplicada produz, a despeito da ratificação do discurso de rigor que acompanha sua intensificação, uma repercussão de permissividade com condutas ilícitas praticadas em larga escala. Bons exemplos são o contrabando e o tráfico de drogas que, embora vorazmente combatidos nos espaços alveolares de transmissão e comércio, encontram uma sistemática de repressão deficiente nos espaços de entrada dos produtos ilícitos no país, sobretudo nas fronteiras com os países de origem da maior parte das mercadorias ilegalmente inseridas no território nacional.

A permissividade com as atividades criminais patrimoniais de larga escala não ocorre por acidente. Este fenômeno já foi explicitado por Edwin Sutherland[802], ao apontar a existência de uma separação administrativa entre os chamados "criminosos de colarinho branco" e os demais criminosos, de forma que os primeiros nem sequer sejam reconhecidos como criminosos, em um processo complexo que envolve desde a percepção particular dos próprios criminosos aos organismos de produção legislativa, passando pelas instituições responsáveis pela repressão penal e pelos próprios criminólogos. Neste ponto, cabe a brilhante analogia do americano, ao estabelecer um paralelo entre a sistemática criminal e uma "teia de aranha", que é capaz de reter pequenos insetos, mas permite que os grandes a rompam, saindo incólumes[803].

Um exemplo da atuação desidiosa do aparato de repressão criminal em coibir a circulação de mercadorias ilícitas em larga escala se mostra justamente no policiamento de fronteiras. Apesar do Brasil fazer fronteira com os três maiores países produtores de cocaína do planeta – Bolívia, Colômbia e Peru —, e grande parte do contrabando de materiais ilícitos adentrar no país através da fronteira com o Paraguai, sobretudo nas adjacências das cidades de Foz do Iguaçu/PR e Ponta Porã/MS, não existem indicativos de intensificação das atividades repressivas nestas áreas de maior risco de entrada de produtos ilegais no país. Um levantamento realizado pela Federação Nacional dos Policiais Federais[804] apontou que o Departamento de Polícia Federal conta com pouco

---

802 SUTHERLAND, Edwin. **Crime...**, p. 356.

803 SUTHERLAND, Edwin. **Crime...**, p. 83.

804 POLICIAIS Federais relatam vulnerabilidade e falta de agentes nas fronteiras do Brasil. **Federação Nacional dos Policiais Federais**, 03 de setembro de 2018.

mais de mil homens atuando nas regiões de fronteiras[805], ficando este diminuto número de agentes policiais responsáveis pela vigilância e patrulhamento de 17 mil quilômetros de fronteiras terrestres.

A despeito dessas considerações, seria um equívoco considerar que a repressão criminal não guarda sua relevância social. Esta relevância se opera não em promover a paz social abstratamente pretendida como um pressuposto elementar, embora utópico, do direito penal, mas sim em garantir as duas reais modalidades de exclusão social: a manutenção dos indivíduos em estado de apatia ou ritualismo; e a segregação temporária dos indivíduos aptos a participar da sociedade transacional.

Em um primeiro momento, através da utilização da força simbólica sintetizada pelo *jus puniendi*, que compõe a coerção necessária a demandar a abstenção das práticas criminais aos indivíduos identificados ou não como potenciais transgressores. A coercibilidade da sistemática penal é capaz de compelir um grande número de indivíduos que internalizaram os fins sociais a se manterem em um estado apático, ou ritualista. Naturalmente, a coerção não impõe tal modalidade de comportamento a todos os indivíduos haja vista que, como obtemperou Durkheim[806], a solidariedade se produz predominantemente de forma espontânea, algo que a violência expressa ou formal não é capaz de determinar de forma a alterar a força social de todos os indivíduos.

Em sequência, provavelmente na forma de atuação que mais atende aos anseios sociais da atualidade: pela segregação dos indivíduos envolvidos na prática de crimes no espaço transacional. Inicialmente, parece paradoxal que uma sociedade que demonstra tácita aceitação de nichos perenes de mercados ilícitos se incomode com as atividades diretamente relacionadas à manutenção desses espaços. Entretanto, cabe rememorar a complexa gama de interações e atividades que envolvem esses mercados marginais, o que permite que a comunidade se posicione em admitir a existência dos mercados em sentido amplo, enquanto reivindica sanções mais rigorosas sobre algumas das atividades que suprem esses mercados. Tal paradoxo se justifica parcialmente pela consideração de duas variáveis: o impacto direto dos crimes nos cidadãos, e o grau de inserção dos criminosos nos espaços interacionais mais seletivos.

[805] O número se refere ao efetivo total lotado nessas regiões, e não o número de Policiais Federais em serviço. Considerando as intercorrências comuns da gestão administrativa do serviço policial, tais como escalas de plantão, rotatividade de turnos, férias e licenças de servidores, o número de policiais em serviço ativo torna-se consideravelmente menor que o apontado.

[806] DURKHEIM, Émile. **Da divisão...**, p. 395.

Como impacto direto dos crimes nos cidadãos, percebe-se a repulsa da sociedade para com os crimes que atingem indistintamente uma considerável parcela de seus membros. O principal exemplo, notadamente, é o crime de roubo, que se relaciona não apenas a um temor comum de qualquer cidadão brasileiro, mas uma realidade vivenciada por parte numerosa da população. Por mais que pareça curioso que uma comunidade manifeste aversão ao crime de roubo e encare com condescendência os mercados de produtos ilícitos – a despeito da consciência de que o mercado de determinados produtos ilícitos é, em parte, alimentado pelo crime de roubo[807] –, a prática se justifica pela ausência de uma correspondência entre os delitos pessoais e impessoais, aqui representados pelo roubo e a receptação.

A possibilidade de inserção dos indivíduos envolvidos em práticas criminosas em espaços transacionais seletivos implica em um forte sentimento de repulsa pública, como se a ordem elementar de organização social fosse afrontada. Talvez por esse motivo o tráfico de drogas, um dos crimes que mais permite ascensão social, considerado apenas o viés econômico, tem sido tão refutado pela sociedade nas últimas décadas. Aparentemente, a ascensão meteórica de indivíduos de classes subalternas aos padrões de consumo exclusivo das classes mais abastadas gera grande desconforto social, demandando a segregação destes indivíduos por meio da prisão. O mesmo apelo social não é observado em delitos que, assim como o tráfico de drogas, envolvem extensos ganhos patrimoniais, mas envolvem indivíduos já integrantes das classes dominantes, a exemplo da corrupção, evasão de divisas e lavagem de dinheiro.

Prova deste intento social é a evolução coercitiva de alguns delitos estudados nesta seção do trabalho. Enquanto crimes que envolvem a lesão direta ao patrimônio de pessoa determinada, como o furto, o roubo e a extorsão, sofreram sucessivas alterações e agravação de pena ao longo dos anos, delitos patrimoniais mais impessoais como a receptação, o contrabando e o descaminho mantiveram o rigor de suas punições abstratas em patamares estáticos. A mesma relação se observa nos crimes que envolvem grandes possibilidades de ganhos patrimoniais: se o tráfico de drogas sofreu copiosas alterações nas últimas décadas, os delitos de corrupção, lavagem de dinheiro e improbidade administrativa se mantiveram, também, em padrões estacionários, no que se refere ao rigor das reprimendas.

[807] A exemplo dos aparelhos e componentes de celulares, já mencionados neste trabalho.

O fenômeno observado não ocorre sem fundamento. Inicialmente, cabe destacar que, como exaustivamente discutido neste trabalho, o modelo de repressão penal construído no Brasil visa justamente manter os privilégios dos estratos sociais mais abastados, motivo pelo qual tornar-se-ia incoerente direcionar o aparato de repressão para que punisse com rigor os indivíduos oriundos desta seleta parcela populacional. Na mesma esteira, há que se considerar que a consolidação de poder econômico ou a manutenção de influência no mercado de bens e produtos, ainda que ilícitos, representa justamente o ápice do ideal de sucesso na sociedade capitalista, razão pela qual os indivíduos que atingem essas posições gozam de considerável relevância social, passando a ser beneficiados pela impunidade derivada do seletivismo das atividades de repressão.

Uma vez consolidadas estas posições de interação na sociedade de consumo, a criminalidade patrimonial encontra algo que muito se assemelha a uma função social. Afinal, as atividades ilícitas estabilizadas garantem circulação de riquezas, geração de renda, oferecimento de posições de trabalho informal e ampliação de oportunidades mercantis, equiparando-se a atividades econômicas, inclusive de larga escala. É o que se observa da análise detida de algumas atividades ilícitas de espectro amplo, como o tráfico de drogas, que é capaz de promover estabilidade financeira de uma gama considerável de indivíduos direta e indiretamente envolvidos, em níveis atingíveis por um número reduzido de empresas de grande porte[808].

Como resultado, observa-se o incremento das condições econômicas em espaços tradicionalmente conhecidos como locais de concentração de pobreza, a exemplo das comunidades carentes onde se desenvolvem atividades de tráfico de drogas. Comprovando a informação, cabe destacar uma pesquisa que indicou que as favelas não eram o espaço de maior concentração de pobreza na cidade do Rio de Janeiro, apontando que 64% dos pobres urbanos da capital fluminense residiam fora das áreas de favelas[809].

---

[808] Como exemplo, reportagem do jornal Folha de São Paulo, que indicou que o tráfico de drogas na cidade do Rio de Janeiro "empregava" 16 mil pessoas (TRÁFICO "emprega" 16 mil no Rio, diz estudo. **Folha de São Paulo**, 28 de novembro de 2010). Outro estudo apontou que 24% da população jovem das favelas cariocas era "empregada" pelo tráfico de drogas (MEIRELLES, Zilah Vieira. **Vida e trabalho de adolescentes no narcotráfico numa favela do Rio de Janeiro**. Dissertação (mestrado). Fundação Osvaldo Cruz. Escola Nacional de Saúde Pública Sérgio Arouca, 1998).

[809] MEIRELLES, Zilah Vieira. **Nas viradas da vida**: jovens que romperam com o mercado do tráfico de drogas em favelas na cidade do Rio de Janeiro. Tese (Doutorado). Fundação Osvaldo Cruz. Escola Nacional de Saúde Pública Sérgio Arouca, 2008, p. 23.

Outro espectro da pretensa função social da criminalidade patrimonial é a relevância mercadológica que as atividades clandestinas tomam na economia ao se constituírem espaços permanentes de comercialização de bens e serviços. Não há como desconsiderar que os proventos decorrentes destas atividades acabam por se tornar meio de sustento de um considerável número de cidadãos, direta e indiretamente beneficiados pelos produtos destas atividades. Da mesma forma, o mercado clandestino acaba por atender à demanda de um imenso número de consumidores que variam entre potencias e regulares.

Alguns centros nacionalmente reconhecidos como redutos de atividades comerciais ilícitas ou clandestinas, a exemplo da região da Rua 25 de Março, na cidade de São Paulo, destacam-se como polos econômicos, inclusive com projeções turísticas. Levantamento do Observatório de Turismo e Eventos da Cidade de São Paulo indicou que o comércio apenas na região da Rua 25 de Março movimentava uma média de 120 milhões de reais ao dia[810], chegando a triplicar o potencial de vendas em datas especiais.

Aparentemente, as atividades ilícitas movimentam quantias colossais em todo mundo, atingindo diretamente o campo das relações econômicas. Em escala global, especula-se que as atividades criminosas movimentem, anualmente, mais de 2 trilhões de dólares americanos, correspondendo a 5% do PIB mundial[811]. No Brasil, certamente os números não seriam muito distintos uma vez que, conforme demonstra esta pesquisa, as atividades comerciais ilícitas aparentam estar particularmente arraigadas ao cotidiano da população. Diante desta realidade, desvanece qualquer argumento que confira simplicidade à questão hipotética da erradicação do crime. Grosso modo, é possível inferir que a manutenção dos nichos clandestinos de mercado ilícito, curiosamente, implique em preservação da estabilidade econômica do país, ao menos em curto ou médio prazos.

Diante desta realidade, resta claro que a criminalidade patrimonial, a despeito de seu caráter ilícito, sua reprovação social e até mesmo dos crescentes índices de repressão por parte do aparato penal do Estado, mostra-se um elemento indissociável da atual ordem social, representando uma das facetas primordiais da sociedade capitalista de consumo, a despeito de sua inadequação social sob o aspecto formal.

---

810 REGIÃO da Rua 25 de Março movimenta 120 milhões de reais por dia e quase o triplo em datas especiais. **Comunicação São Paulo Turismo**, 04 de agosto de 2015.

811 MAVRELLIS, Channing. **Transnational**....

7

CONSIDERAÇÕES FINAIS

> "No me pongan en lo oscuro
> A morir como un traidor;
> Yo soy bueno, y como bueno
> Moriré de cara al Sol!"
> (*Versos Sencillos*, XXIII. José Martí, 1891)

O desfecho deste estudo se inicia com o reconhecimento das consideráveis dificuldades encontradas em delimitar um espaço de observação do fenômeno criminalidade patrimonial, de forma a viabilizar uma análise detida das características que posicionam este fenômeno no cerne da problemática de repressão penal enfrentada pelo direito penal brasileiro na atualidade. O objetivo traçado – o de realizar um estudo criminológico das tensões sociais que envolvem o arcabouço penal repressivo estatal e a busca de inserção de indivíduos habitualmente excluídos em uma sociedade transacional, em que as atividades consumeristas se destacam como o principal espaço de interação –, não pôde ser atingido sem, inicialmente, abalizar as variáveis passíveis de análise, mantendo o cuidado de não permitir a inserção de fatores que conduzissem a deduções demasiadamente abstratas.

O esteio desta preocupação foi o propósito de se evitar construir uma teoria geral da criminalidade patrimonial, ou qualquer teorização que assumisse a pretensão de classificar e deslindar essa modalidade de delinquência em todas as suas variáveis muitas das quais, conforme sugere boa parte das informações colhidas na pesquisa, são ignoradas até mesmo pelos organismos oficiais de estudo ou controle do fenômeno pesquisado. Desse inquietamento surgiu a necessidade de se verificar, inicialmente, a existência de um fenômeno passível de ser caracterizado como delinquência patrimonial; a possibilidade de identificação de uma linha axiológica que justificasse tanto o estabelecimento de um sistema abstrato e fático de coerção penal quanto um direcionamento socialmente disseminado de busca por interação nos espaços transacionais consumeristas; e, por fim, a plausibilidade de conjecturas que admitissem uma funcionalidade social aos mercados clandestinos ligados à delinquência patrimonial.

Comprovou-se, de fato, que a sistematização do aparato penal no Brasil, a exemplo de grande parte das nações ocidentais, se embasou em dois pressupostos elementares: o valor transcendental da propriedade privada instituído pela evolução axiológica das comunidades, e a influência das classes economicamente dominantes nos processos de instituição de codificações penais e processuais penais ao longo da transição do Estado absolutista para o democrático de Direito.

Partindo da consideração da propriedade privada como um elemento basilar na construção do sistema de valores jurídicos protegidos pela ordem legal, demonstrou-se que a proteção da propriedade privada emergiu como uma necessidade no arranjamento social desde a Antiguidade. Com a difusão dos valores romanos por meio dos modelos de estado teocrático ou confessional na Baixa Idade Média, esta tendência tornou-se um imperativo nas sistematizações jurídicas que passaram a surgir na Europa ocidental, processo que não foi convertido pela secularização dos Estados europeus. Em decorrência desse modelo que apregoava a proteção tanto do arcabouço patrimonial quanto dos privilégios das classes dominantes, foi instituído o modelo de ordem jurídica da sociedade ocidental, denotando um viés predominantemente materialista.

O Brasil, naturalmente, absorveu esses valores, sobremaneira pela influência dos sistemas jurídico-penais instituídos pelos portugueses no período colonial, que apresentavam um modelo fortemente patrimonialista e seletivo, que protegia em demasia os privilégios da nobreza e fidalguia. Ao adentrar o país no período pós-Independência, a maior parte destes valores se encontrava de tal forma arraigado aos ideais de ordem social e na *praxis* penal – caracterizada por um modelo descentralizado que concentrava poder jurídico nas mãos dos já detentores de poder econômico e político –, que a proteção patrimonial por meio do direito penal se intensificou, especificamente no início do período republicano.

Evoluído o modelo republicano para um Estado de bem-estar social, a despeito da amenização do rigor repressivo contra os delitos patrimoniais, as práticas sociais foram capazes de manter um movimento de precessão que paulatinamente devolvia as atividades repressivas da ordem jurídico-penal para a segregação de indivíduos que, excluídos dos espaços interacionais transacionais, buscavam participar das atividades de consumo através de meios ilícitos. Neste panorama se destaca o conceito de delinquência patrimonial que, dissociado do conceito de crime contra o patrimônio ou contra a ordem econômica, busca designar qualquer delito que apresente como objetivo de seu agente a percepção de ganhos materiais, traduzidos pelo arquétipo doutrinário do *animus lucri faciendi*.

As interações entre empreitadas criminosas patrimoniais e as práticas de repressão passaram a apresentar maior dinamismo, situação em que o número progressivo de infrações provocaram reações tanto de ordem administrativa – com a intensificação de atividades coativas por parte das estruturas de repressão –, quanto no campo legislativo, com a crescente alteração das disposições legais alusivas aos delitos mais praticados, comumente agravando as reprimendas abstratas. Neste cenário, surgiu o primeiro ponto de dissociação entre a pretensão estatal em coibir a delinquência patrimonial e os interesses dos indivíduos envolvidos nesta modalidade de interação social, pontuando a tensão entre a repressão criminal da delinquência patrimonial e os esforços de inclusão na sociedade de consumo por meio da prática de delitos.

A reação estatal, aparentemente impelida pelos anseios gerais da sociedade – ou, ao menos, dos indivíduos nela inseridos que figuram como os detentores do poder econômico e, por conseguinte, político –, foi de intensificar ainda mais os esforços de repressão, propondo um conflito direto contra as condutas criminosas, especificamente os delitos patrimoniais. Esta opção inaugurou uma tendência em que os delitos patrimoniais passaram a assumir um crescente papel de precedência nos índices de repressão. Tal propensão atingiu os píncaros a partir de meados da primeira década do século XXI, em que o fenômeno da repressão criminal se converteu em superencarceramento, sedimentando definitivamente os delitos patrimoniais no rol das condutas mais reprimidas.

Conforme demonstrado ao longo da pesquisa, existem parâmetros bastante distintivos da repressão criminal no Brasil. O encarcerado típico – considerando os indicadores estatísticos dominantes –, possui escolaridade formal, porém modesta, não atingindo a formação secundarista; geralmente, pratica delitos patrimoniais relacionados a mercados paralelos de bens e serviços ilícitos, mercados estes controlados por indivíduos oriundos de classes sociais mais baixas, ao menos nos espaços alveolares de interação. Outras características se mostraram relevantes, tais como a desconstrução da presunção social de que indivíduos sem formação escolar teriam uma propensão maior à prática de crimes; o enfraquecimento da noção de que a repressão criminal atua de forma unificada e discriminada contra determinados estratos sociais; e a constatação de que as taxas de encarceramento cresceram em patamar muito superior aos índices de crescimento populacional.

No que se refere ao grau de escolaridade dos agentes encarcerados, a pesquisa logrou êxito em dissipar a visão preconcebida de que o crime seria mais comum entre indivíduos sem nenhum grau de instrução formal, relacionando a dissociação do indivíduo com os valores sociais partilhados com uma maior inclinação ao crime. Ao contrário, constatou-se que os índices de analfabetismo entre os encarcerados atingia metade do índice de analfabetos na comunidade geral, e que o maior índice de indivíduos presos teve acesso a algum grau de instrução fundamental sem, contudo, ascender ao ensino médio, fenômeno identificado como uma sujeição ao sistema de transmissão de valores sociais – entre eles o de realização pessoal por meio da acumulação patrimonial –, sem a frequência a estágios de educação em que o indivíduo adquire meios intelectuais que o capacitam para a inserção no mercado de trabalho.

Foi também demonstrado o equívoco na presunção de que as atividades de repressão criminal são empenhadas discriminadamente contra determinados grupos sociais, independente da natureza dos crimes. Constatou-se que a repressão ocorre de forma pontual contra crimes bastante específicos, denotando o intuito dos aparatos de criminalização secundária em reprimir condutas relacionadas a práticas específicas e nichos determinados de mercancia ilícita. Crimes como o tráfico de drogas, o roubo e a receptação se destacam pelo aumento do percentual de encarcerados, relacionando-se diretamente a nichos mercadológicos distintivos e, no caso do crime de roubo, de uma atividade geralmente empenhada por indivíduos de baixa renda que alimenta esses mercados. Nada foi encontrado que indicasse o aumento repressivo de outros crimes que, embora alimentem os mercados ilícitos, são geralmente praticados por outra parcela da população, a exemplo do contrabando, cujos percentuais de encarceramento se mantiveram estáticos.

Sintetizado o panorama de ocorrência das tensões entre o avolumamento da delinquência patrimonial e a intensificação do rigor repressivo, foram elencadas as prováveis motivações dos indivíduos para se enveredarem na prática de delitos patrimoniais, ainda que conscientes dos riscos da crescente repressão das condutas praticáveis. O que se descobriu foi que a sociedade ocidental moderna, estruturada sobre um modelo capitalista pós-industrial, elevou os espaços transacionais da sociedade de consumo a categoria de principal espaço interacional, difundindo indistintamente nos indivíduos uma necessidade de inserir-se na vivência social através da acumulação de capital ou, se impossível ou penoso, ao menos na categoria de trocas regulares de bens e serviços. Tal reformulação do modelo de solidariedade orgânica induziu os cidadãos excluídos do ambiente das transações comerciais a uma incômoda escolha: resignar sua existência a um papel marginal, ou buscar meios de participação nos espaços transacionais através de atividades inovadoras, onde se destaca o crime.

Através da difusão indiscriminada dos fins sociais da comunidade, quais sejam, a participação nos espaços transacionais e a realização pessoal através da aquisição e acumulação material – seja através da educação formal, da mídia, ou dos canais publicitários –, os indivíduos excluídos da sociedade de consumo são levados a internalizar o conflito representado pela desagregação entre os fins sociais que absorveram e os meios que lhe são disponíveis para atingir estes fins. Tal conflito de ordem interna, diante da impossibilidade do indivíduo em racionalizar sua exclusão da vivência consumerista como um imperativo de ordem pública, comumente se converte em um ressentimento contra as regras instituídas para o jogo social, de forma a permitir o questionamento tanto da validade das normas proibitivas quanto da justiça das próprias relações que regulam a vida em sociedade. Incapaz de questionar de forma aprofundada os fins que lhe foram veementemente impostos, cabe ao indivíduo rebelar-se contra o sistema de meios disponíveis a atingi-los, provocando um estado de dissociação que relativiza valores morais e, entre eles, o respeito tanto à propriedade privada quanto às normas cogentes.

Partindo desta dissociação, o indivíduo é induzido a uma escolha racional que deriva, predominantemente, da ponderação sobre os benefícios e prejuízos decorrentes de eventuais empreitadas criminosas. Dentre os principais benefícios, aflora a possibilidade de inserção na sociedade de consumo, pacificamente considerada como o objetivo maior da vivência na sociedade transacional. No campo dos prováveis prejuízos, destaca-se a possibilidade de sujeição ao aparato repressivo do Estado, bem como a probabilidade de encarceramento.

Em paralelo, a existência de mercados clandestinos, porém perenes, de produtos e serviços ilícitos, acaba por funcionar como um fator encorajador na escolha racional pela prática criminosa. Afinal, tais nichos mercadológicos são capazes de fornecer padrões comparativos ao provável delinquente, através dos quais projeções de riscos e ganhos potenciais podem ser traçados. Da mesma forma, a existência de mercados criminais permanentes, capazes de prover um modelo tangível de oferta e demanda, garante ao pretenso criminoso a oportunidade de optar pelas práticas delitivas a qualquer tempo, não se exigindo a reunião de muitas conjunturas favoráveis a esta possibilidade. Diante dessa realidade, a modernidade permite aos indivíduos envolvidos ou com potencial de envolvimento em atividades criminosas patrimoniais identificar modalidades de atuação ilícita como atividades permanentes, atribuindo a elas o conceito de labor.

Os fatores dissuasivos da delinquência patrimonial, por sua vez, aparentam uma projeção incongruente, se consideradas as finalidades a que se propõem. O principal deles, notadamente, a coerção estatal por meio da sistemática jurídico-penal, mostrou-se inepto a produzir resultados de redução da criminalidade patrimonial, se considerados os índices estatísticos. A pesquisa colheu dados que comprovam que os índices de reincidência e registros dos delitos mais reprimidos em território nacional se mostraram crescentes. Reforça essa conclusão o fato de os delitos que sofreram alterações legislativas, com considerável incremento das penas abstratas, permanecerem no rol dos delitos mais reprimidos e praticados.

As razões para a falibilidade nos sistemas dissuasivos foram identificadas em dois pontos. O primeiro deles, na observação de que a existência de mercados perenes voltados para atividades ilícitas oferece uma demanda criminal, que se abrange com as atividades de repressão, haja vista que a vacância de posições abre espaço para novos delinquentes ingressarem na prática de atividades ilícitas. Em segundo lugar, pela concepção de que a participação na sociedade de consumo é um imperativo no espaço urbano da modernidade, de forma que segregação por meio das penas apresenta um menor fator de intimidação que a segregação da sociedade de consumo, ao menos em caráter imediato.

Como substrato destas análises, o trabalho alcançou a dedução de que a criminalidade patrimonial se relaciona, precipuamente, à necessidade dos indivíduos em se inserir em uma sociedade de consumo, partindo da presunção de que os cidadãos que fazem a escolha pela prática de atividades criminosas desse viés são motivados, inicialmente, pela insatisfação com o arcabouço patrimonial que possuem e com os meios lícitos disponíveis para melhorar sua condição financeira. O ingresso em empreitadas criminosas deriva, também, da possibilidade de inserção em mercados ilícitos já estabelecidos, ou de estruturação de novos mercados. Em virtude destes pontos, é possível traçar a análise das tensões que envolvem a delinquência patrimonial sob um enfoque economicista.

As tensões sociais decorrentes do fenômeno criminalidade patrimonial resultam do entrechoque entre duas forças sociais distintas: a empreendida pela sistemática de repressão criminal, em contrapartida à insistência de participação de indivíduos na sociedade de consumo por meio de práticas criminais. A resultante dessas forças, aparentemente, representaria uma ruptura social, especificamente na dissociação entre a parcela da população impedida ou prejudicada na participação dos espaços transacionais – que corresponde à maioria da população brasileira –, e os ideais de ordem pública que, nos termos da sistematização jurídica, demandam a proteção dos privilégios econômicos das classes abastadas, determinando a submissão dos excluídos do jogo transacional. Entretanto, a projetada ruptura social não se opera, a despeito do incremento do rigor nas atividades de criminalização secundária e do agravamento das desigualdades sociais no país.

A inocorrência de ruptura, considerada a intensidade das tensões sociais, somente pode ser justificada pelo arrefecimento das forças empreendidas no ponto de confluência do conflito. Este arrefecimento, de fato, foi observado, e identificado como a função orgânica da delinquência patrimonial. O conceito de função orgânica trazido pelo trabalho se relaciona à existência de nichos paralelos de mercado consumerista, que se desenvolvem em espaços clandestinos. Contrariando os prognósticos de repressão, estes mercados paralelos atuam em caráter permanente, e contam com a participação de uma parcela considerável da população, inclusive de indivíduos que não se envolvem diretamente na prática de delitos patrimoniais e de potenciais ou efetivas vítimas dos próprios delitos patrimoniais que abastecem parte destes mercados.

Como resultado, se observou a existência de um mercado de produtos e serviços ilícitos que, contando com a aceitação e interação de parcela considerável da população, representa um espaço transacional de relevância econômica atuando, inclusive, de forma a produzir alterações na economia. Em um primeiro momento, a instituição destes mercados atende a demandas específicas de indivíduos que pretendem participar da sociedade de consumo e não possuem meios de adquirir produtos e serviços pelas vias legais. Ato contínuo, o alargamento das demandas de consumo nos nichos clandestinos importa na necessidade de expansão, também, das ofertas de produtos e serviços, de forma que as atividades criminosas que alimentam estes mercados passam a se tornar mais convidativas a potenciais criminosos. Em último estágio, a ingerência de tais mercados paralelos na realidade econômica do país perpassa a produção de novas demandas mercadológicas, como a de tecnologia e serviços voltados para a repressão e prevenção de crimes, oferta de seguros, entre outras variáveis.

Estabelecido, portanto um espaço de interação econômica e inserção na sociedade consumerista de caráter permanente, a escolha racional anteriormente tratada será feita pelo indivíduo através da análise de um conflito mais simplório: o decorrente da mera necessidade de aquilatar os valores sociais absorvidos – voltados para o incentivo à participação na sociedade transacional e realização pessoal através do consumo e acumulação patrimonial –, em aposição aos valores morais que demandam a submissão do indivíduo ao sistema de estratificação social. Como a pesquisa demonstrou, a teoria da anomia de Robert Merton pontua claramente este conflito, de forma a fundamentar a projeção individual do criminoso patrimonial como uma modalidade de inovação. Com efeito, a existência de nichos de mercado ilícito regular permite ao indivíduo a inovação, através da revolução dos meios acessíveis para a realização dos ideais sociais.

Finalmente, a pesquisa observou que, a despeito da sistematização que estabelece a delinquência patrimonial como um arcabouço de condutas proscritas e antissociais, este juízo de reprovação se apresenta em uma projeção precipuamente formal. Isto porque, a despeito do caráter antissocial das condutas identificadas como delitos patrimoniais, tais crimes também guardam uma relação de normalidade dentro da ordem social, conforme já havia lecionado Émile Durkheim. Ademais, os delitos patrimoniais parecem justificar-se pelo fato de a principal motivação de seus autores voltar-se para a inclusão em um espaço determinante da sociedade moderna, reproduzindo e reafirmando valores essenciais do modelo capitalista pós-industrial amplamente difundido no Ocidente.

Justifica-se a delinquência patrimonial, ainda, pela flexibilização e consequente enfraquecimento dos valores morais que historicamente serviram de corolário para a sistemática de repressão penal. O culto ao hedonismo difundido pela modernidade permite aos indivíduos neutralizar os juízos de reprovação moral relacionados à sua conduta, uma vez que as consequências de seus atos viabilizam sua completa inserção nos espaços preponderantes de vivência social. A mesma fluidez moral é observada no comportamento das parcelas da sociedade que buscam os nichos ilícitos de mercado, sublevando o valor das melhores oportunidades econômicas sobre os valores morais de retidão de caráter e conduta juridicamente proba.

Como resultado, a delinquência patrimonial se sedimenta como um espaço permanente e de grande influência não só na vivência da sociedade de consumo, como também na realidade econômica do país, interferindo diretamente em nichos de mercado lícito e, até mesmo, em relações transacionais. Esta conclusão confirma a hipótese primordial do trabalho, comprovando que a delinquência patrimonial é uma modalidade efetiva de inclusão dos indivíduos economicamente segregados na sociedade de consumo.

REFERÊNCIAS

ABRAMOVAY, Ricardo. **Paradigmas do capitalismo agrário em questão**. São Paulo: Hucitec; Rio de Janeiro: Anpocs; Campinas: Unicamp, 1992.

ADORNO, Sérgio. Insegurança *versus* Direitos Humanos: entre a lei e a ordem. **Revista Tempo Social**, vol. 11, nº 2. São Paulo, 2000.

AIRES, Matias. **Reflexões sobre a vaidade dos homens; ou, Discursos moraes sobre os effeitos da vaidade.** Lisboa: Typografia Rollandiana, 1786.

AGNEW, Robert. **Foundation for a general strain theory of crime and delinquency. Criminology**, v. 30, n. 1, p. 47-88, 1992.

AGOSTINHO, Santo. **O Livre-arbítrio**. 3ª ed. Tradução: Nair de Assis Oliveira. São Paulo: Paulus, 1995.

AGOSTINHO, Santo. **Solilóquios & A vida feliz**. São Paulo: Paulus, 1998.

ALENCAR, José de. **A propriedade**. Brasília: Senado Federal, 2004.

ALEXY, Robert. **Teoría de la argumentación jurídica**. Madrid: Centro de Estudios Constitucionales, 1989.

ALGRANTI, Leila Mezan. **O feitor ausente**: estudos sobre a escravidão urbana no Rio de Janeiro (1808-1822). Petrópolis: Vozes, 1988.

ALVES, Maria Aparecida; TAVARES, Maria Augusta. A dupla face da informalidade do trabalho: "autonomia" ou precarização. *In*: ANTUNES, Ricardo (Org.). **Riqueza e miséria do trabalho no Brasil**. São Paulo: Boitempo, 2006.

ANDERSON, Perry. **Linhagens do estado absolutista**. Lisboa: Afrontamento, 1984.

ANDRADE, Mônica Viegas *et al*. **Texto para discussão nº 195** – Perfil ocupacional das vítimas e criminosos no município de Belo Horizonte: um estudo exploratório. Belo Horizonte: Cedeplar, UFMG, 2003.

AQUINO, Tomás de. **Suma teológica**. Tradução: Aimom-Marie Roguet *et al*. São Paulo: Loyola, v. 1, 2001.

ARAÚJO, João Vieira de. **Código Penal interpretado**. Vol. I. Brasília: Senado Federal, 2004a.

ARAÚJO, João Vieira de. **Código Penal interpretado**. Vol. II. Brasília: Senado Federal, 2004b.

ARISTÓTELES. **A Constituição dos Atenienses**. Tradução: Delfim Ferreira Leão. Lisboa: Calouste Gulbekian, 2003.

ARISTÓTELES. **Política**. Tradução: Mário da Gama Kury. Brasília: UnB, 1997.

ÁVILA, Gustavo Noronha de. Política não-criminal e Processo Penal: A intersecção a partir das Falsas Memórias da Testemunha e seu possível impacto carcerário. **Revista Eletrônica de Direito Penal e Política Criminal**, v. 2, n. 1, 2014.

AYLMER, Gerald Edward. The Meaning and Definition of "Property" in Seventeenth-Century England. **Past and Present**, Nº 86 (Feb., 1980), pp. 87-97, 1980. Oxford: University Press, 1980.

BACIGALUPO, Enrique. **Derecho penal económico**. Buenos Aires: Hammurabi, 2004.

BACIGALUPO, Enrique. **Manual de Derecho Penal**: Parte General. Santa Fé de Bogotá: Temis, 1994.

BANCO INTERAMERICANO DE DESENVOLVIMENTO. **Os custos do crime e da violência**. Novas evidência e constatações na América Latina e Caribe. Washington: Ed. Laura Jaitman, 2015. p. 30-31.

BARATTA, Alessandro. **Criminologia Crítica e Crítica do Direito Penal**. Tradução: Juarez Cirino dos Santos. 3ª ed. Rio de Janeiro: Freitas Bastos, 2002.

BARMAN, Roderick J. **Citizen Emperor**: Pedro II and the Making of Brazil, 1825-1891. Stanford: Stanford University Press, 1999.

BARTEL, Ann. An analysis of firm demand for protection against crime. **Journal of legal studies**, june, 1975, 4:2, p. 443-478.

BATISTA, Nilo. **Introdução crítica ao direito penal brasileiro**. 11ª ed. Rio de Janeiro: Renavan, 2007.

BAUDRILLARD, Jean. **El sistema de los objetos**. Tradução: Francisco González Aramburo. Madrid: Siglo XXI, 2004.

BAUMAN, Zygmunt. **Vida de consumo**. Tradução: Mirta Rosemberg y Jaime Arrambide. México: Fondo de cultura económica, 2012.

BAUMAN, Zygmunt. **Vidas desperdiçadas**. Rio de Janeiro: Jorge Zahar, 2005

BECCARIA, Cesare Bonesana. **Dos delitos e das penas**. Tradução: Lucia Guidicine e Alessandro Berti Contessa. 2ª ed. São Paulo: Martins Fontes, 1997.

BECKER, Gary S. Crime and punishment: An economic approach. *In*: **The economic dimensions of crime**. Londres: Palgrave Macmillan, 1968.

BECKER, Gary S. **The economic approach to human behavior**. Chicago: University of Chicago Press, 2013.

BECKER, Howard Saul. **Outsiders – Estudos de sociologia do desvio**. Rio de Janeiro: Jorge Zahar, 2008.

BENNASSAR, Bartolomé. **Inquisición española**: *poder político y control social*. 2ª ed. Barcelona: Editorial Crítica, Editorial Grijalbo, 1984.

BENTHAM, Jeremy. **An Introduction to the Principles of Morals and Legislation**. Ontário: Batoche Books, 1972.

BENTHAM, Jeremy. **Teoria das penas legais e Tratado dos sofismas políticos**. Leme: Edijur, 2002.

BERNSDORF, Wilhelm; KNOSPE, Horst. **Internationales Soziologenlexikon**. Band 1. 2ª ed. Sttutgart: Enke, 1980.

BEVILAQUA, Clóvis. **Criminologia e Direito**. Salvador: Livraria Magalhães, 1896.

BIDERMAN, Albert D.; REISS JR., Albert J. On exploring the "dark figure" of crime. **The Annals of the American Academy of Political and Social Science**, v. 374, n. 1, p. 1-15, 1967.

BIGNOTTO, Newton. **Maquiavel**. Rio de Janeiro: Zahar, 2003.

BIGNOTTO, Newton (Org.). **Matrizes do Republicanismo**. Belo Horizonte: UFMG, 2013.

BINDING, Karl. **Lehrbuch Des Gemeinen Deutschen Strafrechts**. Vol. 1. Leipzig: Verlag von Wilhelm Engelmann, 1904.

BISSOGO, Diego Nones. **A "eloquente e irrecusável linguagem dos algarismos"**: a estatística no Brasil imperial e a produção do recenseamento de 1872. Dissertação (mestrado) – Universidade Federal de Santa Catarina, Centro de Filosofia e Ciências Humanas. Programa de Pós-graduação em História. Florianópolis, 2014.

BLOCK, Michael K.; HEINEKE, John M. A labor theoretic analysis of the criminal choice. **The American Economic Review**, v. 65, n. 3, 1975, p. 314-325.

BOBBIO, Norberto. **Contributi a un dizionario giuridico**. Torino: Giappichelli, 1994.

BOBBIO, Norberto; MATTEUCI, Nicola; PASQUINO, Gianfranco. **Dicionário de política**. Tradução: Carmem E. Varriale. 4ª ed. Brasília: UnB, 1992.

BONAVIDES, Paulo. **Curso de direito constitucional**. 32ª ed. São Paulo: Malheiros, 2016.

BONGER, William Adrian. **Criminality and economic conditions**. Tradução: Henry P. Horton. Londres: William Heinemann, 1916.

BOTTOMS, Anthony. The Philosophy and Politics of Punishment and Sentencing. *In*: CLARKSON, Chris; MORGAN, Rod. (Org.). **The Politics of Sentencing Reform**. Oxford: Clarendon Press, 1995.

BOURDIEU, Pierre. **La distinction**. Paris: Les Éditions de Minuit, 1979.

BRAITHWAITE, John; BRAITHWAITE, Valerie; BRAITHWAITE, John. Delinquency and the question of values. **International Journal of Offender Therapy and comparative criminology**, v. 25, n. 3, p. 273-289, 1981.

BRANDÃO, Berenice Cavalcante *et al*. **A polícia e a força policial no Rio de Janeiro**. Rio de Janeiro: PUC-Rio, Divisão de Intercâmbio e edições, 1981.

BRASIL. Alvará de 28 de abril de 1809, de Lavra de Dom João VI. *In*: **Colleção das leis do Brazil**: Cartas de lei, Alvarás, Decretos e Cartas régias da Biblioteca da Câmara dos Deputados, 1809. Rio de Janeiro: Imprensa Nacional, 1891.

BRASIL. Congresso Nacional. Câmara dos Deputados. **Diário da Câmara dos Deputados, Brasília, ano LVI, n. 151, 10 out 2001**, p. 48.727. Disponível em: http://imagem.camara.gov.br/Imagem/d/pdf/DCD10OUT2001.pdf#page=327. Acesso em: 13 jul. 2018.

BRASIL. **Decreto nº 847, de 11 de outubro de 1890**. Promulga o Codigo Penal. Disponível em: http://www.planalto.gov.br/ccivil_03/decreto/1851-1899/d847.htm. Acesso em: 18 mar. 2018.

BRASIL. **Decreto nº 1.162, de 12 de dezembro de 1890**. Altera a relacção dos arts, 20 (ilegível) e 206 do Codigo Criminal. Disponível em: http://legis.senado.leg.br/legislacao/ListaTextoSigen.action?norma=391335&id=14442752&idBinario=15630016&mime=application/rtf. Acesso em: 20 mar. 2018.

BRASIL. **Decreto nº 641, de 03 de novembro de 1891**. Dissolve o Congresso Nacional, convoca a Nação para escolher novos representantes e toma outras providencias. Disponível em: http://www.planalto.gov.br/ccivil_03/decreto/1851-1899/d641.htm. Acesso em: 06 jul. 2018.

BRASIL. **Decreto nº 22.213, de 14 de dezembro de 1932**. Aprova a Consolidação as Leis Penais, da autoria do Sr. Desembargador Vicente Piragibe. Disponível em: http://www2.camara.leg.br/legin/fed/decret/1930-1939/decreto-22213-14-dezembro-1932-516919-publicacaooriginal-1-pe.html. Acesso em: 12 jul. 2018.

BRASIL. **Decreto-lei nº 2.110, de 30 de setembro de 1909**. Estabelece penas para os crimes de peculato, moeda falsa, falsificação de documentos e dá outras providencias. Disponível em: http://www2.camara.leg.br/legin/fed/decret/1900-1909/decreto-2110-30-setembro-1909-580312-publicacaooriginal-103262-pl.html. Acesso em: 05 jul. 2018.

BRASIL. **Decreto-lei nº 2.321, de 30-12-1910**. Orça a receita geral da República dos Estados Unidos do Brazil para o exercício de 1911 e dá outras providencias. Disponível em: http://www2.camara.leg.br/legin/fed/decret/1910-1919/decreto-2321-30-dezembro-1910-586767-publicacaooriginal-110408-pl.html. Acesso em: 05 jul. 2018.

BRASIL. **Decreto Lei nº 14.354 de 15 de setembro de 1920**. Approva o regulamento para o Departamento Nacional de Saúde Publica, em substituição do que acompanhou o decreto n. 14.189, de 26 de maio de 1920. Disponível em: http://www2.camara.leg.br/legin/fed/decret/1920-1929/decreto-14354-15-setembro-1920-503181-publicacaooriginal-1-pe.html. Acesso em: 08 jul. 2018.

BRASIL. **Decreto nº 4.269, de 17 de janeiro de 1921**. Disponível em: http://www2.camara.leg.br/legin/fed/decret/1920-1929/decreto-14354-15-setembro-1920-503181-publicacaooriginal-1-pe.html. Acesso em: 08 jul. 2018.

BRASIL. **Decreto-lei nº 4.292 de 06 de julho de 1921**. Estabelece penalidades para os contraventores na venda de cocaina, opio, morphina e seus derivados; cria um estabelecimento especial para internação dos intoxicados pelo alcool ou substâncias venenosas; estabelece as formas de processo e julgamento e manda abrir os créditos necessários. Disponível em: http://www2.camara.leg.br/legin/fed/decret/1920-1929/decreto-4294-6-julho-1921-569300-republicacao-92584-pl.html. Acesso em: 02 jul. 2018.

BRASIL. **Decreto-lei nº 4.780, de 27 de dezembro de 1923.** Estabelece penas para os crimes de peculato, moeda falsa, falsificação de documentos, e dá outras providências. Disponível em: http://www2.camara.leg.br/legin/fed/decret/1920-1929/decreto-4780-27-dezembro-1923-568835-publicacaooriginal-92160-pl.html. Acesso em: 08 jul. 2018.

BRASIL. **Decreto-lei nº 2.848, de 7 de dezembro de 1940.** Institui o Código Penal brasileiro. Disponível em: http://www.planalto.gov.br/ccivil_03/decreto-lei/Del2848compilado.htm. Acesso em: 25 fev. 2018.

BRASIL. **Decreto-lei nº 9.215, de 30 de abril de 1946.** Proíbe a prática ou exploração de jogos de azar em todo o território nacional. Disponível em: http://www.planalto.gov.br/ccivil_03/decreto-lei/Del9215.htm. Acesso em: 03 jul. 2018.

BRASIL. Departamento Penitenciário Nacional. **Levantamento de informações penitenciárias – INFOPEN, dezembro de 2014.** Brasília: DEPEN, 2014.

BRASIL. Departamento Penitenciário Nacional. **Levantamento de informações penitenciárias – INFOPEN, dezembro de 2016.** Brasília: DEPEN, 2016.

BRASIL. Departamento Penitenciário Nacional. **Relatório analítico do sistema integrado de informações penitenciárias – INFOPEN, dezembro de 2008.** Brasília: DEPEN, 2008.

BRASIL. Departamento Penitenciário Nacional. **Relatório analítico do sistema integrado de informações penitenciárias – INFOPEN, dezembro de 2009.** Brasília: DEPEN, 2009.

BRASIL. Departamento Penitenciário Nacional. **Relatório analítico do sistema integrado de informações penitenciárias – INFOPEN, dezembro de 2010.** Brasília: DEPEN, 2010.

BRASIL. Departamento Penitenciário Nacional. **Relatório analítico do sistema integrado de informações penitenciárias – INFOPEN, dezembro de 2011.** Brasília: DEPEN, 2011.

BRASIL. Departamento Penitenciário Nacional. **Relatório analítico do sistema integrado de informações penitenciárias – INFOPEN, dezembro de 2012.** Brasília: DEPEN, 2012.

BRASIL. Departamento Penitenciário Nacional. **Relatório analítico do sistema integrado de informações penitenciárias – INFOPEN, junho de 2013.** Brasília: DEPEN, 2013.

BRASIL. Departamento Penitenciário Nacional. **Relatório analítico do sistema integrado de informações penitenciárias – INFOPEN, dezembro de 2014**. Brasília: DEPEN, 2014.

BRASIL. Departamento Penitenciário Nacional. **Relatório analítico do sistema integrado de informações penitenciárias – INFOPEN, dezembro de 2015**. Brasília: DEPEN, 2015.

BRASIL. Departamento Penitenciário Nacional. **Relatório analítico do sistema integrado de informações penitenciárias – INFOPEN, junho de 2016**. Brasília: DEPEN, 2016.

BRASIL. Diretoria Geral de Estatística. **Anuário Estatístico do Brasil – 1908-1912.** Ano I, Vol. III. Rio de Janeiro: Tipografia da Estatística, 1927.

BRASIL. Instituto Nacional de Estatística. **Anuário Estatístico do Brasil**. Ano II, 1936. Rio de Janeiro: Tipografia do Departamento de Estatística e Publicidade, 1936.

BRASIL. **Lei de 12 de dezembro de 1830**. Manda executar o Código Criminal. Disponível em: http://www.planalto.gov.br/ccivil_03/leis/lim/LIM-16-12-1830.htm. Acesso em: 03 jul. 2018.

BRASIL. **Lei de 29 de novembro de 1832**. Promulga o Código do Processo Criminal de primeira instancia com disposição provisória acerca da administração da Justiça Civil. Disponível em: http://www.planalto.gov.br/ccivil_03/leis/lim/LIM-29-11-1832.htm. Acesso em: 03 jul. 2018.

BRASIL. **Lei nº 556, de 25 de junho de 1850**. Institui o Código Comercial. Disponível em: http://www.planalto.gov.br/ccivil_03/Leis/LIM/LIM556.htm. Acesso em: 02 jul. 2018.

BRASIL. **Lei nº 2.033 de 20 de setembro de 1871**. Altera differentes disposições da Legislação Judiciaria. Disponível em: http://www.planalto.gov.br/ccivil_03/leis/lim/LIM2033.htm. Acesso em: 02 jul. 2018.

BRASIL. **Lei nº 3.353, de 13 de maio de 1888**. Declara extinta a escravidão no Brasil. Disponível em: http://www.planalto.gov.br/ccivil_03/leis/lim/LIM3353.htm. Acesso em: 02 jul. 2018.

BRASIL. **Lei nº 2.992, de 25 de setembro de 1915**. Modifica os Artigos 266, 277 e 278 do Código Penal. Disponível em: http://www2.camara.leg.br/legin/fed/lei/1910-1919/lei-2992-25-setembro-1915-774536-publicacaooriginal-138024-pl.html. Acesso em: 05 jul. 2018.

BRASIL. **Lei nº 3.987, de 02 de janeiro de 1920**. Reorganiza os serviços da Saúde Publica. Disponível em: http://www2.camara.leg.br/legin/fed/lei/1920-1929/lei-3987-2-janeiro-1920-570495-publicacaooriginal-93627-pl.html. Acesso em: 08 jul. 2018.

BRASIL. Ministério da Justiça. **Exposição apresentada ao Chefe do Governo Provisório da República dos Estados Unidos do Brasil**. Ministro Manoel Ferraz de Campos Salles. Disponível em: http://brazil.crl.edu/bsd/bsd/u1897/. Acesso em: 12 abr. 2017.

BRASIL. Ministério da Justiça. **Relatório dos anos de 1890 e 1891, apresentado ao Presidente da República dos Estados Unidos do Brasil**. Ministro Antônio Luiz Affonso de Carvalho. Disponível em: http://brazil.crl.edu/bsd/bsd/u1898/. Acesso em: 17 abr. 2017.

BRASIL. Ministério da Justiça. **Relatório dos anos de 1900 e 1901, apresentado ao Presidente da República dos Estados Unidos do Brasil**. Ministro Epitácio Pessoa. Disponível em: http://brazil.crl.edu/bsd/bsd/u2319/. Acesso em: 21 abr. 2017.

BRETAS, Marcos Luiz. **Ordem na cidade**. O exercício cotidiano da autoridade policial no Rio de Janeiro. 1907-1930. Rio de Janeiro: Rocco, 1997.

BRETAS, Marcos Luiz; ROSEMBERG, André. A história da polícia no Brasil: balanço e perspectivas. Rio de Janeiro. **Topoi**, v. 14, n. 26, p. 162-173, 2013.

BRITO ARANHA, Pedro Venceslau de. **A imprensa em Portugal nos séculos XV e XVI**: as Ordenações d'El-Rei D. Manuel. Lisboa: Imprensa Nacional, 1898.

BRUNO, Aníbal. **Direito penal**. Tomo 1º. Rio de Janeiro: Forense, 1984.

BURKE, Edmund; BRUNI, Leonardo. **The Catholic Encyclopedia**, v. 3. New York: Robert Appleton Company, 1908.

BURTON JR., Velmer S.; CULLEN, Francis T. The empirical status of strain theory. **Crime and justice**, v. 15, p. 1-30, 1992.

BUSHWAY, Shawn David. **The impact of a criminal history record on access to legitimate employment**. 1997. Tese (Doutorado em Sociologia). Heinz School of Public Policy and Management, Universidade Carnegie Mellon, 1997.

CAMPOS, Andrelino. **Do Quilombo à Favela**: A Produção do "Espaço Criminalizado" no Rio de Janeiro. Rio de Janeiro: Bertrand Brasil, 2005.

CANOTILHO, José Joaquim Gomes. **Direito Constitucional e Teoria da Constituição.** 7ª ed. Coimbra: Almedina, 2003.

CARRARA, Francesco. **Programma del corso di diritto criminale**: Parte speciale. Florença: Fratelli Cammelli, 1898.

CARRERA-FERNANDEZ, José; MALDONADO, Genaro Emilio Carrión. A economia do narcotráfico: uma abordagem a partir da experiência boliviana. Belo Horizonte. **Nova Economia**, v. 9, n. 2, 2013.

CARVALHO, Alessandra *et al.* Roubo de carga e os impactos direto na economia do Estado do Rio de Janeiro. **Sustainable Business International Journal**, n. 79, 2018. Disponível em: http://periodicos.uff.br/sbijournal/article/view/10304/15949. Acesso em: 29 dez. 2018.

CARVALHO, José Murilo de. **Cidadania no Brasil**: o longo caminho. 10ª ed. Rio de Janeiro: Civilização Brasileira, 2008.

CATO, Marcus Porcius. **De agri cvltvra**. Tradução: Paul Thielscher. Berlim: Duncker & Humblot, 1963.

CERQUEIRA, Daniel; LOBÃO, Waldir. **Determinantes da criminalidade**: Uma resenha dos modelos teóricos e resultados empíricos. Rio de Janeiro: IPEA, 2003.

CERVINI, Raúl. **Os processos de descriminalização.** São Paulo: Revista dos Tribunais, 1995.

CICERO, Marco Túlio. **Select letters**. Oxford: Clarendon Press, 1891.

CICERO, Marco Túlio. **Tratado das leis (*de legibus*)**. Caxias do Sul: Educs, 2004.

CINELLI, Juliane S. M.; FELÍCIO, José Luis C. Investigando o roubo de carga nas rodovias brasileiras a partir da percepção dos atores envolvidos com o problema. **Gestão & Regionalidade**, [S.l.], v. 27, n. 79, pp. 32-45, jan./abr. 2011. Disponível em: http://seer.uscs.edu.br/index.php/revista_gestao/article/viewFile/937/923. Acesso em: 29 dez. 2018.

CHORÃO, Maria José. **Doações forais das capitanias do Brasil 1534-1536**. Lisboa: Torre do Tombo, 1999.

CLOTFELTER, Charles. Public service, private substitutes and demand for protection against crime. **American economic review**, december, 1977, 97:5, p. 867-877.

CLOWARD, Richard A.; OHLIN, Lloyd E. **Delinquency and opportunity**: A study of delinquent gangs. Londres: Routledge, 2013.

COATES, Timothy J. **Convicts and orphans**: forced and state-sponsored colonizers in the Portuguese Empire, 1550-1755. Stanford: University Press, 2001.

COELHO, Jorge Lúcio Santos; LEISMANN, Edison Luiz. Efetividade das Políticas Públicas na Mitigação dos Riscos de Roubo de Carga no Oeste do Paraná. **Revista de Direitos Sociais e Políticas Públicas** (UNIFAFIBE), [S.l.], v. 5, n. 2, pp. 725-744, out. 2017.

COELHO DA ROCHA, Manuel Antônio. **Ensaio sobre a história do governo e legislação de Portugal**. Coimbra: Imprensa da Universidade, 1896.

COHEN, Albert. **Delinquent boys**. Nova York: The Free Press, v. 84, 1955.

COMTE, Auguste. **Curso de filosofia positiva; Discurso preliminar sobre o conjunto do positivismo; Catecismo positivista**. São Paulo: Nova Cultural, 1988.

COMTE, Auguste. **Discurso Sobre o Espírito Positivo**. Tradução: Maria Ermantina Galvão G. Pereira. São Paulo: Martins Fontes, 1990.

COMTE, Auguste. **Sistema de política positiva**. Tradução: José Arthur Giannotti e Miguel Lemos. São Paulo: Abril Cultural, 1978.

CONSTANT, Benjamin. Da liberdade dos antigos comparada à dos modernos. *In*: **Filosofia Política 2**. Porto Alegre: LP&M, 1985.

COSTA, Luiz Fernando da. "Fernandinho Beira-Mar": depoimento [ago. 2016]. Entrevistador: Roberto Cabrini. São Paulo: Sistema Brasileiro de Televisão. Entrevista concedida ao Programa Conexão Repórter.

COSTA, Vivian Chieregati. **Codificação e formação do Estado-nacional brasileiro: o Código Criminal de 1830 e a positivação das leis no Pós-Independência**. Dissertação (mestrado em História). Universidade de São Paulo. Programa de Pós-Graduação do Instituto de Estudos Brasileiros. São Paulo, 2013. Disponível em: http://www.teses.usp.br/teses/disponiveis/31/31131/tde-04112013-164930/pt-br.php. Acesso em: 06 jan. 2019.

COULANGES, Fustel de. **A cidade antiga**: estudo sobre o culto, o direito e as instituições da Grécia e de Roma. Tradução: Jonas Camargo Leite e Eduardo Fonseca. São Paulo: Hemus, 1975.

CRUZ, João Francisco da. **Tratado de Polícia**. São Paulo: Revista dos Tribunais, 1932.

CUNHA, Eugênio Ferreira da. **Consolidação das leis penaes**: accrescida da legislação posterior a 1917. Rio de Janeiro: J. Ribeiro dos Santos, 1924.

CURD, Patricia; MCKIRAHAN, Richard D. **A Presocratics reader**: selected fragments and testimonia. Indianápolis: Hackett Publishing, 2011.

DANCING with the devil. Direção: Jon Blair. Produção: Jon Blair Film Company. Londres: Jon Blair Film Company, Channel 4 e Arte France, 04 de dezembro de 2009. DVD (200 min), son., color.

DEODATO, Felipe Augusto Forte de Negreiros. **Adequação social**: sua doutrina pelo cânone compreensivo do cuidado-de-perigo. Belo Horizonte: Del Rey, 2012.

DEMOSTHENES. **Against Eubulides**. Tradução: Norman W. DeWitt, Ph.D. Cambridge: Harvard University Press, 1939.

DIENER, Edward *et al*. Wealth and happiness across the world: Material prosperity predicts life evaluation, whereas psychosocial prosperity predicts positive feeling. **Journal of Personality and Social Psychology**, 99(1), 52-61, 2010.

DIONYSIUS, of Halicarnassus. **Roman Antiquities**. Volume VI. Cambridge: Harvard University Press, 1937.

DOMINGUES, José. **As Ordenações Afonsinas**: três séculos de direito medieval, 1211-1512. Sintra: Zéfiro Edições e Actividades Culturais, Unipessoal Lda., 2008.

DONNICI, Virgílio Luiz. Aspectos Criminológicos do Novo Código Penal Brasileiro. *In*: **Revista de Informação Legislativa**. Brasília, Serviço Gráfico do Senado Federal, 7 (27), p. 173, jul./set, 1970.

DOUZINAS, Costas. Os Paradoxos dos Direitos Humanos. Tradução: Caius Brandão. **Anuário do Núcleo Interdisciplinar de Estudos e Pesquisas em Direitos Humanos**, v. 1, n. 1, 2011.

DOWNES, David. **The Delinquent Solution (Routledge Revivals)**: A Study in Subcultural Theory. Londres: Routledge, 2013.

DOWNS, Anthony. **Uma teoria econômica da democracia**. Tradução: Sandra Guardini Teixeira Vasconcelos. São Paulo: Editora da Universidade de São Paulo, 1999.

DUARTE, Luís Miguel. **Justiça e criminalidade no Portugal medievo (1459-1481)**. Lisboa: Fundação Calouste Gulbenkian, 1999.

DUGUIT, Léon. **Fundamentos do direito**. Tradução: Eduardo Salgueiro. Porto Alegre: Sergio Antônio Fabris, 2003.

DURKHEIM, Émile. **As regras do Método Sociológico**. Tradução: Paulo Neves. Rio de Janeiro: Martins Fontes, 1999.

DURKHEIM, Émile. **Da divisão do trabalho social**. São Paulo: Martins Fontes, 1995.

EGÍDIO, Paulo. **Estudos de sociologia criminal**: do conceito geral do crime segundo o método contemporâneo (a propósito da teoria de E. Durkheim). São Paulo: Tipografia e Edição da Casa Eclética, 1900.

EHRLICH, Isaac. Crime, punishment, and the market for offenses. **Journal of Economic Perspectives**, v. 10, n. 1, p. 43-67, 1996.

EHRLICH, Isaac. Participation in illegitimate activities: a theoritical and empirical investigation. **Journal of political economy,** 1973, 81:3, p. 521-565.

ENGELS, Friedrich. **A origem da família, da propriedade privada e do Estado**. Joinvile: Clube de Autores, 2009.

ESTADO DA PARAÍBA. Secretaria de Estado da Cidadania e Administração Penitenciaria. **Plano Diretor do Sistema Penitenciário do Estado da Paraíba**. 2007. Disponível em: http://www.justica.gov.br/seus-direitos/politica-penal/arquivos/plano-diretor/anexos-plano-diretor/pdsp_pb.pdf. Acesso em: 13 out. 2017.

FAGAN, Jeffrey. Legal and illegal work: crime, work and unemployment. *In*: **The Urban Crisis**: Linking Research to Action. Evanston: Northwestern University Press, p. 33-80, 1997.

FAJNZYLBER, Pablo; ARAUJO JR., Ary de. **Texto para discussão nº 167** – Violência e Criminalidade. Belo Horizonte: Cedeplar, UFMG, 2003.

FAORO, Raymundo. **Os donos do poder**: formação do patronato político brasileiro. Rio de Janeiro: Globo Livros, 2001.

FEATHERSTONE, Mike. **Cultura de consumo e pós-modernismo.** São Paulo: Studio Nobel, 1995.

FEITOSA, Enoque. **Forma jurídica e método dialético**: a crítica marxista ao direito. Marxismo, realismo e direitos humanos. João Pessoa: EDUFPB, p. 96-106, 2012.

FERREIRA, Ricardo Alexandre. **Crimes em comum**: escravidão e liberdade sob a pena do Estado imperial brasileiro (1830-1888). São Paulo: Editora Unesp, 2011.

FEUERBACH, Ludwig. **A essência do cristianismo**. São Paulo: Papirus, 1988.

FEUERBACH, Ludwig. **Princípios da filosofia do futuro**. Tradução: Artur Morão. Covilhã: Universidade da Beira Interior, 2008.

FIGUEIREDO DIAS, Jorge de. **Direito penal português** – As consequências jurídicas do crime. Lisboa: Aequitas/Editorial Notícias, 1993.

FIGUEIREDO DIAS, Jorge de; COSTA ANDRADE, Manuel da. **Criminologia**: o homem delinquente e a sociedade criminógena. 1ª ed. (reimp.). Coimbra: Coimbra Editora, 2013.

FILMER, Robert. **Patriarcha; ou the natural power of Kings**. London: Richard Chiswell, 1680.

FONSECA, João José Saraiva da. **Metodologia da pesquisa científica**. Fortaleza: UEC, 2002. Apostila.

FRAGOSO, Claudio Heleno. **Lições de Direito Penal** - Parte Geral. 4ª ed. Rio de Janeiro: Forense, 1995.

FREEMAN, Richard B. Crime and unemployment. *In*: WILSON, James Quinn. **Crime and public policy**. São Francisco: Institute for Contemporary Studies, 1983, p. 89-106.

FREEMAN, Richard B. The economics of crime. **Handbook of labor economics**, v. 3, p. 3529-3571, 1999.

FOUCAULT, Michel. **Vigiar e punir**. A história da violência nas prisões. Petrópolis: Vozes, 2008.

FREITAS, Lorena. Uma análise pragmática dos direitos humanos. *In*: FREITAS, Lorena; FEITOSA, Enoque. **Marxismo, realismo e direitos humanos**. João Pessoa: Editora Universitária da UFPB, p. 226-240, 2012.

FREUD, Sigmund. **Totem e tabu e outros trabalhos**. Rio de Janeiro: Imago, 1974.

FUKUYAMA, Francis. A grande ruptura: uma revolução silenciosa que já começou. **O Estado de São Paulo**. São Paulo, 30 de maio de 1999. Caderno 2/Cultura, d-3 a d-7.

GARCIA, Basileu. **Instituições de Direito Penal**. Vol. I. Tomo I. São Paulo: Max Limonad, 1952.

GAULEJAC, Vicent de. **Gestão como doença social**: ideologia, poder gerencialista e fragmentação social. São Paulo: Ideias e Letras. 2007.

GILISSEN, John. **Introdução histórica ao direito**. Tradução: A. M. Hespanha e L. M. Macaista Malheiros. 2ª ed. Lisboa: Fundação Calouste Goubenkian, 1995.

GLENNY, Misha. **O dono do morro**: um homem e a batalha pelo Rio. Tradução: Denise Bottman. Rio de Janeiro: Companhia das Letras, 2016.

GOULD, Eric D.; WEINBERG, Bruce A.; MUSTARD, David B. Crime rates and local labor market opportunities in the United States: 1979-1997. **Review of Economics and statistics**, v. 84, n. 1, p. 45-61, 2002.

GOUDELIN, Pierre. **Syntagma regularum juris**. Antuérpia: Hieronymum Verdussen, via vulgo Cammerstrate dicta, sub Leone aureo, 1685.

GRINBERG, Keila. Código Criminal. *In*: VAINFAS, Ronaldo (Org.). **Dicionário do Brasil imperial**. Rio de Janeiro: Objetiva, 2008.

GROGGER, Jeffrey. Certainty *versus* severity of punishment. **Economic enquire**, april, 1991, 29, 297-309.

GROGGER, Jeffrey. Market wages and youth crime. **Journal of labor Economics**, v. 16, n. 4, p. 756-791, 1998.

HABERMAS, Jürgen. **Agir comunicativo e razão destranscendentalizada**. Rio de Janeiro: Tempo Brasileiro, 2002.

HABERMAS, Jürgen. **The theory of communicative action**. Vol. 1. Reason and the rationalizalion of society. Boston: Beacon Press, 1984.

HALE, John. **Civilization of Europe in the Renaissance**. Nova York: Simon and Schuster, 1995.

HAMBLIN, William J. **Warfare in the Ancient Near East to 1600 BC**. New York: Routledge, 2006.

HARVEY, David. **Condição pós-moderna**. São Paulo: Loyola, 1992.

HAYTHORNTHWAITE, Philip J. **The World War One Source Book**. London: Arms and Armour, 1993.

HEGEL, Georg Wilhelm Friedrich. **Hegel's science of logic**. Tradução: A. V. Miller. Amherst: Prometheus Books, 1991.

HEGEL, Georg Wilhelm Friedrich. **Fenomenologia do espírito**. Parte I. Petrópolis: Vozes, 1992a.

HEGEL, Georg Wilhelm Friedrich. **Fenomenologia do espírito**. Parte II. Petrópolis: Vozes, 1992b.

HEIDEGGER, Martin. The age of the world picture. *In*: **Science and the quest for reality**. Londres: Palgrave Macmillan, 1977.

HERCULANO, Alexandre. **Opúsculos por Alexandre Herculano**. Tomo 06. Lisboa: Viuva Bertrand & C. A Successores Carvalho, 1843.

HERVADA, Javier. **Lições propedêuticas de filosofia do direito**. São Paulo: Martins Fontes, 2008.

HESPANHA, António Manuel. **A constituição do Império português.** Revisão de alguns enviesamentos correntes. Rio de Janeiro: Civilização Brasileira, p. 163-188, 2001.

HESPANHA, António Manuel. **História das instituições**. Coimbra: Almedina, 1982.

HOBBES, Thomas. **Leviatã, ou matéria, forma e poder de um estado eclesiástico e civil.** Tradução: João Paulo Monteiro e Maria Beatriz Nizza da Silva. 3ª ed. São Paulo: Abril Cultural, 1983.

HOLLOWAY, Thomas H. **Polícia no Rio de Janeiro.** Repressão e resistência numa cidade do século XIX. Rio de Janeiro: FGV, 1997.

HOLANDA, Sérgio Buarque de. **Raízes do Brasil.** Edição comemorativa 70 anos. São Paulo: Companhia das letras, 2006.

HUME, David. **Tratado da natureza humana.** 2ª ed. São Paulo: Unesp, 2009.

HUNGRIA, Nelson Hoffbauer. **Comentários ao Código Penal**: decreto-lei n. 2.848 de 7 de dezembro de 1940. Vol. VII. Rio de Janeiro: Forense, 1955.

IHERING, Rudolf von. **A luta pelo direito**. São Paulo: Martins Fontes, 2002.

IMPÉRIO DO BRAZIL. Ministério da Justiça. **Relatório do anno de 1831, apresentado à Assembleia Geral legislativa na Sessão ordinária de 1832**. Ministro Diogo Antônio Feijó. Disponível em: http://www.crl.edu/brazil/ministerial/justica. Acesso em: 02 fev. 2017.

IMPÉRIO DO BRAZIL. Ministério da Justiça. **Relatório do anno de 1840, apresentado à Assembleia Geral legislativa na Sessão ordinária de 1841**. Ministro Paulino José Soares de Souza. Disponível em: http://brazil.crl.edu/bsd/bsd/u1831/000001.html. Acesso em: 07 mar. 2017.

IMPÉRIO DO BRAZIL. Ministério da Justiça. **Relatório do anno de 1850, apresentado à Assembleia Geral legislativa na Sessão ordinária de 1851.** Ministro Euzébio de Queiroz Coutinho Mattoso Câmara. Disponível em: http://brazil.crl.edu/bsd/bsd/u1842/. Acesso em: 11 mar. 2017.

IMPÉRIO DO BRAZIL. Ministério da Justiça. **Relatório do anno de 1860, apresentado à Assembleia Geral legislativa na Sessão ordinária de 1861.** Ministro Francisco de Paula de Negreiros Sayão Lobato. Disponível em: http://brazil.crl.edu/bsd/bsd/u1852/. Acesso em: 24 mar. 2017.

IMPÉRIO DO BRAZIL. Ministério da Justiça. **Relatório do anno de 1870, apresentado à Assembleia Geral legislativa na Sessão ordinária de 1871.** Ministro Francisco de Paula de Negreiros Sayão Lobato. Disponível em: http://brazil.crl.edu/bsd/bsd/u1863/. Acesso em: 26 mar. 2017.

IMPÉRIO DO BRAZIL. Ministério da Justiça. **Relatório dos anos de 1880 e 1881, apresentado à Assembleia Geral legislativa na Sessão ordinária de 1882**. Ministro Manoel Pinto de Souza Dantas. Disponível em: http://brazil.crl.edu/bsd/bsd/u1874/000001.html. Acesso em: 26 mar. 2017.

INSTITUTO BRASILEIRO DE GEOGRAFIA E ESTATÍSTICA (IBGE). **Anuário Estatístico do Brasil** – ano V, 1939-1940. Rio de Janeiro: Serviço Gráfico do Instituto Brasileiro de Geografia e Estatística, 1940.

INSTITUTO BRASILEIRO DE GEOGRAFIA E ESTATÍSTICA (IBGE). **Anuário Estatístico do Brasil** – ano VI, 1941-1945. Rio de Janeiro: Serviço Gráfico do Instituto Brasileiro de Geografia e Estatística, 1945.

INSTITUTO BRASILEIRO DE GEOGRAFIA E ESTATÍSTICA (IBGE). **Anuário Estatístico do Brasil** – ano XI, 1950. Rio de Janeiro: Serviço Gráfico do Instituto Brasileiro de Geografia e Estatística, 1950.

INSTITUTO BRASILEIRO DE GEOGRAFIA E ESTATÍSTICA (IBGE). **Anuário Estatístico do Brasil** – ano XXI, 1960. Rio de Janeiro: Serviço Gráfico do Instituto Brasileiro de Geografia e Estatística, 1960.

INSTITUTO BRASILEIRO DE GEOGRAFIA E ESTATÍSTICA (IBGE). **Anuário Estatístico do Brasil** – ano XXXI, 1970. Rio de Janeiro: Serviço Gráfico do Instituto Brasileiro de Geografia e Estatística, 1970.

INSTITUTO BRASILEIRO DE GEOGRAFIA E ESTATÍSTICA (IBGE). **Anuário Estatístico do Brasil** – ano XLI, 1980. Rio de Janeiro: Serviço Gráfico do Instituto Brasileiro de Geografia e Estatística, 1980.

INSTITUTO BRASILEIRO DE GEOGRAFIA E ESTATÍSTICA (IBGE). **Anuário Estatístico do Brasil** – ano L, 1990. Rio de Janeiro: Serviço Gráfico do Instituto Brasileiro de Geografia e Estatística, 1990.

INSTITUTO BRASILEIRO DE GEOGRAFIA E ESTATÍSTICA (IBGE). **Anuário Estatístico do Brasil** – ano LIII, 1993. Rio de Janeiro: Serviço Gráfico do Instituto Brasileiro de Geografia e Estatística, 1993.

INSTITUTO BRASILEIRO DE GEOGRAFIA E ESTATÍSTICA (IBGE). **Participação Político-Social** – 1988. Volume 1: Justiça e Vitimização. Rio de Janeiro: IBGE, 1990.

INSTITUTO BRASILEIRO DE GEOGRAFIA E ESTATÍSTICA (IBGE). **Pesquisa Nacional por Amostra de Domicílios**: características da vitimização e do acesso à justiça no Brasil. Rio de Janeiro: IBGE, 2010.

INSTITUTO BRASILEIRO DE GEOGRAFIA E ESTATÍSTICA (IBGE). **Recenseamento do Brazil 1872/1920**. Diretoria Geral de Estatística, Evolução da população, segundo os municípios – 1872/2010. Disponível em: ftp://geoftp.ibge.gov.br/organizacao_do_territorio/estrutura_territorial/evolucao_da_divisao_territorial_do_brasil_1872_2010/evolucao_da_populacao_segundo_os_municipios.pdf. Acesso em: 07 jul. 2018.

INSTITUTO BRASILEIRO DE GEOGRAFIA E ESTATÍSTICA (IBGE). **Sinopse do Censo Demográfico 2010**. Rio de Janeiro: IBGE, 2010.

INSTITUTO BRASILEIRO DE GEOGRAFIA E ESTATÍSTICA (IBGE). **Síntese de indicadores sociais**: uma análise das condições de vida da população brasileira. Rio de Janeiro: IBGE, 2018.

INSTITUTO DE PESQUISAS ECONÔMICAS APLICADAS (IPEA). **Relatório de pesquisa**: reincidência criminal no Brasil. Rio de Janeiro: IPEA, 2015.

INSTITUTO NACIONAL DE ESTUDOS E PESQUISAS EDUCACIONAIS ANÍSIO TEIXEIRA (INEP). **Mapa do analfabetismo no Brasil**. Coord. Carlos Eduardo Moreno Sampaio. Brasília: INEP, 2003.

INSTITUTO NACIONAL DE ESTUDOS E PESQUISAS EDUCACIONAIS ANÍSIO TEIXEIRA (INEP). **Resumo técnico**: senso da educação 2009. Brasília: INEP, 2010.

INSTITUTO NACIONAL DE ESTUDOS E PESQUISAS EDUCACIONAIS ANÍSIO TEIXEIRA (INEP). **Resumo técnico**: senso da educação 2013. Brasília: INEP, 2015.

JESCHECK, Hans Henrich. **El derecho penal econômico alemán**. Cuadernos de los Institutos. Tradução: Luis Martínez Gavier y Juan Von Haeseler Langjahr. Córdoba, v. XIII, n. 74, 1963.

JUSTINIAN I. **Digest. Vol. 1**. Tradução: Charles Henry Monro, M.A. London, C. J. CLAY & Sons, 1904.

KANT, Immanuel. **Crítica da razão pura e outros textos filosóficos**. São Paulo: Abril Cultural, 1974.

KANT, Immanuel. **Doutrina do direito**. São Paulo: Ícone, 1993.

KANT, Immanuel. **Metafísica dos costumes**. São Paulo: Edipro, 2003.

KESSLER, Felix Henrique Paim; PECHANSKY, Flavio. Uma visão psiquiátrica sobre o fenômeno do crack na atualidade. **Revista de psiquiatria do Rio Grande do Sul**. Porto Alegre. Vol. 30, n. 2 (maio/ago. 2008), p. 96-98, 2008.

KITAMURA, Camila Kazumi; MIRANDA, Mariana; RIBEIRO FILHO, Vitor. O comércio e serviços ambulantes: uma discussão. **Caminhos de Geografia**, v. 8, n. 23, 2007. Disponível em: http://www.seer.ufu.br/index.php/caminhosdegeografia/article/view/15656. Acesso em: 29 dez. 2018.

KOERNER, Andrei. Punição, disciplina e pensamento penal no Brasil do século XIX. **Lua Nova**, São Paulo, n. 68, 2006. Disponível em: http://www.scielo.br/scielo.php?script=sci_arttext&pid=S0102-64452006000300008&lng=en&nrm=iso. Acesso em: 06 jan. 2019.

LACAN, Jacques-Marie Émile. **Seminario XVII**: El reverso del psicoanálisis. Buenos Aires: Paidós, 2006.

LANG, Ann Proulx. **Poggio Bracciolini's De avaritia**: a study in fifteenth century Florentine attitudes toward avarice and usury. Masters thesis, Concordia University. Montreal: Sir George Williams University, 1973.

LARA, Marcelo D'Angelo. O fenômeno do panpenalismo e sua influência na realidade legislativa do Brasil. **Revista da Faculdade de Direito UFPR**, v. 53, 2011.

LARRAURI, Elena. Populismo punitivo... y como resistirlo. **Revista de Estudos Criminais**, Sapucaia do Sul, Notadez n. 25, abr./jun. 2007.

LEIBNIZ, Gottfried Wilhelm. **New Essays on Human Understanding**. Cambridge: University Press, 1996.

LEMOS, Miguel; MENDES, Raymundo Teixeira. **A liberdade Espiritual e a Organização do Trabalho.** 2ª ed. Rio de Janeiro: Igreja Positivista do Brasil, 1902.

LEVITT, Steven D. Optimal incentive schemes when only the agents "best" output matters to the principal. **The RAND Journal of Economics**, p. 744-760, 1995.

LIMA, Newton de Oliveira. **O estado de direito em Kant e Kelsen**. Belo Horizonte: D'Plácido, 2017.

LIMA, Renato Sérgio de. A produção da opacidade: estatísticas criminais e segurança pública no Brasil. **Novos estud.** – CEBRAP [online]. 2008, n. 80, pp. 65-66. Disponível em: http://www.scielo.br/scielo.php?pid=S0102-88392004000100003&script=sci_arttext&tlng=pt. Acesso em: 15 jul. 2018.

LIMA FILHO, Acacio Vaz de. O positivismo e a República. **Revista da Faculdade de Direito**, Universidade de São Paulo, v. 99, p. 3-33, 2004. Disponível em: http://www.revistas.usp.br/rfdusp/article/viewFile/67617/70227. Acesso em: 04 jul. 2018.

LIPOVETSKY, Gilles; SERROY, Jean. **A estetização do mundo**: viver na era do capitalismo artista. São Paulo: Companhia das Letras, 2015.

LISBOA, João Francisco. **Obras.** Volume III. São Luís: Tipografia de B. de Mattos, 1865.

LISZT, Franz von. **Tratado de Direito Penal allemão**. Vol. I. Tradução: José Hygino Duarte Pereira. Brasília, Sanado Federal, 2006.

LÔBO, Paulo Luiz Netto. Constitucionalização do direito civil. **Revista de Informação legislativa**, v. 141, p. 362, 1999.

LOCKE, John. **Dois tratados sobre o governo civil**. São Paulo: Martins Fontes, 1998.

LUCRETIUS. **On the nature of things**. Tradução: Cyril Bailey. Oxford: *The Clarendon Press*, 1910.

LUISI, Luiz. **Os princípios constitucionais penais**. Porto Alegre: Sérgio Antônio Fabris, 1991.

MACDONALD, Ziggy. Revisiting the dark figure: A microeconometric analysis of the under-reporting of property crime and its implications. **British Journal of Criminology**, v. 41, n. 1, p. 127-149, 2001.

MALACARNE, Cassiano. **Decretales d. Gregorii papae IX (Liber Extra)**: decretais de Gregório IX (livro 5, títulos 1-2). Tese (Doutorado em História). Programa de Pós-Graduação em História, Universidade Federal do Rio Grande do Sul, 2016.

MALINOWSKI, Bronislaw. **Uma Teoria Científica da Cultura**. Rio de Janeiro, Zahar, 1962.

MARTINS, Joaquim Pedro de Oliveira. **O Brasil e as colônias portuguesas**. 5ª ed. Lisboa: Parceria Antônio Maria Pereira, 1920.

MARX, Karl. **A questão judaica**. 2ª ed. São Paulo: Moraes, 2016.

MARX, Karl. **Miséria da filosofia**. São Paulo: Ícone, 2009.

MARX, Karl. Sobre Proudhon. *In*: MARX, Karl; ENGELS, Friedrich. **Textos**. São Paulo: Alfa-Ômega, 1977.

MARX, Karl; ENGELS, Friedrich. **A ideologia alemã**: Crítica da mais recente filosofia alemã em seus representantes Feuerbach, B. Bauer e Stirner, e do socialismo alemão em seus diferentes profetas. São Paulo: Boitempo, 2007.

MARX, Karl; ENGELS, Friedrich. **A sagrada família**: ou a crítica da Crítica crítica contra Bruno Bauer e consortes. São Paulo: Boitempo, 2011.

MARX, Karl; ENGELS, Friedrich. **Obras escogidas I y III**. Editorial Progreso, Moscú, 1980.

MAVRELLIS, Channing. **Transnational crime in the developing world**. March 2017. London: Global financial integrity, 2017.

MCCRACKEN, G. Cultura e Consumo: uma Explicação Teórica da Estrutura e do Movimento do Significado Cultural dos Bens de Consumo. **RAE – Revista de Administração de Empresas**, v. 47, n. 1, jan.-mar., p. 116-123, 2007. http://dx.doi.org/10.1590/S0034-75902007000100008

MEDEIROS, Luiz Antônio de. **A CPI da pirataria**: os segredos do contrabando e da falsificação no Brasil. São Paulo: Geração Editorial, 2005.

MEIRELLES, Zilah Vieira. **Nas viradas da vida**: jovens que romperam com o mercado do tráfico de drogas em favelas na cidade do Rio de Janeiro. Tese (Doutorado). Fundação Osvaldo Cruz. Escola Nacional de Saúde Pública Sérgio Arouca, 2008.

MEIRELLES, Zilah Vieira. **Vida e trabalho de adolescentes no narcotráfico numa favela do Rio de Janeiro**. Dissertação (mestrado). Fundação Osvaldo Cruz. Escola Nacional de Saúde Pública Sérgio Arouca, 1998.

MENDONÇA, Mário Jorge Cardoso de; LOUREIRO, Paulo Roberto Amorim; SACHSIDA, Adolfo. **Criminalidade e desigualdade social no Brasil.** Rio de Janeiro: IPEA, 2003.

MERTON, Robert King. Social structure and anomie. **American sociological review**, v. 3, n. 5, p. 672-682, 1938.

MERTON, Robert King. **Social theory and social structure**. Nova York: The Free Press, 1968.

MILL, John Stuart. **The Collected Works of John Stuart Mill**, edited by John Robson. Toronto: University of Toronto Press, 1991.

MILTON, Aristides Augusto. **A Constituição do Brazil**: noticia historica, texto e comentário. Rio de Janeiro: Imprensa Nacional, 1898.

MISSE, Michel. **As ligações perigosas**: mercado informal ilegal, narcotráfico e violência no Rio. Rio de Janeiro: Contemporaneidade e Educação, vol. 1, nº 2, 1997.

MISSE, Michel. **Malandros, marginais e vagabundos & a acumulação social da violência no Rio de Janeiro**. Tese (doutorado em Sociologia). Instituto Universitário de Pesquisas do Rio de Janeiro, 2000.

MISSE, Michel. O Rio como Bazar – A conversão da ilegalidade em mercadoria política. **Revista Insight Inteligência**. Rio de Janeiro: Julho, Agosto e Setembro de 2002. P. 68-79.

MOORE, Joan W. **Institutionalized youth gangs: why white fence and el hoyo maravilla change so slowly**. The ecology of crime and drug use in inner cities. Nova York: Social Science Research Council, 1992.

MOREIRA, Luís Fernando. Drugs, economy, taxation and liberal ethics. **Anál. Social**, Lisboa. n. 204, p. 632-654, jul. 2012. Disponível em: http://www.scielo.mec.pt/scielo.php?script=sci_arttext&pid=S0003-25732012000300006&lng=pt&nrm=iso. Acesso em: 29 mar. 2018.

MORILLAS CUEVA, Lorenzo. **Derecho penal – parte general**. Fundamentos conceptuales y motodológicos del Derecho Penal. Madrid: Dickonson S.L., 2004.

MORILLAS CUEVA, Lorenzo. El Derecho penal mínimo –o la expensión del Derecho Penal. **Revista Cubana de Derecho** – nº 25, enero-junior de 2005 (95/116). Ciudad de la Habana: Unión Nacional de Juristas de Cuba, 2005.

MORILLAS CUEVA, Lorenzo. **Metodología y ciencia penal**. Granada: Universidad de Granada, 1990.

MURRAY, Gilbert. **The Stoic Philosophy**. Nova York: Knickerbocker, 1915.

MYERS, Samuel. Estimating the economic modelo of crime. Employment versus punishment effects. **Quarterly journal of economics**, february, 1983, 98, 157-166.

NAGLE, Jorge. **Educação e sociedade na Primeira República**. São Paulo: Editora Pedagógica e Universitária, 1974.

NAEGELI, Edward. **Die Gesellshaft und die Kriminellen**. Zurique: Flamberg,1972.

NEPOMUCENO, Márcio dos Santos. "Marcinho VP": depoimento [mar. 2018]. Entrevistador: Domingos Meireles. São Paulo: Rede Record. Entrevista concedida ao Programa Domingo Espetacular.

NEPOMUCENO, Márcio dos Santos; HOMEM, Renato. **Marcinho VP: Verdades e Posições – O Direito Penal do Inimigo**. Rio de Janeiro: Gramma, 2017.

NERI, Marcelo Cortes. **Desigualdades sociais e balanço da crise**. Rio de Janeiro: FGV Social–Vídeos, 14 de setembro de 2017 (30 min). Disponível em: https://portal.fgv.br/videos/desigualdades-sociais-e-balanco-crise-marcelo-neri. Acesso em: 28 dez 2017.

NEWTON, Isaac. **The Principia.** Translation by I.B. Cohen and A. Whitman. Berkeley: University of California Press, 1999.

NORONHA, Edgard Magalhães. **Direito Penal**. V 1. Atualizado por Adalberto G. T. de Camargo Aranha. São Paulo: Saraiva, 2000.

NOTÍCIAS de uma guerra particular. Direção: João Moreira Salles e Kátia Lund. Produção: Raquel Freire Zangrandi. Rio de Janeiro: VideoFilmes, 14 de abril de 1999. DVD (56 min), son., color.

NOVENTA por cento dos celulares roubados vão parar no Shopping da Cidade, diz polícia. Portal G1, 27 de maio de 2013. Disponível em: http://g1.globo.com/pi/piaui/noticia/2013/05/90-dos-celulares-roubados-vao-parar-no-shopping-da-cidade-diz-policia.html. Acesso em: 29 dez. 2018.

OLIVEIRA, Luiz da Silva Pereira. **Privilégios da nobreza, e fidalguia de Portugal.** Lisboa: Oficina de João Rodrigues Neves, 1806.

ORGANIZAÇÃO DAS NAÇÕES UNIDAS (ONU). UNODC no Brasil. **Perfil do País**: Brasil. Brasília: ONU, 2005.

OSTERMEYER, Helmut. **Strafrecht und psychoanalyse**. Munique: Wilhelm Goldmann Verlag, 1972.

PAIM, Antônio. **História das ideias filosóficas no Brasil**. 2ª ed. São Paulo: Editorial Grijalbo Ltda / EDUSP, 1974.

PEREIRA, Virgílio de Sá. **Projecto de codigo penal: exposição de motivos**. Rio de Janeiro: Imprensa Nacional, 1927.

PESSINA, Enrico. Enciclopedia del diritto penale italiano: Raccolta di monografie. Società editrice libraria, 1906. *In*: FRAGOSO, Heleno Cláudio; HUNGRIA, Nelson. **Comentários ao código penal**. Vol. I, v. 2. Rio de Janeiro: Forense, 1977.

PEZZIN, Liliana E. **Criminalidade urbana e crise econômica**. São Paulo: Institutos de Pesquisas Econômicas da Universidade de São Paulo, 1986

PFEIFFER, Rudolf. **Historia de la filología clásica II**: de 1300 a 1850. Madrid: Gredos, 1981.

PILKEY, Walter D.; PILKEY, Orrin H. **Mechanics of solids**. New York: Quantum Publishers, 1974.

PIRAGIBE, Vicente de. **Consolidação das leis penaes, approvada e adoptada pelo Decreto nº 22.2218 de 14 de dezembro de 1932**. 4ª ed. Rio de Janeiro: Freitas Bastos, 1938.

PIRES, Lênin Santos. **"Arreglar" ou pedir arrego** – O comércio ambulante e a administração dos conflitos nos trens de Buenos Aires e Rio de Janeiro. XXVI Reunião Brasileira de Antropologia, 2008.

PLATÃO. **As Leis**. Tradução: Edson Bini. São Paulo: EDIPRO, 1999.

PLESSIS, Paul. **Borkowski's Textbook on Roman Law**. 4th ed. Oxford, 2010.

PLUTARCO. Discursos I, II. Sobre la Fortuna o la virtud de Alejandro Magno, I, 6. *In*: PECES-BARBA, Gregório Martínez. **Educación para la Ciudadanía y Derechos Humanos**. Madrid: Espasa, 2007.

POLICIAIS Federais relatam vulnerabilidade e falta de agentes nas fronteiras do Brasil. Federação Nacional dos Policiais Federais, 03 de setembro de 2018. Disponível em: http://fenapef.org.br/policiais-federais-relatam-vulnerabilidade-e-falta-de-agentes-nas-fronteiras-do-brasil/. Acesso em: 05 jan. 2018.

POSNER, Richard. **Fronteiras da Teoria do Direito**. Tradução: Evandro Ferreira e Silva, Jefferson Luiz Camargo, Paulo Salles e Pedro Sette-Câmara. São Paulo: Martins Fontes, 2011.

PRADO, Luiz Regis. **Bem jurídico-penal e constituição**. São Paulo: Revista dos Tribunais, 1996.

PROUDHON, Pierre-Joseph; CAEIRO, Marília. **O que é a propriedade?** Lisboa: Editorial Stampa, 1975.

PRUSS, Alexander R. **The Principle of Sufficient Reason**: A Reassessment. Cambridge: Cambridge University Press. 2006.

QUETELET, Adolf. **Sur l'homme et le développement de ses facultés, essai d'une physique sociale**. 2 vols. Paris: Bachelier Trans Knox, 1835.

RADCLIFFE-BROWN, Alfred Reginald. **Structure and function in primitive society**. London, Cohen and West, 1959.

REGIÃO da Rua 25 de Março movimenta 120 milhões de reais por dia e quase o triplo em datas especiais. Comunicação São Paulo turismo, 04 de agosto de 2015. Disponível em: http://imprensa.spturis.com.br/releases/regiao-da-rua-25-de-marco-movimenta-120-milhoes-de-reais-por-dia-e-quase-o-triplo-em-datas-especiais. Acesso em: 05 jan. 2019.

REINARMAN, Craig; LEVINE, Harry Gene. **Crack in America**: Demon Drugs and Social Justice. Berkeley: University of California Press; 1997.

REINER, Robert. Political economy, crime, and criminal justice. *In*: MAGUIRE, Mike; MORGAN, Rod; REINER, Robert. **The Oxford Handbook of Criminology**. 4ª ed. Oxford: Oxford University Press, 2007, p. 341-380.

REINO DE PORTUGAL. **Ordenações Afonsinas**. Disponível em: http://www.ci.uc.pt/ihti/proj/afonsinas/. Acesso em: 29 mar. 2018.

REINO DE PORTUGAL. **Ordenações Filipinas**. Disponível em: http://www1.ci.uc.pt/ihti/proj/filipinas/ordenacoes.htm. Acesso em: 30 mar. 2018.

REINO DE PORTUGAL. **Ordenações Manuelinas**. Disponível em: http://www1.ci.uc.pt/ihti/proj/manuelinas/. Acesso em: 29 mar. 2018.

RHEINHEIMER, Martim. **Pobres, Mendigos y Vagabundos:** La supervivência en la necesidad (1450-1850). Madrid: Siglo XXI de España Editores S.A., 2009.

RETONDAR, Anderson Moebus. A (re)construção do indivíduo: a sociedade de consumo como "contexto social" de produção de subjetividades. Brasília: UNB, **Sociedade e Estado**, v. 23, n. 1, 2008.

REUTER, Peter H. *et al.* **Money from crime**. Santa Monica: Rand Corporation, 1990.

ROCCO, Arturo. **L'oggetto del reato e della tutela giuridica penale**. Milano: F. Bocca, 1932.

RODRIGUES, Antônio Coelho. **Institutas do imperador Justiniano**. V. 1. Recife: Typographia Mercantil, 1879.

ROMILLY, Samuel. **The speeches of Sir Samuel Romilly in the House ou Commons**. Vol. I. Londres: James Ridgway and Sons, 1820.

ROXIN, Claus. **Política criminal e sistema jurídico penal**. Tradução: Luiz Greco. Rio de Janeiro: Renovar, 2000.

RUEDIGER, Marco Aurelio *et al.* Roubo de carga: panorama no estado do Rio de Janeiro. **Policy paper segurança e Cidadania**. Diretoria de Análise de Políticas Públicas da Fundação Getulio Vargas. Rio de Janeiro: FGV, 2018.

RUMMEL, Rudolph Joseph. **China's Bloody Century: Genocide and Mass Murder Since 1900**. Piscataway: Transaction Publishers, 1991.

RUSCHE, Georg; KIRCHHEIMER, Otto. **Punição e estrutura social**. 2ª ed. Tradução: Gizlene Neder. Rio de Janeiro: Revan, 2004.

RUSSELL, Bertrand. **History of Western Philosophy**: Collectors Edition. Abingdon-on-Thames: Routledge, 2013.

SAHLINS, Marshall David. **Culture and Practical Reason**. Chicago: University of Chicago Press, 1976.

SALGADO, Plínio. **História do Brasil**. Vol. 1. São Paulo: FTD, 1970.

SALLES, José Roberto da Cunha. **Foro Penal**: teoria e prática do processo criminal brasileiro. Rio de Janeiro: B. L. Garnier, 1882.

SANTOS, José Trindade. **Da natureza**: Parmênides. Thesaurus Editora, 2000.

SANTOS, Juarez Cirino dos. **A Criminologia Radical**. Rio de Janeiro: Forense, 1981.

SANTOS, Thandara *et al.* **Levantamento nacional de informações penitenciárias INFOPEN: junho de 2016**. Brasília, DF, Ministério da Justiça, 2016.

SCHILLER, A. Arthur. **Roman law**: mechanisms of development. Berlim: Walter de Gruyter, 1978.

SCHOPENHAUER, Arthur. **O mundo como vontade e como representação**. Rio de Janeiro: Contraponto, 2001.

SCHUR, Edwin M. **Our criminal society**: The social and legal sources of crime in America. Nova Jersey: Prentice Hall, 1969.

SEGUNDO dados, furtos e roubos de bicicleta aumentam no Brasil: seguradora é alternativa. Exame, 02 de fevereiro de 2018. Disponível em: https://exame.abril.com.br/negocios/dino/segundo-dados-furtos-e-roubos-de-bicicleta-aumentam-no-brasil-seguradora-e-alternativa/. Acesso em: 30 dez. 2018.

SELL, Carlos Eduardo. As duas teorias do patrimonialismo em Max Weber: do modelo doméstico ao modelo institucional. *In*: 10º Encontro da Associação Brasileira de Ciência Política. Ciência Política e a Política: Memória e Futuro, 2016, Belo Horizonte. **Anais Eletrônicos**. Belo Horizonte: ABCP, 2017. Disponível em: https://cienciapolitica.org.br/system/files/documentos/eventos/2017/04/duas-teorias-patrimonialismo-max-weber-1070.pdf. Acesso em: 16 abr. 2018.

SHECAIRA, Sérgio Salomão. **Criminologia**. 6ª ed., rev. e atual. São Paulo: Revista dos Tribunais, 2014.

SILVA, Alexander Mendes da. "Polegar": depoimento [jun. 2016]. Entrevistadora: Carolina Novais. São Paulo: Rede Record. Entrevista concedida ao Programa Domingo Espetacular.

SILVA, Antonio José da Costa e. **Codigo penal dos Estados Unidos do Brasil comentado**. Vol. II. Brasília: Senado Federal, 2004.

SILVA, Francisco de Assis; BASTOS, Pedro Ivo de Assis. **História do Brasil**: Colônia, Império e República. 2ª ed. São Paulo: Moderna, 1988.

SILVA, Hélio. **A República não esperou o amanhecer**. Porto Alegre: L&PM, 2005.

SILVA SÁNCHEZ, Jesus-Maria. **A expansão do Direito Penal**: aspectos da política criminal nas sociedades pós-industriais. Tradução: Luiz Otávio de Oliveira Rocha. São Paulo: Revista dos Tribunais, 2002.

SIQUEIRA, Galdino. **Direito Penal brasileiro**: (segundo o Código Penal mandado executar pelo Decreto nº 847, de 11 de outubro de 1890, e leis que modificaram ou completaram, elucidados pela doutrina e jurisprudência). Volume I. Brasília: Senado Federal, 2003a.

SIQUEIRA, Galdino. **Direito Penal brasileiro**: (segundo o Código Penal mandado executar pelo Decreto nº 847, de 11 de outubro de 1890, e leis que modificaram ou completaram, elucidados pela doutrina e jurisprudência). Volume II. Brasília: Senado Federal, 2003b.

SMANIO, Gianpaolo Poggio. **Criminologia e Juizado especial criminal.** 2ª ed. São Paulo: Atlas, 1998.

SMITH, Adam. **The Wealth of nations, 1776.** Reprint, New York: Random House, 1937.

SOARES, Luís Eduardo; BARBOSA, Alex Pereira; ATHAYDE, Celso. **Cabeça de porco.** Rio de Janeiro: Objetiva, 2005.

SOARES, Oscar de Macedo. **Código Penal da República dos Estados Unidos do Brasil.** Brasília: Senado Federal, 2004.

SOILO, Andressa Nunes. "Economia moral, agência criativa? Uma etnografia dos códigos de conduta dos comerciantes do camelódromo de Porto Alegre/RS". **RBSE – Revista Brasileira de Sociologia da Emoção,** v. 15, n. 43, p. 96-105, abril de 2016. Disponível em: http://www.cchla.ufpb.br/rbse/SoiloArt.pdf. Acesso em: 29 dez. 2018.

SOUZA, Artur de Brito Gueiros. **Presos estrangeiros no Brasil.** Aspectos jurídicos e criminológicos. Rio de Janeiro: Lumen Juris, 2007

SOUZA, Braz Florentino Henriques de. **Lições de Direito Criminal (1825-1870).** Brasília: Senado Federal, 2003.

SOUZA, Pedro Herculano Guimarães Ferreira de; MEDEIROS, Marcelo. A concentração de renda no topo no Brasil, 2006-2014. **One Pager Portuguese 370,** International Policy Centre for Inclusive Growth. 2017. Disponível em: http://www.ipc-undp.org/pub/port/OP370PT_A_concentracao_de_renda_no_topo_no_Brasil.pdf. Acesso em: 28 dez. 2017.

SPINOZA, Baruch de. **Tratado político.** São Paulo: Martins Fontes, 2009.

STRABO. **Geography, book V.** London: George Bell & Sons, 1903.

SUTHERLAND, Edwin. **Crime de colarinho branco.** Tradução: Clécio Lemos. Rio de Janeiro: Revan, 2015.

SYKES, Gresham M.; MATZA, David. Juvenile delinquency and subterranean values. *In:* **Cultural Criminology.** Londres: Routledge, 2017.

TARDE, Gabriel. **Laws of imitation.** Tradução: Elsie C. Parsons. New York: Henry Holt And Company, 1903.

TAYLOR, Ian; WALTON, Paul; YOUNG, Jock. **The new criminology**: for a social theory of deviance. Londres: Routledge, 1973.

TEIXEIRA MENDES, Raimundo. **A propósito da agitação republicana**: carta a S. Exa. o Sr. Joaquim Nabuco. Rio de Janeiro: Apostolado Positivista do Brazil, 1888.

TEVENSON, Betsey; WOLFERS, Justin. **Economic Growth and Subjective Well-Being**: Reassessing the Easterlin Paradox. Washington: Brookings Papers on Economic Activity, 2008, p. 1-87.

TINOCO, Antônio Luiz. **Código criminal do Império do Brazil annotado**. Brasília: Senado Federal, 2003.

TRÁFICO "emprega" 16 mil no Rio, diz estudo. **Folha de São Paulo**, 28 de novembro de 2010. Disponível em: https://www1.folha.uol.com.br/fsp/cotidian/ff2811201033.htm. Acesso em: 05 jan. 2018.

TRIVIÑOS, Augusto Nibaldo Silva. **Introdução à pesquisa em ciências sociais**: a pesquisa qualitativa em educação. São Paulo: Atlas, 1987.

TRUMBULL, William. Estimation os the economic model os crime using aggregate and individual level data. **Southern Economic Jornal**, october, 1989, 5., 423-439.

UMPIERRE, Camila Machado. **O crime de descaminho**: um desafio para a cooperação internacional, no âmbito da integração latino-americana ou uma prática passível de descriminalização? Dissertação (Mestrado) – Universidade Federal de Santa Maria. Programa de Pós-Graduação em Integração Latino-Americana, 2007.

UNODC. United Nation Office on Drugs and Crime. **Analysis of drug markets**. United Nations publication, 2018. Disponível em: http://www.unodc.org/wdr2018/prelaunch/WDR18_Booklet_3_DRUG_MARKETS.pdf. Acesso em: 30 dez. 2018.

UNODC. United Nation Office on Drugs and Crime. **Global Study on homicide**. United Nations publication, 2013. Disponível em: http://www.unodc.org/documents/gsh/pdfs/2014_GLOBAL_HOMICIDE_BOOK_web.pdf. Acesso em: 16 nov. 2018.

VALVO, Alfredo. **La "Profezia di Vegoia"**: proprietà fondiaria e aruspicina in Etruria nel I secolo AC. Roma: Istituto italiano per la storia antica, 1988.

VEBLEN, Thorstein Bunde. Teoria da classe ociosa. *In*: VEBLEN, Thorstein Bunde. **A Alemanha imperial e a Revolução Industrial**. A teoria da classe ociosa. São Paulo: Victor Civita, 1985.

VERSOLATO, Bruno. Nação Rivotril. **Revista SuperInteressante**, 2016. Disponível em: https://super.abril.com.br/saude/nacao-rivotril/. Acesso em: 30 dez. 2018.

VIANA, Hélio. **História do Brasil**: período colonial, monarquia e república. 15ª ed. São Paulo: Melhoramentos, 1994.

VILLEY, Michel. **O direito e os direitos humanos**. São Paulo: Martins Fontes, 2007.

WACQUANT, Loïc. Apêndice teórico: um esboço do Estado neoliberal. *In*: **Discursos sediciosos**. Rio de Janeiro, 1° e 2° sem. 2010, ano 15, n. 17/18.

WACQUANT, Loïc. **As prisões da miséria**. Tradução: André Telles. Rio de Janeiro: Jorge Zahar Editor, 2001.

WALSER, Ernst. **Poggius Florentinus**. Nova York: Georg Olms Verlag, 1974.

WALTER, Ferdinand. **Histoire de la procedúre civile et du droit criminel chez les romains**, Tradução: de L'allemand Par Édouard Laboulaye. Paris, 1841.

WARAT, Luís Alberto. **O direito e sua linguagem**. Porto Alegre: Sérgio Antônio Fabris, 1994.

WÄTJEN, Hermann. **O domínio colonial holandês no Brasil**: um capítulo da história colonial do século XVII. Tradução: Pedro Celso Uchoa Cavalcanti. 3ª ed. Recife: CEPE, 2004.

WEBER, Max. **Economia y sociedad**. México: Fondo de Cultura Económica, 1997.

WEBER, Max. **Wirtschaft und Gesellschaft. Herrschaft**. Edith Hanke e Thomas Kroll (Org.). Tübingen: Mohr Siebeck, 2005.

WHITE, Matthew. **The Great Big Book of Horrible Things**: The Definitive Chronicle of History's 100 Worst Atrocities. Nova York: W. W. Norton & Company, 2011.

WILLIAMS, Neville. **Contraband Cargoes**: Seven centuries of smuggling. London: Longmans, 1959.

WILSON, James Q.; ABRAHAMSE, Allan. Does crime pay? **Justice quarterly**, v. 9, n. 3, p. 359-377, 1992.

WITT, Ronald. **In the Footsteps of the Ancients**: The Origins of Humanism from Lovato to Bruni. Boston: Brill, 2000.

WITTE, Ann Dryden. Estimating the economic modelo of crime with individual data. **Quarterly journal of economics**, february, 1980, 94, 57-84.

WOLKMER, Antonio Carlos. **Fundamentos de história do direito**. Belo Horizonte: Del Rey, 2007.

ZAFFARONI, Eugênio Raúl. **Em busca das penas perdidas**. 3ª ed. Tradução: Vânia Romano Pedrosa e Amir Lopes da Conceição. Rio de Janeiro: Revan, 1998.

ZAFFARONI, Raul Eugênio; PIERANGELI, José Henrique. **Manual de Direito Penal Brasileiro**. 4ª ed., rev. São Paulo: Revista dos Tribunais, 2002